清华
学府往事系列
XUEFUWANGSHIXILIE

清华讲演录

QINGHUAJIANGYANLU

李子迟 单晶晶/编选

济南出版社

图书在版编目(CIP)数据

清华讲演录/李子迟,单晶晶编选. —济南:济南出版社,2011.5(2023.5 重印)

(学府往事系列.清华百年丛书)

ISBN 978 – 7 –5488 –0240 –2

Ⅰ.①清…　Ⅱ.①李…②单…　Ⅲ.①社会科学 – 文集　Ⅳ.①C53

中国版本图书馆 CIP 数据核字(2011)第 062442 号

责任编辑　张伟卿

装帧设计　李兆虬　焦萍萍

书　　名　清华讲演录

作　　者　李子迟　单晶晶

出版发行　济南出版社

地　　址　济南市二环南路 1 号(250002)

发行热线　0531 –86131731　86131730　86116641

编辑热线　0531 –86131741

印　　刷　肥城新华印刷有限公司

版　　次　2011 年 5 月第 1 版

印　　次　2023 年 5 月第 3 次印刷

成品尺寸　170 ×240　1/16

印　　张　14.75

字　　数　250 千

定　　价　45.00 元

济南版图书如有印装质量问题,请与出版社出版部联系调换

电话:0531 –86131736

目　录

第一辑

梁启超

论君子

梁启超(1873-1929),字卓如,号任公,又号饮冰室主人等,广东新会(今属江门)人。中国近代学者,资产阶级启蒙宣传家。1925年应聘任清华国学研究院导师。

1914年11月5日,清华时任校长周诒春邀请国学大师梁启超到校演讲。梁以《君子》为题,引述《易经》中"天行健,君子以自强不息"及"地势坤,君子以厚德载物"勉励同学。周遂将"自强不息,厚德载物"作为清华校训,直至今日。

梁启超

君子二字其意甚广,欲为之诠注,颇难得其确解。为英人所称劲德尔门包罗众义,与我国君子之意差相吻合。证之古史,君子每与小人对待,学善则为君子,学不善则为小人。君子小人之分,似无定衡。顾习尚沿传类以君子为人格之标准。望治者,每以人人有士君子之心相勖。《论语》云:"君子人与君子人也,明乎君子品高,未易几及也。"

英美教育精神,以养成国民之人格为宗旨。国家犹机器也,国民犹轮轴也。转移盘旋,端在国民,必使人人得发展其本能,人人得勉为劲德尔门,即我国所谓君子者。莽莽神州,需用君子人,于今益极,本英美教育大意而更张之。国民之人格，骎骎日上乎。

君子之义，既鲜确诂，欲得其具体的条件，亦非易言。《鲁论》所述，多圣贤学养之渐，君子立品之方，连篇累牍势难胪举。周易六十四卦，言君子者凡五十三。乾坤二卦所云尤为提要钧元。乾象曰："天行健，君子以自强不息。"坤象曰："地势坤，君子以厚德载物。"推本乎此，君子之条件庶几近之矣。

乾象言，君子自励犹天之运行不息，不得有一暴十寒之弊。才智如董子，犹云勉强学问。《中庸》亦曰，或勉强而行之。人非上圣，其求学之道，非勉强不得入于自然。且学者立志，尤须坚忍强毅，虽遇颠沛流离，不屈不挠，若或见利而进，知难而退，非大有为者之事，何足取焉？人之生世，犹舟之航于海。顺风逆风，因时而异，如必风顺而后扬帆，登岸无日矣。

且夫自胜则为强，乍见孺子入水，急欲援手，情之真也。继而思之，往援则己危，趋而避之，私欲之念起，不克自胜故也。孔子曰："克己复礼为仁。"王阳明曰："治山中贼易，治心中贼难。"古来忠臣孝子愤时忧国奋不欲生，然或念及妻儿，辄有难于一死不能自克者。若能摈私欲尚果毅，自强不息，则自励之功与天同德，犹英之劲德尔门，见义勇为，不避艰险，非吾辈所谓君子其人哉。

坤象言君子接物，度量宽厚，犹大地之博，无所不载。君子责己甚厚，责人甚轻。孔子曰："躬自厚而薄责于人。"盖唯有容人之量，处世接物坦焉无所芥蒂，然后得以膺重任，非如小有才者，轻佻狂薄，毫无度量，不然小不忍必乱大谋，君子不为也。当其名高任重，气度雍容，望之俨然，即之温然，此其所以为厚也，此其所以为君子也。

纵观四万万同胞，得安居乐业，教养其子若弟者几何人？读书子弟能得良师益友之熏陶者几何人？清华学子，荟中西之鸿儒，集四方之俊秀，为师为友，相蹉相磨，他年遨游海外，吸收新文明，改良我社会，促进我政治，所谓君子人者，非清华学子，行将焉属？虽然君子之德风，小人之德草，今日之清华学子，将来即为社会之表率，语默作止，皆为国民所仿效。设或不慎，坏习惯之传行急如暴雨，则大事偾矣。深愿及此时机，崇德修学，勉为真君子，异日出膺大任，足以挽既倒之狂澜，作中流之砥柱，则民国幸甚矣。

● ● ● ● ● ● 【讲演点评】 ● ● ● ● ● ●

1914年11月5日，此日天气晴朗，清华园地处郊区，天空就显得更为明净。时候已是初冬，天气带着几分肃杀之气。国学大师梁启超整整衣裳，向清华学校同方部走去，原来他是应邀去作名人讲演。清华时任校长周诒春,邀请他给学生们发表讲演。其时,梁启超正在清华工字厅"赁馆著书"。

在莘莘学子翘首以待、座无虚席、济济一堂的大厅里,梁启超那带有一点广东方言的国语,但是铿锵有力,一字一句地传到了大家的耳朵里。他以《君子》为题,引述《易经》中"天行健,君子以自强不息"及"地势坤,君子以厚德载物"之语勉励同学们。

梁启超是一位富于激情、思路广阔、充满理想的人。当时,他的古文被人们称为"新民体",具有鲜明的风格,煽动力强,风行一时。他的讲演,也跟他的为人、文章一样,充满激情,气势磅礴,畅达奔放,文采飞扬,意象丰富;句式或整或散,生动形象,逻辑清晰,铿锵有力;同时引经据典,旁征博引,知识广博,格调典雅,使大家感受到了汉语的魅力。他的演讲一完,下面就响起了热烈的掌声。当时闻一多就坐在听众席中,而梁启超正是他的崇拜者。梁启超的文章风格、演讲风格,深深地影响着他。

"自强不息"和"厚德载物"语出《周易》。《周易》是中国古代一部占卜书,分为《易经》和《易传》。《易经》成书于商周之际,《易传》成书约在战国中、后期。《周易》认为宇宙是由八卦所代表的 8 种物质构成的。其中最原始的是乾、坤二卦所代表的天和地。乾、坤二卦是八卦之纲,八卦相互配合演化为 64 卦,代表世界上万事万物。"天行健,君子以自强不息"及"地势坤,君子以厚德载物"分别是乾卦和坤卦的"象辞"。在《周易》的 64 卦中,有 53 卦的象辞提到"君子以……"但只有乾卦和坤卦的"象辞"所云最为基本。

梁启超在清华演讲,以《君子》为题,由此引出对这两条象辞的诠释。他提出君子犹天之运行不息,不屈不挠;犹大地之博,无所不载,作为勉励清华同学的希望,勉励他们都能成为既"自强不息"又"厚德载物"的真正君子,树立"完整人格",继承中华传统美德,把自己的命运同祖国的命运紧密结合起来。

"天行健,君子以自强不息;地势坤,君子以厚德载物。"翻译成现代文就是:如果你是君子,就应该像天宇一样运行不息,即使颠沛流离也要不屈不挠,持之以恒;如果你是君子,就应该像大地一样广阔丰厚,在接物度量上没有任何东西不能承载。同时,这也符合中国传统文化所倡导的"天人合一"思想。

明末爱国学者顾炎武有诗云:"苍龙日暮还行雨,老树春深更著花。"他认为:"有一日未死之身,则有一日未闻之道。"中国古代文化与思想的集大成者王夫之,于垂暮之年疾病卧床,犹克服各种无法想象的困难,勤奋著书。《姜斋公行述》说他:"迄于暮年,体羸多病,腕不胜砚,指不胜笔,犹时置楮墨于卧榻之旁,力疾而纂注。"还有司马迁在《史记·报任安书》中提到的那些古代圣贤们……他们所体现的,都是这种精神。

此后,周诒春遂将"自强不息,厚德载物"作为清华校训,并制定校徽;1917 年修建大礼堂时,即以巨徽嵌于正额,以壮观瞻。它激励了一代又一代清华学子发愤图强,建功立业,报效祖国,直至今日,影响无比深远。清华校友、北大哲学系教授张岱年,还把中华民族的精神概括为"自强不息"与"厚德载物"。

梁启超

为学与做人

这是梁启超1922年在清华学校的一次讲演。

问诸君"为什么进学校?"我想人人都会众口一词地答道:"为的是求学问。"再问:"你为什么要求学问?""你想学些什么?"恐怕各人的答案就很不相同,或者竟自答不出来了。诸君啊!我请替你们总答一句罢:"为的是学做人。"

人类心理有知、情、意三部分。所以教育应分为智育、情育、意育三方面。智育要教到人不惑,情育要教到人不忧,意育要教到人不惧。

梁启超

怎么样才能不惑呢?最要紧是养成我们的判断力。想要养成判断力,第一步,最少须有相当的常识;进一步,对于自己要做的事须有专门知识;再进一步,还要有遇事能断的智慧。假如一个人连常识都没有,听见打雷,说是雷公发威;看见月蚀,说是蛤蟆贪嘴,那么,一定闹到什么事都没有主意,碰着一点疑难问题,就靠求神问卜、看相算命去解决,真所谓"大惑不解",成了最可怜的人了。

学校里小学所教,就是要人有了许多基本的常识,免得凡事都暗中摸索。但

仅仅有点常识还不够。我们做人，总要各有一件专门职业。这门职业，也并不是我一人破天荒去做，从前已经许多人做过，他们积了无数经验，发现出好些原理、原则，这就是专门学识。我们有了这种学识，应用它来处置这些事，自然会不惑，反是则惑了。

做工、做商等等都各有他的专门学识，也是如此。教育家、军事家等等，都各有他的专门学说，也是如此。我们在高等以上学校所求的知识，就是这一类。但专靠这种常识和学识就够吗？还不能。宇宙和人生是活的，不是呆的。我们每日所碰见的事理是复杂的、变化的，不是单纯的、印板的。倘若我们只是学过这一件，才懂这一件，那么，碰着一件没有学过的事来到跟前，便手忙脚乱了，所以还要养成总体的智慧，才能得有根本的判断力。

这种总体的智慧，如何才能养成呢？第一件，要把我们向来粗浮的脑筋，着实磨炼他，让他变成细密而且踏实。那么，无论遇着如何繁费的事，我想可以彻头彻尾想清楚他的条理，自然不至于惑了。第二件，要把我们向来昏浊的脑筋，着实将养他，叫他变成清明。那么，一件事理到跟前，我才能很从容、很莹澈地判断他，自然不至于惑了。以上所说常识、学识和总体的智慧，都是智育的要件，目的是教人做到"知者不惑"。

怎么样才能不忧呢？为什么仁者便会不忧呢？想明白这个道理，先要知道中国先哲的人生观是怎样。"仁"到底是什么？很难用言语说明，勉强下个解释，可以说是："普遍人格之实现。"人格要从人和人的关系上看来。所以"仁"字从二人。总而言之，要彼我交感互发，成为一体，我的人格才能实现。我们若不讲人格主义，那便无话可说；讲到这个主义，当然归宿到普遍人格。换句话说，宇宙即是人生，人生即是宇宙，我们的人格，和宇宙无二无别。体验得这个道理，就叫做"仁者"。

然则，这种仁者为什么就会不忧呢？大凡忧之所从来，不外两端，一曰忧成败，二曰忧得失。我们得着"仁"的人生观，就不会忧成败。为什么呢？因为我们知道宇宙和人生是永远不会圆满的，所以《易经》六十四卦，始"乾"而终"未济"。正为在这永远不圆满的宇宙中，才永远容得我们创造进化。我们所做的事，不过在宇宙进化几万万里的长途中，往前挪一寸、两寸，哪里配说成功呢？然则不做怎么样呢？不做便连这一寸、两寸都不往前挪，那可真真失败了。

仁者看透这种道理，信得过只有不做事才算失败，肯做事便不会失败。所以《易经》说："君子以自强不息。"换一方面来看，他们又信得过凡事不会成功，几万万里路挪了一两寸，算成功吗？所以《论语》说："知其不可而为之。"你想，有这种人生观的人，还有什么成败可忧呢？再者，我们得着"仁"的人生观，便不会忧得失，为什么呢？因为认定这件东西是我的，才有得失之可言。连人格都不是单独存在，不能明确地画出这一部分是我的，那一部分是人家的，然则哪里有东西可以为我们所得？既已没有东西为我所得，当然也没有东西为我所失。我只是为学问而学问，为劳动而劳动，并不是拿学问、劳动等做手段来达某种目的——可以为我们"所得"的。

所以老子说："生而不有，为而不恃。""既以为人己愈有，既以与人己愈多。"你想，有这种人生观的人，还有什么得失可忧呢？总而言之，有了这种人生观，自然会觉得"天地与我并生，而万物与我同一"，自然会"无入而不自得"。他的生活，纯然是趣味化、艺术化。这是最高的情感教育，目的教人做到"仁者不忧"。

怎么样才能不惧呢？有了不惑不忧工夫，惧当然会减少许多了。但这是属于意志方面的事。一个人若是意志力薄弱，便有丰富的知识，临时也会用不着；便有优美的情操，临时也会变了卦。然则意志怎么才会坚强呢？头一件须要心地光明。孟子说："浩然之气，至大至刚。行有不慊于心，则馁矣。"又说："自反而不缩，名褐宽博，吾不惴焉；自反而缩，虽千万人，吾往矣。"俗语说得好："生平不做亏心事，夜半敲门也不惊。"

一个人要保持勇气，须要从一切行为可以公开做起，这是第一。第二件要不会为劣等欲望之所牵制。《论语》记：子曰："吾未见刚者。"或对曰"申枨"。子曰："枨也欲，焉得刚？"一被物质上无聊的嗜欲东拉西扯，那么，百炼钢也会变为绕指柔了。

总之，一个人的意志，由刚强变薄弱极易，由薄弱返刚强极难。一个人有意志薄弱的毛病，这个人可就完了。自己做不起自己的主，还有什么事可做？受别人压制，做别人奴隶，自己只要肯奋斗，终须能恢复自由。自己的意志做了自己情欲的奴隶，那么，真是万劫沉沦，永无恢复自由的余地，终身畏首畏尾，成了个可怜人了。

孔子说："和而不流，强哉矫；中立而不倚，强哉矫；国有道，不变塞焉，强哉矫；国无道，至死不变，强哉矫。"我老实告诉诸君说罢，做人不做到如此，决不会成一个人。但做到如此真是不容易，非时时刻刻做磨炼意志的功夫不可。意志磨炼到家，自然是看着自己应做的事，一点不迟疑，扛起来便做，虽千万人吾往矣，这样才算顶天立地一世人，绝不会有藏头躲尾、左支右绌的丑态。这便是意育的目的，要教人做到"勇者不惧。"

我们拿这三件事作做人的标准，请诸君想想，我自己现时做到哪一件——哪一件稍为有一点把握。倘若连一件都不能做到，连一点把握都没有，哎哟！那可真危险了,你将来做人恐怕就做不成。讲到学校里的教育嘛,第二层的情育,第三层的意育,可以说完全没有,剩下的只有第一层的智育。就算智育罢,又只有所谓常识和学识,至于我所讲的总体智慧靠来养成根本判断力的,却是一点儿也没有。这种"贩卖知识杂货居"的育,把他前途想下去,真令人不寒而栗!现在这种教育,一时又改革不来,我们可爱的青年,除了他更没有可以受教育的地方。诸君啊!你到底还要做人不要? 你要知道危险呀,非你自己抖擞精神想方法自救,没有人能救你呀!

诸君啊! 你千万别要以为得些断片的知识,就算是有学问呀。我老实不客气告诉你罢,你如果做成一个人,知识自然是越多越好;你如果做不成一个人,知识却是越多越坏。你不信吗?试想全国人所唾骂的卖国贼某人某人,是有知识的呀,还是没知识的呢? 试想想全国人所痛恨的官僚政客——专门助军阀作恶鱼肉良民的人,是有知识的呀,还是没有知识的呢?诸君须知道啊,这些人当十几年前在学校的时代,天真烂漫,何尝不和诸君一样?为什么就会堕落到这样的田地呀?屈原说的:"何昔日之芳草兮,今直为此萧艾也? 岂其有他故兮,莫好修之害也。"天下最伤心的事,莫过于看着一群好好的青年,一步一步地往坏路上走。诸君猛醒!现在你所爱、所恨的人,就是你前车之鉴了。

诸君啊! 你现在怀疑吗? 沉闷吗? 悲哀痛苦吗? 觉得外边的压迫你不能抵抗吗? 我告诉你:你怀疑和沉闷,便是因你不知才会惑;你悲哀痛苦,便是你因不仁才会忧;你觉得你不能抵抗外界的压迫,便是你因不勇才有惧。这都是你的知、情、意未经过修养磨炼,所以还未成人。我盼望你有痛恨的自觉啊! 有了自觉,自然会自动。那么学校之外,当然有许多学问,读一卷经,翻一部史,到处都可以发见诸君的良师呀!

诸君啊,醒醒罢!养足你的根本智慧,体验出你的人格人生观,保护好你的自由意志。你成人不成人,就看这几年哩。

● ● ● ● ● **【讲演点评】** ● ● ● ● ●

在这篇篇幅同样不是太长的讲演里,梁启超继续了他的为文和演说的风格特色,激情洋溢,感染力强;排比不断,富有气势;观点鲜明,逻辑清晰;文辞清新,生动活泼。难怪胡适说:"梁先生的文章……使读者不能不跟着他走,不能不跟着他想!"梁启超是胡适最崇敬的人物之一,对胡适一生的思想和事业影响极深。

这篇讲演,虽然没有上一篇因为清华校训"自强不息,厚德载物"由其诞生而非常著名,但在清华大学的历史上仍然是非常有价值和影响的。因为它提出了智育(智慧教育)、情育(情感教育)、意育(意志教育)的重要观点,并且"智育教人不惑,情育教人不忧,意育教人不惧",而这正是清华大学后来所大力提倡的著名的"五育"教育的一个非常重要的来源和基础。

对清华学子的为学与做人,他们的知识、人格、毅力等等,梁启超谆谆告诫、细致分析、反复强调、真诚指点、大声呼吁、热切期盼,就像父亲在家里对儿女殷殷教导、耳提面命一样,也难怪对当时的青年人有那么大的启迪、引领的作用。曾在清华现场聆听过其演讲的梁实秋,由衷地赞叹道:"(如梁任公这般)有学问、有文采、有热心肠的学者,求之当世能有几人?"

梁启超的讲演稿,常常是预先写好的,整整齐齐地写在宽大的宣纸制的稿纸上面。而他又博闻强记,在笔写的讲稿之外,随时引证许多作品,大部分都能背诵得出。有时候,当他背诵到酣畅处,忽然记不起下文。他便用手指敲打他的秃头,敲几下之后,记忆力便又畅通,成本大套地背诵下去了。

梁启超的现场讲演,有时真像是戏剧表演一样,手之舞之,足之蹈之。时而掩面,时而顿足,时而狂笑,时而叹息。每次讲毕,即大汗淋漓,状极愉快。

听过梁启超的讲演的人,除了当时所受的感动之外,不少人从此对于中国文学发生了强烈的爱好。梁启超尝自谓"笔锋常带情感",其实他在言谈、讲演之中所带的情感不知要更强烈多少倍!

罗家伦

学术独立与新清华

罗家伦(1897－1969)，字志希，笔名毅，祖籍浙江绍兴，生于江西进贤。五四运动健将，著名教育家、思想家。先后就读于复旦公学、北京大学，此后在美国普林斯顿大学、哥伦比亚大学等校留学。1928年9月,31岁的他即成为国立清华大学第一任校长。之后，罗曾任武汉大学教授、中央大学校长、国民党中央党史编撰委员会副主任、国民政府驻印度大使等职。1949年去台，任国民党中央党史编纂委员会主任委员等职。主要著作有《科学与玄学》、《革命文献》、《国事百年诞辰纪念丛书》等。

罗家伦

　　1928年9月18日,国立清华大学首任校长罗家伦在清华大礼堂宣誓就职。宣誓之后发表就职演说，宣布国立清华大学于是日成立，并报告办理清华的方针。这篇演说词，后来以《学术独立与新清华》为题，收入罗家伦的著作《文化教育与青年》(商务印书馆1946年初版)。

　　在中国近代史上,革命的潮流常是发源于珠江流域,再澎湃到长江流域。但是辛亥革命的时候，革命的力量到长江流域就停顿了，黄河以北不曾经他涤荡过，以致北平仍为旧日帝制官僚军阀的力量所盘踞，障碍了统一的局面十几年。这回国民革命军收复北平，是国民革命的力量彻底达到黄河流域的第一次，这是中国历史上一个新的纪元。国民政府于收复旧京以后，首先把清华学校改为国立清华大学，正是要在北方为国家添树一个新的文化力量！

国民革命的目的，是要为中国在国际间求独立自由平等。要国家在国际间有独立自由平等的地位，必须中国的学术在国际间也有独立自由平等的地位。把美国庚款兴办的清华学校正式改为国立清华大学，正有这个深意。我今天在就职宣誓的誓词中，特别提出学术独立四个字，也正是认清了这个深意。

我今天在这庄严的礼堂上，正式代表政府宣布国立清华大学在这明丽的清华园中成立。从今天起，清华已往留美预备学校的生命，转变而为国家完整大学的生命。

我们停止旧制全部毕业生派遣留美的办法，而且要以纯粹学术的标准，重行选聘外籍教授。这不是我们对于友邦的好意不重视；反过来说，我们倒是特别重视。我们既是国立大学，自然要研究、发扬我国优美的文化，但是我们同时也以充分的热忱，接受西洋的科学文化。不过，我们接受的办法不同。不是站在美国的方面，让中国的学生"来学"，虽然我们还要以公开考试的办法，选拔少数成绩优良的学生到美国去深造；乃是站在中国的方面，请西方著名的、第一流不是第四五流的学者"来教"。请一班真正有造就的学者，尤其是科学家，来扶助我们科学教育的独立，把科学的根苗，移植在清华园里，不，在整个的中国的土地上，让他开花结果，枝干扶疏。

我动身来以前，便和大学院院长蔡先生商量好如何调整和组织清华的院系。我们决定先成立文、理、法三个学院。文学院分中国文学、外国文学、哲学、历史、社会人类五系。理学院分数学、物理、化学、生物、心理五系。我到了北平以后，又深深地觉得以中国土地之广、地理知识之缺乏，拟添设地理一系，为科学的地理学树一基础。我们不要从文史上谈论地理，我们要在科学上把握地理。至于工程方面，则以现在的人才、设备论，先成立土木工程系，而注重在水利。因为华北的水利问题太忽视了；在我们附近的永定河，还依然是无定河。等到将来人才、设备够了，再行扩充成院。法学院则仅设政治、经济两系，法律系则不拟添设，因为北平的法律学校太多了，我们不必叠床架屋。我们的发展，应先以文理为中心，再把文理的成就，滋长其他的部门。文、理两学院，本应当是大学的中心。文哲是人类心灵能发挥得最机动、最浪漫的部分。社会科学都受他的影响。纯粹科学是一切应用科学的基础,也是源泉。断没有一个大学里,理学院办不好而工学院能单独办得好的道理。况且清华俊美的环境,对于文哲的修养、纯粹科学的研究,也最为相宜。

要大学好,必先要师资好。为青年择师,必须破除一切情面、一切顾虑,以至公至正之心,凭着学术的标准去执行。经改组以后,留下的 18 位教授,都是学问与教学经验很丰富而很有成绩的。新聘的各位教授,也都是积学之士。科学是西洋的,科学是进步的,所以我希望能吸收大量青年而最有前途的学者,加入我们的教学集团来工作。只要各位能从尽心教学、努力研究八个字上做,一切设备,我当尽力添置。我想,只要大家很尽心努力,又有设备,则在这生活比较安定的环境当中,经过相当年限,一定能为中国学术界放一光彩。若是本国人才不够,我们还当不分国籍地借才异地。一方面请他们教学,一方面帮助我们研究。我认为,罗致良好教师,是大学校长第一个责任!

至于学生,我们今年应当添招。我希望,此后要做到没有一个不经过严格考试而进清华的学生;也没有一个不经过充分训练、不经过严格考试,而在清华毕业的学生。各位现在做了大学生,便应当有大学生的风度。体魄康强,精神活泼,举止端庄,人格健全,便是大学生的风度。不倦地寻求真理,热烈地爱护国家,积极地造福人类,才是大学生的职志。有学问的人,要有“振衣千仞岗,濯足万里流”的心胸,要有“珠藏川自媚,玉韫山含辉”的仪荣,处人接物,才能受人尊敬。

关于学生,我今天还有一句话要说。就是从今年起,我决定招收女生。男女教育是要平等的。我想不出理由,清华的师资设备,不能嘉惠于女生。我更不愿意看见清华的大门,劈面对女生关了。

研究是大学的灵魂。专教书而不研究,那所教的必定毫无进步。不但没进步,而且有退步。清华以前的国学研究院,经过几位大师的启迪,已经很有成绩。但是我以为,单是国学还不够,应该把他扩大起来,先后成立各科研究院,让各系毕业生都有在国内深造的机会。尤其在科学研究方面,应当积极地提倡。这种研究院,是外国大学里毕业院的性质。我说先后成立,因为我不敢好高骛远,大事铺张。这必须先视师资和设备而后定。二者不全,那研究院便是空话。我上面指出来要借才异地,主要的还是指着研究院方面。老实说,像我们在国外多读过几年书的人,回国以后,不见得都有单独研究的能力。交一个研究实验室给他,不见得主持得好;不见得他的学问,都能追踪本科在世界学术上最近的进步;不见得他的经验和眼光,能把握得住本科的核心问题。所以,借才异地是必要的。不过借才异地的方法,不能和前几年请几位外国最享盛名的学者,来讲学一年或几个月一样。龚定庵说"但开风气不为师"。这种办法，只是请人家来"开风气"，而不是"为师"。现在风气已关，这个时间已过。我心目中的办法，不是请外国最享盛名的人来一短期，而是请几位造诣已深，还在继续工作，日进未已，而又有热忱的学者，多来"为师"几年。在这期间，我们应予以充分设备上和生活上的便利，使他安心留着，不但训练我们的学生，而且辅导我们的教员。三五年后，再让他们回国；他们经营的研究室和实验室，我们便可顺利地接过来。我认为，这是把科学移植到中国来的最好的办法。但是，这需要不断地接洽、适当的机会，不是一下可以成功的。假以时日，我一定在这方面努力进行。

一切近代的研究工作，需要设备。清华现在的弱点是房子太华丽、设备太稀少。设备最重要的是两方面，一方面是图书。我以后的政策，是极力减少行政的费用，每年在大学总预算里规定一个比例数，我想至少百分之二十，为购置图书、仪器之用。我想有若干年下去，清华的设备，一定颇有可观。积极设备，是我的职责；但是我希望，各院系动用设备的时候，要格外小心。我们不能学美国大学阔绰的模样。我们的设备当然不是买来摆架子的；我们也不能把什么设备弄得"得心应手"以后，才来动手做研究。我们要看英国剑桥大学一个物理实验室的典型。这个实验室在1896年方得到一次4000镑的英金，扩充他狭小的房屋及设备；1908年才另得一项较大的数目，7135镑英金，来做设备的用途。当1919年大物理家卢瑟福（Rutherford）教授主持该实验室的时候，每个部门的研究费每年不过50镑；而好几位教授争这一点小小的款子，来做研究。但是，这个实验室对于世界科学的贡献太大了！

我站在这华丽的礼堂里，觉得有点不安；但是我到美丽的图书馆里，并不觉得不安。我只嫌他如此讲究的地方，何以阅书的位置如此之少。所以非积极扩充不可。西文专门的书籍太少，中文书籍尤其少得可怜。这更非积极增加不可。我以为，图书馆不厌舒适，不厌便利，不厌书籍丰富，才可以维系读者。我希望图书馆和实验室成为教员、学生的家庭。我希望学生不在运动场就在实验室和图书馆。我只希望学生除晚上睡觉外不在宿舍！

至于行政方面人员的紧缩、费用的裁减，我已定有办法。行政效率不一定是和人员之多寡成正比例的。我们要做到廉洁化的地步。我们要把奢侈、浪费的习惯，赶出清华园去！

还有一件事我不能不提一下，就是清华基金问题。几个月前，我担任战地政务委员主管教育处来到北平的时候，知道一点内幕。我现在不便详说。其中400多万元的存款，已化为200多万元。有第一天把基金存进银行去，第二天银行就倒闭的事实。这不是爱护清华的人所忍见的。我当沉着进行，务必使他达到安全的地步。这才使清华经济基础得到稳定。各位暂且不问，这是我的责任所在。我更希望清华改为国立大学以后，将来行政隶属上，更能纳入大学的正轨系统，使清华能有蒸蒸日上的机会。

总之，我既然来担任清华大学的校长，我自当以充分的勇气和热忱，要来把清华办好。我职权所在的地方，绝不推诿。我们既然从事国民革命，就不应该有所顾忌。我们要共同努力，为国家民族，树立一个学术独立的基础，在这优美的"水木清华"环境里面，我们要造成一个新学风，以建设新清华！

● ● ● ● ● **【讲演点评】** ● ● ● ● ●

罗家伦毕竟曾经是五四运动健将、学生领袖、宣传演讲家，他的这篇演讲稿旨正思深，文情并茂，视野闳阔，气度汪洋，踌躇满志，信心十足。倡言学术独立，以固国家独立。简述院系规划，以利清华发展。推重教师的学术水准，阐释学生的风度职志。强调学术研究是为大学之灵魂，仪器图书是为大学之基础。可以说，这篇文章代表了罗家伦的大学教育思想，也是他后来在清华掀起重大、巨大改革的宣言和先声、预告和蓝图。

但问题是，他的这篇演说稿，是否就是由当日的现场就职演说整理而成的呢？学者孟凡茂根据历史资料判断，表示否定。他认为，本文其实是罗家伦在离开清华多年之后，借就职演说的名义，重新撰写的一篇文章。

曾在现场听过罗家伦就职演说的清华教授吴宓，在当天的日记里写下："罗氏以（一）廉洁化；（二）学术化；（三）平民化；（四）纪律化，四者为标识。又谓兼容并包，唯贤者是用云云。"时年 9 月 19 日《新晨报》亦有与此相近的报道。

1 个多月之后，《国立清华大学校刊》（1928 年 10 月 29 日）第一期刊登了就职演讲的摘要：

"国民革命之目的，在求中国之独立、自由、平等，如学术界不能站立在平等地位，则民族之独立亦不能永久，欲求清华达此目的，有数种方法：（一）清华廉洁化。清华是肥缺，是优差，故易腐化。倘若不廉洁，如何能对国民之血汗金钱，及友邦之好意。对用费浮滥，应联合校内人士监督。本人以宣誓之方法，定廉洁之标准，以后账目一月或两月公布一次。（二）清华学术化。造成中国学府，中国民族学术之策源地。以往中国之学术，皆过借贷生活，毫无独立精神，如将来独立后，不独自己用，亦能供他人之用。欲达此目的，即应注意以下诸点：（1）本国学者集中，不当有派别之分。（2）兼聘外国学者，如本校员生之帮助。（3）自己有热心向学之教授及同学。（三）清华平民化。一般人对于清华皆目为贵族学校，此诚为一种错误。总之，清华此后适应平民化。（四）清华纪律化。有组织之民族，应有纪律，急公好义,勇敢,简洁了当,皆为好精神,此后当注意及此。以上诸点,所包括既大,又不具体,如大家努力合作,敢信于最近之将来,定有相当成绩云。"

此年 11 月中旬,罗家伦给清华大学董事会所呈《整理校务之经过及计划》,对其就职演说的介绍,与上述内容大致相同。可以说,"四大化"一词,是对罗氏的就职演说内容最为简练而准确的概括;但在本文中,连一"化"都未提及。

孟凡茂认为,《国立清华大学校刊》所登的摘要和《整理校务之经过及计划》的介绍,才是罗家伦就职演说的主要观点,也是新校长的施政方针。这样的演说,无疑给久思变革的清华学生一种全新的感受。新校长改造清华的措施和目标,以宣言性的话语表达出来,足以使学生振奋,令社会关注。

另外,在本文中谈到院系的调整、教授的聘任、人员的紧缩、费用的裁减、基金的管理等校务改进工作,停止全部毕业生派遣留美、招收女生等重大教学改革,这些内容是不可能在就职演说时就谈及的。罗氏的办事作风称得上是雷厉风行。但这些工作内容竟出现在刚莅校的就职典礼上,那未免是未卜先知。

罗家伦于 1928 年 9 月 16 日来到清华,即与时任教务长梅贻琦接洽。因梅氏对罗氏废止清华学校所发聘书而以国立清华大学名义重新下聘书等做法有不同看法,当即提出辞去教务长。就职典礼的三四天之后,罗家伦即聘他的昔日北大同学杨振声和冯友兰分别任教务长和秘书长,组成清华的新领导班子。

罗氏当日的演说,有很强的针对性和目的性。到校伊始,面对改造清华的重任,首先就是要把所筹划的改革措施报告给全校师生。但在多年之后,把那篇演说稿编入著作时,罗家伦已另有想法,除了有改造一所大学的实施计划之外,还想让读者了解他对中国大学教育的思考,也就是他的教育思想。或许就是基于这些考虑,他重写了演说稿。

所以说,此文是罗家伦在卸任清华大学校长多年之后,经过对其任职期间作为的总结和失误的反思,以就职演说名义重写的一篇文章。不可否认,与演说当日的慷慨陈词相比,此文精辟地阐释了罗氏的大学教育理念,其思想性更强,影响也就更深远。

著文者希冀思想之流布,必欲使文章内容丰赡、文笔洗练,遂一改再改,甚或完全重写也在所不惜,以达孔子所谓"文质彬彬"之目标。而研史者则务求史实之精准,必注意时序之先后、事件之关联,于细微处探寻历史之本真。

梅贻琦

出任清华大学校长就职演说

梅贻琦(1889－1962)，字月涵，天津人。中国近代著名教育家。1904年南开中学第一期学生。1908年入保定高等学堂。1909年考取第一届庚子赔款留美名额。1915年在美国吴士脱理工学院获得电机工程硕士学位以后，翌年回国到清华学校任教，最初任数学、英文教员，后长期任物理学教授，1926年任教务长，1928年代理校长，1928至1931年任留美监督。1931年任国立清华大学校长，直到1948年。在他任校长的17年里，清华得到长足发展。抗战期间，清华与北大、南开三校合并为西南联大，他以清华校长、联大校务常委负实际总责。1945年日本投降后，回北平筹备复校。晚年居住在美国和台湾，1955年在台湾新竹筹办清华原子科学研究所，后扩展为新竹清华大学。

梅贻琦

本文是1931年12月，梅贻琦正式出任清华大学校长的就职演说，原载《国立清华大学校刊》第341号(1931年12月4日)。

离开清华，已有三年多的时期。今天在场的诸位，恐怕只有很少数的人认识我吧。我今天看出诸位里面，有许多女同学，这是从前我在清华的时候所没有的。

我还记得我从前在清华负责的时候，就有许多同学向我请求，开放女禁，招收女生。我当时的回复说，招收女生这件事，在原则上我是赞成的，不过在事实上，我认为尚需有待。因为男女的性别不同，有许多方面，必须有特别的准备，所以必须经过相当的筹备，方能举办。现在在我出国的三年内，当然准备齐全，所以今天有许多女同学在内，这是本人所深以为慰的。

本人能够回到清华，当然是极高兴、极快慰的事。可是想到责任之重大，诚恐不能胜任，所以一再请辞。无奈政府方面，不能邀准，而且本人与清华已有十余年的关系，又享受过清华留学的利益，则为清华服务，乃是应尽的义务，所以只得勉力去做。但求能够尽自己的心力，为清华谋相当的发展，将来可告无罪于清华足矣。

清华这些年来，在发展上可算已有了相当的规模。本人因为出国已逾三年，最近的情形，不很熟悉，所以现在也没有什么具体的意见可说。现在姑且把我对于今后的清华所抱的希望，略为说一说。

一，我先谈一谈清华的经济问题。清华的经济，在国内总算是特别的好，特别的幸运。如果拿外国大学的情形比起来，当然相差甚远，譬如哥伦比亚大学本年的预算，共有 3600 万美金，较之清华，相差不知多少。但比较国内的其他大学，清华的经济，总不能算少，而且比较稳定了。我们对于经济问题，有两个方针，就是基金的增加和保存。我们总希望清华的基金能够日渐增多，并且十分安全，不至动摇清华的前途。然而我们对于目前的必需，也不能因为求基金的增加而忽视，应当用的我们也还得要用，不过用的时候总要力图撙节与经济罢了。

二，我希望清华今后仍然保持它的特殊地位，不使坠落。我所谓特殊地位，并不是说清华要享受什么特殊的权利，我的意思是要清华在学术的研究上，应该有特殊的成就，我希望清华在学术方面应向高深专精的方面去。办学校，特别是办大学，应有两种目的：一是研究学术，二是造就人才。清华的经济和环境，很可以实现这两种目的，所以我们要向这方面努力。有人往往拿量的发展，来估定教育费的经济与否，这是很有商量的余地的。因为学术的造诣，是不能以数量计较的。我们要向高深研究的方向去做，必须有两个必备的条件，其一是设备，其二是教授。设备这一层，比较容易办到，我们只要有钱，而且肯把钱用在这方面，就不难办到。可是教授就难了。一个大学之所以为大学，全在于有没有好教授。孟子说："所谓故国者，非谓有乔木之谓也，有世臣之谓也。"我现在可以仿照说："所谓大学者，非谓有大楼之谓也，有大师之谓也。"我们的知识，固有赖于教授的教导指点，就是我们的精神修养，亦全赖有教授的 inspiration。但是这样的好教授，决不是一朝一夕所可罗致的。我们只有随时随地留意延揽而已。同时对于在校的教授,我们应该尊敬,这也是招致的一法。

三,我们固然要造就人才,但是我们同时也要注意到利用人才。就拿清华说吧,清华的旧同学,其中有很多人才,而且还有不少的杰出人才,但是回国之后,很少能够适当利用的。多半是用非所学,甚且有学而不用的,这是多么浪费——人才浪费的一件事。我们今后对于本校的毕业生,应该在这方面多加注意。

四,清华向来有一种俭朴好学的风气,这种良好的校风,我希望今后仍然保持着。清华从前在外间有一个贵族学校的名声,但是这是外界不明真相的结果。实际的清华,是非常俭朴的。从前清华的学生,只有少数的学生,是富家子弟;而大多数的学生,却都是非常俭朴的。平日在校,多是布衣布服、棉布鞋,毫无纨绔习气。我希望清华今后仍然保持这种良好的校风。

五,最后我不能不谈一谈国事。中国现在的确是到了紧急关头,凡是国民一分子,不能不关心的。不过我们要知道,救国的方法极多,救国又不是一天的事。我们只要看日本对于图谋中国的情形,就可以知道了。日本田中的奏策,诸位都看过了,你看他们那种处心积虑的处在,就该知道我们救国事业的困难了。我们现在,只要紧记住国家这种危急的情势,刻刻不忘了救国的重责,各人在自己的地位上,尽自己的力,则若干时期之后,自能达到救国的目的了。我们做教师、做学生的,最好最切实的救国方法,就是致力学术,造成有用人才,将来为国家服务。

今天所说的,就只这几点,将来对于学校进行事项日后再与诸君商榷。

● ● ● ● ● 【讲演点评】 ● ● ● ● ●

梅贻琦个性沉静,寡言、慎言,注重实干,人称"寡言君子"。他的话不多,却字字如珠玑,一掷千金,一言九鼎。他说:"为政不在多言,顾力行何如耳。"叶公超用"慢、稳、刚"三个字来概括和形容他。学生也曾戏作打油诗一首,描述其说话谦逊、含蓄的情形:"大概或者也许是,不过我们不敢说;可是学校总认为,恐怕仿佛不见得。"学者陈寅恪评价说:"假使一个政府的法令,可以和梅先生说话那样谨严,那样少,那个政府就是最理想的。"

本篇讲演,就很好地反映了这一点。其篇幅虽然非常简短,但内容充实、全面,语言干练,没有一句多余的话,且富有操作性、运用性。

1931年12月,梅贻琦正式上任国立清华大学校长伊始,不久就在大会上发表就职演说,提出自己办学的至理名言:一所大学办得好不好,主要看有没有好教授。称职的教授、优秀的学者才是大学的中心，是一所大学能否算是好大学的关键，而不是行政领导、职务级别，也不是建几座漂亮的大楼、有多少高档的设施。"所谓大学者，非有大楼之谓也，有大师之谓也"更成为广为流传的名句，甚为世人所推崇；尤其到了当代，此语甚有现实意义。

所以梅贻琦甫一上任后，便将积极延揽国内、国际著名师资看做为"努力奔赴第一事"。他在原有师资的基础上，先后聘来顾毓琇、闻一多、张荫麟、潘光旦、张岱年、陈省身、吴晗、维纳（美籍）、华敦德（美籍）、哈达玛（法籍）等人，进一步充实了师资队伍。20世纪30年代清华园内大师荟萃，极一时之盛。

在这篇讲演中，梅贻琦还旗帜鲜明地提出：大学"应有两种目的，一是研究学术，二是造就人才"。这才是大学的主要责任和任务。他是这样说的，更是这样做的。他是清华历史上任期最长、贡献最大、影响最深远的一位校长。在他的主持下，清华大学发展为一所在国内外颇有影响的学府，达到了清华历史上的辉煌时期。

此外，梅贻琦又提到了清华的经济问题，清华应该既注意造就人才又注意利用人才，清华俭朴好学的风气，以及应该爱国、救国与如何爱国、救国，等等。其中的大多数观点和措施，都是非常有可取之处的。

这些话就是放在80年后的今天，仍大有意义，堪称空谷足音，振聋发聩。加上在此之后梅贻琦的多次演说、讲话、文章，它们体现了梅贻琦本人的教育思想，体现了近代清华大学的办学宗旨，乃至整个中国近代教育的主要特征，包括：

第一，大学应该以教授为中心，是教授治校而不是行政治校；

第二，学校是培养"人"，而不是培养"机器"；

第三，要强调"通才"教育，反对功用的、技能化的做法，做学问要与做人相统一，而且应该德、智、体、美、群"五育"并重；

第四，在大学校园里应该提倡民主自由、兼容并包；

第五，教师、学生既要爱国、救国，但更应该以学习、科研为主。

这些观点和主张，是科学的、先进的、积极的、伟大的。中国的教育要进步，要赶上国际水平，要建设一流学府，中国的学校要培养真正的人才，能对国家建设作出卓越贡献，就须得这么做！

柳传志

怎样做一个好总裁

柳传志,1944 年生,祖籍江苏镇江。中国改革风云人物、全球 25 位最有影响力商界领袖之一、联想控股公司董事长。现在联想控股旗下有联想集团、神州数码、联想投资、融科智地、弘毅投资 5 家子公司。其中,联想集团、神州数码为中国 IT 界领先企业;联想集团在 2004 年并购 IBM 全球个人电脑业务后,已成为全球第四大个人电脑厂商。

柳传志

这是 2000 年前后柳传志在清华大学管理学院的演讲,全文 3 万余字,本处只是节选其中一部分。

各位同学,我非常高兴有机会能够跟大家沟通。"怎样做一个好总裁"这个题目确实是博大精深,要我在两个小时之内将它浓缩地表达出来,无论是就我的实践经验,还是就我的理论功底来说都远远不够。但是我希望跟大家有沟通的机会,我主讲的时间和大家提问我来回答的时间比例最好是三七开,或者是四六开;总之,我希望留更多的时间和大家交换意见。

在开始讲以前,我想作四点说明。第一,对"总裁"的定义。我这里讲的"总裁",是企业管理层的第一把手。第二,总裁要把管理企业当成事业来做,而不是打工的,他应该在自己的企业里有股份。一些人认为,当一个好总裁,就是怎么能够多拿钱,而少做事,这个角度与我所讲的就有很大不同了。第三,我尽量讲在中国这个具体的大环境下发生的事情,而尽量少谈书本上的东西。因为国际管理学的一些经典理论,讲到最后都有一个条件,那就是强调是在什么具体环境下产生的,而在其他环境则不能照搬。第四,今天主要从宏观角度上来谈思路、谈框架,如果谈到微观的东西,也只是为了说明宏观。因为"怎样做一个好总裁"这一题目,本来可以写成一本极厚的书,要浓缩地、画龙点睛地谈出来极不容易,所以今天我只能努力去做。

总裁在这个企业里要做什么事情呢?一般的讲是两件事情,第一件事要制定战略,这个企业你要给自己定一个目标,然后要设定战略路线,就是我做什么,不做什么,要研究这个,这是每个企业都要研究的。但是只有这个行不行呢?肯定不行,得有人去具体实施战略。因此你要有一支好的队伍,因此第二件事情就是带好队伍。

有了这两条行不行呢? 其实有一条比这个更重要,那就是怎么样去建班子。一个企业到了上千、上万人的规模,没有一个班子而只一个人的领导肯定是不行的。只有一个人领导的话,领导出差了,原来制定的东西马上就会走样。好一点的结果是阳奉阴违,坏的结果就是完全不照着做。因此,领导如果真的要树立威信,希望自己制定的东西能够顺利实现的话,就要有一个班子,有了班子以后,才能群策群力。对于班子,还有很重要一点,就是对班子中的第一把手要有制约,没有制约是无论如何不行的。毛主席都是一个哲人了,他不被制约依然会犯"文化大革命"的错误,所以像我们这些普通人更要有制约。所以总裁在这个班子里要起这样的作用,因此就形成这么三条。这三条,联想把它总结成为是管理的三个要素,就是总裁在管理上主要做的事情。

但是不是有了三要素就够了呢?在中国还不够,在中国还有一件很重要的事情,就是怎么样适应环境,也就是能够生存、改造环境和适应环境的问题。我们的国家是社会主义初级阶段,所以很多事情都还没能够很好地配套,经济不断发展,政策法规也都未必配套,这样就使得企业的生存环境之中会有很多不自恰的东西。

所以这些事情都给总裁带来了一个非常大的难度。这就是环境中的问题,也就是说做总裁的话,就要考虑到对于大环境本身自己能不能进行改造?不能,自己的力量不够,那么局部环境的改造能不能进行?更小的环境能不能进行改造?有的时候改造小的环境是可以的,有的时候还不行,不行怎么样?不行就要忍耐,适应在这种环境下生存,然后等待时机,再来做大的动作。这是在中国做总裁一个非常重要的特点。

还有一点,我们也可以算为环境之中的问题的,就是机制问题。在座的很多读 MBA 的同学,都是参加过工作的,不知道有没有在国企里边工作过的同事?如果有的话,一定会对机制是多么重要这个问题有比较深的体会。

联想在创办初期的时候,虽然我们的老所长只给了我们 20 万块钱,但是给了我们三条政策,第一条是人事方面的,就是说,我们的企业不管办到什么时候,所里不往里边塞人,由公司自己来安排选择,这点很重要;第二点是财务支配权,财务支配为什么重要呢?就是你每年把该交税的交了,按照合同该上交的利润交了,其他你们内部的激励安排,完全由你们自己负责,这个对我们极重要,我们那时候就可以完全定自己的管理激励方式,这就大大突破了国有企业的一些做法;第三个,就是经营决策权,所里对公司的经营决策绝不干预,这点非常好,这点使我们自己能深刻体会"民营企业"的实质意义是什么。"民营"就是四自,即"自筹资金、自由组合、自负盈亏、自我审查",联想是完全符合这四条的。其实 20 万元资金是远远不够的,其余全是我们自筹,我们自负盈亏了,于是就给自己定义为"国有民营",这意味着公司是国家所有,但经营权在我们这儿,做好了,成绩、利润是国家的,但是管理是由自己决定。其实这本身也是不自恰的,但在当时已经是一个很大的进步了。

我想在这里说明,环境之中机制将是一个非常重要的,尤其是办好一个企业的必要条件。我不能说它是一个充分条件,不能说有了好机制企业就一定办好。但它的机制不好,从根本上讲,这个企业肯定办不好。因此,做一个高科技企业一般会遇到四个大难关:一个是观念,一个是机制,还有一个是环境,第四个就是管理。对于这四大难关,企业的总裁要了解,要能够去应付它。我今天着重要讲的是后边的第四个,也就是管理难关。但是对前三者,对环境,对机制,总裁应该怎么做才能做好呢?我想有两点要求:第一点要求就是这个总裁本身的立意一定要高,你做这个事眼光要高,才能应付得了这种环境。其中有三件事情立意不高就过不去,第一件事就是像我最早说的,由于你没有资金,没有更多的钱,不能够以按劳分配的方式回报公司骨干的核心,你没有那么多钱付给他们,只能是你自己多干少得来起模范带头作用,这实际是一种小得。如果总裁立意不高,不是堂堂正气的话,解决不了这个问题。总裁必须能够心怀坦荡,站得更高,做得更多,一切为了企业的利益,这时候你才能成为这个企业的核心。

第二件立意要高的事情,主要跟国家这个主人有关系。像国有企业,他的主人是虚无的,就是并没有人直接在这儿承担责任和义务。一旦企业亏空很多钱以后,必须要去找银行贷款,这时候像清华大学、科学院等这些单位都是没有贷款能力的,银行对事业单位的担保是不收的,于是一定要这个企业的负责人自己去想办法,这些都是非常大的压力。这就意味着企业负责人要用个人的名誉,以及积累的各种资源去贷款。但企业经营成功以后,利润主要的部分却是国家的,这个事实本身有它不自恰的地方。所以这点要想的比较明白,这也是一种委屈吧。第三件就是国家执行公务的有些公务人员本身水平肯定会不够高。因为大家都了解的原因,社会主义初级阶段嘛,总是有这种和那种的情况出现。这时候你心情一定要平和,要积极,既不要为这个事情气得不得了,也不能说我不干了,还是要继续去积极工作。

第二件事就是对环境的要求。刚才我讲了,第一点要受委屈,要立意要高;第二点,还有一个能力,什么能力呢? 我们要审时度势,一眼能看到底,就是要把事情分析明白,这件事情是否能做,你要能够看到底。我在做联想的时候,给自己画了一个底线,其实挺起作用的。这个底线就是,我不要在改革中犯错误。原来这句话是,不做改革的牺牲品。后来有人提意见说这句话不好听,就把它改成为不在改革中犯错误。这句话,其实还是很重要的。你要弄清楚什么事情能做,什么事情不能做,不能不行的时候强行去改造环境,那一定会碰得头破血流。

总之,对待环境有两件事情:一个是立意要高,要相信自己能把事做出来,这是一点。第二点就是要学会审时度势,一眼看到底,能拐大弯来处理事情。

所以做好总裁的第一点,就是在中国的环境下怎么去做。很多从海外回来的博士、留学生等等,往往过不去的恰恰就是这个环境关口。每当遇到环境问题的时候就会暴躁,他就会认为中国这不行那不行,就急着要回去,实际上他们缺乏的就是这份心情。所以,我觉得大家应该逐渐地站在一个相对高的高度,来体会这个问题。

下边就讲讲关于管理三要素的问题。在一个企业中,当总裁在环境问题解决了以后,应该怎么做好管理问题呢? 联想有一个管理三要素。因为管理的教材内容非常之多,但是都有各自的说法。但是于我看来,办好企业有点像爬珠穆朗玛峰,目标是爬到山顶。不管是北坡上,还是南坡上,只要能爬到山顶就是好方法。其实这些理论也大同小异,关键在于怎样去归纳它。为什么一个企业要有一个自己的理论呢？就是你的这支队伍总不能一半人从南坡上，一半人从北坡上，队伍分散是不行的。所以在自己这个企业里，假如再有若干个事业部，有若干个子公司，必须要有共同的语言，管理的语言。无论企业做得好，还是做得不好的时候，都要有对得上的语言以方便经验的交流。于是就要有自己的一套管理理念，这也就像放一个东西的柜子。大家都知道，剪子、刀子这些零碎的东西放在哪个抽屉里，衣服放在哪个抽屉里。这样的话，我们便于内部交流，这就是我们联想的员工上下都知道的管理三要素的原因。

这三要素的第一点就是建班子。建班子本身实际是两个问题，班子的重要性我就不再多说了，就是做好班子的关键在于解决好两个问题：第一个是 $1+1<1$ 的问题，第二个问题是 $1+1<2$ 的问题。

$1+1<1$ 是什么意思？前边那个 1 就是总裁，加上后边的班子，甚至比你一个人管还糟糕。这很可能是因为你的班子里有宗派，有各种各样纠纷性的问题。纠纷的问题存在，那还不如不要班子，这就是 $1+1<1$ 的问题。$1+1<2$ 就是有了这个班子，果然就比你一个人强，但是你调动班子的积极性不充分，本来应该大于 2 和远大于 2，让班子形成一个合力，结果却是你做不到。所以我们着重要讲的是这两个问题。

$1+1<1$ 这个问题，分两种情况。一种情况就是把你调到那个单位去，那个单位以前就已经有宗派了，这时候问题很难解决。这种情况在国营企业还是很多的。我们调查过，宗派问题对某些国营企业是一个先天的问题。怎么讲呢？就是国有企业的总经理，要退休前到了 59 岁，他不能走褚时健的路，这种路犯法，但是又希望能够保证一些正常的生活待遇不变。在这样的前提下，一个非常合理的方式，就是破格选拔跟自己感情非常要好的人来提拔他。这确实对企业的老领导个人会有好处。可是第一把手这么做，党委书记看得很明白，也会这么做，他也选拔一个亲信来提拔，然后第二把手也这么做，这样有两三个人这么做，而且下边还形成体系，这就形成了宗派。有了宗派以后，问题就麻烦了，话就不能放在桌面上说了，说的东西都是很冠冕堂皇的，但是底下各自有自己的系统。到了这种时候，这个企业便相当难受了。

如果你所在的企业已经不是一张白纸，而你是调到那儿去处理问题的话，这个问题不是我们今天所谈的，这不属于科学型的问题，是属于艺术型的问题，那就要看你本人有多大能力，这种问题就很难解决。现在我讲的是你在一个新的企业，或者说在这个企业里边还没有这样的问题的时候，你怎么去做呢？

核心的一点就是第一把手本人，是不是把企业的利益放在第一位。你如果能够做到把企业的利益放在第一位,将话能放在桌面上说,这个问题就好解决,你就会制定出一系列的做法、一系列的规章制度,以保证企业不产生这样的问题。联想就有些笨办法,有一些土办法,但是最起码让大家知道,在公司里对什么样的事情是深恶痛绝的。

下边我再介绍一下,1 + 1 如何 > 2 的问题。1 + 1 > 2 就是对班子的成员如何进行调动积极性的问题。激励一共有两种,一种是物质激励,一种是精神激励。这里我就不多讲班子里成员的物质激励了,主要讲精神激励是什么。

大家想,假如一个人是班子里一个主要成员的话,基本上要做到三条我觉得就可以了。第一就是在这个班子里他要有责权利相统一的一个舞台,这个要能够得到保证。这就是说,他要明确,他的工作和整个大的战局是什么样的关系。他必须要知道,自己负责的这块业务在大战局里是一个什么关系,自己的管理资源是什么,有什么条件。也就是让自己来管理,做好了怎样,做不好怎样,他心里要明白。这时候,这个人感觉就不一样了,因为他有一片自己的舞台了。但是第二点,就更进一步了,就是这个舞台怎么给的呢?是用一定的规则方式给的,而不是第一把手随意给的。

关于班子内有不同意见的问题。班子里有的时候会有意见的不统一,甚至班子里面比如说 7 人,4 个人一边,3 个人一边。这种情况如果非要投票去解决总不太好,这时候我觉得要注意一点:把话从根上说起,从原则的地方说起。因为大家的利益归根到底都摆在桌面上,这个企业利益是什么可以说得清楚,我们可以从这儿一点点往下拨,这时候问题就好解决了。

怎么样来提高班子的集体素质呢? 对于这个问题,第一把手要注意方法。我们采取的方法是,当班子成员素质比较低或者能力不是很强的时候,或者企业规模比较小的情况下,可以采用指令性的方式工作,指令性就是一把手说了算。一把手应该想得更多,一把手也要拿出主要的权力来以你说的为准。当情况逐渐发生变化时,班子的成员也逐渐成熟起来,一把手可以将指令性方式变成指导性方式,指导性的方式就是大家一起来讨论,你先提个意见,大家针对你的意见来讨论,最后定下统一决策。班子成员可以也应该参与意见,这叫指导性的方式。如果再进一步发展,像到了联想今天的规模,干脆就是参与型的方式,也就是将要解决的事情谈清楚,大概是什么情况,然后以班子里其他成员的意见为主,作为一把手则积极参与,以大家的意见为主。

总之,用这样的方法就会不停地提高企业员工的素质,也会使年轻人一层一层地涌现出来。

第二,关于定战略。定战略我讲得简单点。联想对定战略极其重视,而且我认为这是我们做得比较好的一部分。

一般我们采取五步法来定战略。第一,要有一个愿景。第二,要有一个战略路线,然后要有一个中远期的目标,远期目标,再是近期的目标,然后分步实施,来进行调整,大概分了这么几步。第三,关于路线的问题,也就是怎么样去制定路线。路线是五步法里最重要的一步,到底企业做什么和不做什么,当然要有一些基础材料,什么基础材料呢? 当然是世界和地域的政治经济形势,这方面的问题在企业规模大的时候非研究不可,像亚洲金融风暴,像纳斯达克股市的情况等等,这些情况都要进行研究。同时要研究企业内部的资源能力,要进行审视,这个当然就更重要。要研究清楚企业内部资源是怎么个情况,形成企业产品价格链的各个环节、企业核心的业务流程、核心竞争力等等,这些都要进行分析。另外,要对行业进行分析,到底我们这个行业是个什么样的发展趋势,这点也非常重要。第四,对竞争对手要进行分析。这个分析完了以后,你就可以制定战略路线了。第五,融资的问题。

联想在制定战略的时候,总的指导思想是这四条:第一,循序渐进;第二,外延式发展;第三,说到做到;第四,制定路线以前,要反复分析和小范围试验,制定以后要义无反顾地去做,做得要坚决。

最后一个是带队伍。带队伍跟战略制定是密不可分的。在制定战略路线前,要审视公司内部的资源能力,这个主要是体现在带队伍方面。带队伍实质上有这么几件事:第一,如何调动人的积极因素,激励措施是什么。第二,光调动是不够的,员工没本事也不行,怎么去培养他,发现新人,培训新人。第三,怎么能够有序地工作,怎么使机器有序地协调,效率高,这是企业的组织架构、规章制度方面的问题。

因此,联想的带队伍由五个方面组成,一个是企业的架构,第二是规章制度,第三是企业文化,第四是激励方式,再下面是培育人。我这儿就简单地说两点吧。一个是规章制度,一个是企业内部的一些原则。我特别想强调的是,诸位将来做事的时候,如果要定规章的话,要先简后繁,不定则已,定了一定要做到。

关于激励方式,我在这里主要讲物质激励,当然对联想最有特色的就是认股权证。认股权证与刚才讲的35%的分红权不是一回事,那个是控股公司的,这个是上市公司的。

关于企业文化,我也不多说。我只说一条,关于联想的入模子问题。联想强调要入模子,就是要把员工个人的追求与目标融入到企业的事业目标之中来,那么大家说这还叫以人为本吗? 我们认为这依然是以人为本。因为在一个企业,员工不把自己融化到这个企业之中，这个企业就不能形成力量。但是企业这个模子是可以通过员工来改造的。我们公司内有不少国外来的人，还有一百六十几个是清华大学毕业的，其中 MBA 大概有十几个。这些年轻同事到了我们这儿来以后，都在改造模子上起了很好的作用。模子是我们大家的。但是你进来以后，不肯按照模子里行事那是不行的，所以这一点是我们的一个特殊要求。

最后关于人才培养的问题。联想在培养人的时候，要求德才兼备。这个"德"特别强调的，就是要如何看待企业利益的问题。我们提出一个"三心"，即一般的员工要有责任心，人没有责任心什么事情也做不成，将来诸位去当经理了，你们下边任何一个人，最起码他得负责任，不负责任他说的话不算，事情就没法做了。高一层的人，也就是到了中层，员工就应该有上进心，就是他得为了公司而努力。到了最高层次的时候，仅有上进心是不够的，这时应该有事业心，你要为了一个事业，为了这个而奋斗，这个时候人才能有更大的牺牲精神，才能够舍得去牺牲。

"才"方面我们特别提出要善于总结和学习。因为不管你是做哪项工作的，它都有自己的边界条件。所以你做成以后，失败也好，成功也好，自身要善于总结和善于归纳，到底这个仗是怎么打赢的。凡是做到这样的人，他就有可能晋升。光能把事情做好的人，那是不够的。所以联想强调要能干会说。说本身不是光是口头表达，而是善于归纳，这样的人就会得到重用。其实一流的人才，就是一个善于总结的人。

我最后对做一个好的总裁要做到什么样这个问题进行一下总结。第一，总裁得明白自己的企业里的事是个什么事。比如像我讲到的，比如像管理三要素，这个事情用一分钟你怎么表达，用三天三夜说怎么说，要有把厚书读薄了的方法是什么，这个你要明白，这是第一点。第二，总裁要明白，什么样的人能做什么样的事，在你这本书里面哪个人在哪个环节上，他应该出现在什么位置上，他具有什么样的特点，这个你要清楚。第三，你手里边的人是个什么状况？你手里边的人和你想要的状况肯定不一样，这个你必须得明白公司内的关键人员的特性。第四，你用什么样的方法来使用自己手里的人，或者去发现更好的人才？把这几点做好了，总裁就当好了，我想怎么当个好总裁大概就归纳这么几点。

● ● ● ● ● 【讲演点评】 ● ● ● ● ●

在当今中国，联想是一流的民族企业；柳传志是一流的企业家，具有一流的经营管理才能。他的这篇《怎样做一个好总裁》，就是讲述他自己是如何经营管理联想公司的经历与经验的。他既有理论又有实践，在实践的基础上总结出理论，又用理论去指导实践。他的经营管理，有自己的许多独到的做法；因而联想公司也就有了自己的许多独到的特征。他在讲解中，一方面对他的理论条分缕析、纲举目张，虽然结构复杂、内容繁多，但是依然有条不紊、娓娓道来；同时又列举了大量发生在自己经营管理实战中的生动、典型故事，使大家理解起他的观点与理论来，更加具体形象、明白好懂。

当然，形式其实还是次要的，因为谁都知道怎么写、怎么说，知道如何谋篇布局、遣词造句，如何摆事实讲道理、说理论谈实践，如何深入浅出、卖弄口才。而柳传志与他下辖的联想公司，关键是确实有非常高明、鲜明、独特的一套东西，并取得了辉煌的成绩，它本身就是如此精彩绝伦，如此不同凡响，所以不管怎么说都是引人入胜的。

杨振宁

美与物理

杨振宁,1922年生于安徽合肥,祖籍安徽凤阳。著名美籍华裔科学家、物理学大师、诺贝尔物理学奖获得者，世界科学院、中国科学院院士。父亲曾是清华大学教授,他随父母在清华园度过青少年时代,后在西南联合大学毕业,并进入清华研究院深造,再到美国留学。历任普林斯顿高等研究所教授、纽约州立大学石溪分校爱因斯坦讲座教授和理论物理研究所所长、香港中文大学讲座教授等。1997年出任清华大学高等研究中心荣誉主任;1999年出任清华大学教授;2003年底回北京定居,返归清华园。

杨振宁

2001年4月26日,79岁的华裔物理学家、诺贝尔奖得主杨振宁,在清华大学校庆90周年之际回到母校,作了题为《美与物理》的演讲报告。

19世纪物理学最重要的两个贡献,一个是电磁学,一个是统计力学。统计力学最主要的创建人是三个,一个是麦克斯韦,一个是玻尔兹曼,一个叫做吉布斯。其中玻尔兹曼写过很多通俗的文章，那么我今天就从他的一段话来跟大家开始谈谈。他说:"一个音乐家在听到几个音节以后,就能辨认出来莫扎特、贝多芬或者舒伯特的音乐;同样一个数学家或物理学家,也能在念了几页文字以后,就辨认出来柯西、高斯、雅可比、亥姆霍兹或者克尔期豪夫的工作。"他的这段话我觉得很有意思。为了解释这段话,我曾经跟几个朋友讲这样几句。我说:"大家知道,每一个画家、音乐家、作家都有他自己独特的风格。也许有人会以为,科学与文艺不同,科学是研究事实的,事实就是事实,什么叫做风格? 要讨论这一点,让我们拿物理学来讲。物理学的原理有它的结构,这个结构有它的美跟妙的地方,而各个物理学工作者对于这个结构的不同的美跟妙的地方的感受,有不同的了解。因为大家有不同的感受, 所以每一个工作者就会发展他自己独特的研究方向跟研究方法,也就是说他会形成他自己的风格。"那么这段话我希望在底下几十分钟给大家详细解释一下。

为了做这件事情,我先给大家介绍两个 20 世纪的大物理学家。第一位叫做狄拉克,他是英国人,他是 1902 年出生,1984 年过去的。我带了一张相片,不过我想大家看不见的。这是他在 1969 年从英国剑桥大学退休了以后到美国去,我们在纽约州立大学石溪分校请他访问,我的一个喜欢照相的同事给照的,这张相片我觉得照得很好。他是一个非常有意思的人,很少讲话,而你要听他讲话的话,你觉得他这个想法跟一般的人都不一样,他有他自己的思维方法跟逻辑。关于他的故事非常之多,我给大家只讲一两个。

第一个例子,是他有一天在演讲,演讲完了以后有个学生说:"狄拉克教授,我不懂您刚才这个所讲的理论。"于是,狄拉克就又解释了一下。解释完了以后,那个学生说:"狄拉克教授,您刚才讲的这个,跟您以前所讲的每一个字都是一样的。"狄拉克说:"这不稀奇,因为这是最好的讲法。"

另外一个故事是,他在普林斯顿的一个演讲。普林斯顿介绍他的教授,在他演讲完了以后就说:"狄拉克教授可以回答你们的问题。"有的学生就说:"狄拉克教授,您刚才那个方程式(3),是怎么从方程式(2)演化出来的? "狄拉克不讲话,于是介绍他的人等了几分钟,就说:"狄拉克教授,请您回答他的问题。"狄拉克说:"他只讲了一句话,他没有问问题。"

狄拉克最重要的工作,是在 1928 年写了一篇文章,这个文章上面有一个很简单的方程式。我念这个方程式给大家听:$[p\alpha + mc\beta]\psi = E\psi$。可是这个方程式有不得了的贡献,它奠定了今天原子、分子结构的基础,解释了为什么电子有自旋。自旋的意思,就是每个电子都在那儿像陀螺一样转。电子有自旋这个事情不是狄拉克发现的,在那以前几年已经有人提出来,电子一定有一个自旋,可是不知道为什么要有自旋。刚才我所念出来的这个简单的方程式,你去了解了它的真正意义以后,你自然而然就知道,电子一定要有一个自旋。而且,这个电子的自旋,跟自旋在一起的是一个磁矩,就是像一个小磁铁。电子有自旋有磁铁这件事情也不是狄拉克发现的,是当时已经知道了,可是没有人知道为什么要有磁矩,而用刚才所念出来这个方程式就很自然地知道有磁矩,而且这个磁矩可以定量地用这个方式算出来。而且这个磁矩跟电子轨道行动的关系,也是一个本来猜想到了,可是不懂为什么缘故是那样,也是被他的这个方程式所解释了。你想这样简单的一个方程式,把当时困扰大家的三个重要的问题都解决了,所以这个当然是震惊了当时的物理学界。

我想最好的方法来描述这个,就是这是一个神来之笔,可是这个神来之笔并不这么简单,就被所有的人都认为是绝对正确的。因为它出了一个新的问题,这个新的问题叫做负能问题。大家知道,通常"能"都是正的,而他这个方程式,你去算了一下以后,会得出来一个非常稀奇的现象,说电子可有负能,这个负能当时是不可思议的一件事情。所以很多人懂了他的这个工作的第一步以后,觉得这个东西是妙不可言,可是又觉得这个里头有非常奇怪的、不能够了解的、绝对不会对的事情。所以以后几年,就有种种人批评狄拉克,说他这个工作,看起来对是碰巧,其实是不对的。可是狄拉克坚持,到了 1931 年,他更进一步,他说:"不但这个负能是应该有的,而且有了这个负能以后,就会发现一个新的、重要的一个现象。"当时还没有看见,就是说任何一个电子,都会跟它俱来的有一个叫做反粒子。每一个粒子都有一个反粒子,这个反粒子跟这个粒子完全一样,可是它的电荷是相反的,这个当时又是大家所不能接受的。人家说你从来没有看见过任何一个反粒子,你怎么能随便就讲有个反粒子呢?

可是过了一年以后,加州理工学院有一个年轻的博士生,叫做卡尔·安德森,他在第二年,用云雾室照出来一个轨道,这个轨道是一个正电子,就是刚才所讲的,狄拉克所讲的电子的反电子,因为它反粒子,因为它是带着正电。这一来的话,大家知道狄拉克的这个方程式不但是对,而且完全是对的,他预言出来了一个从前大家不晓得的新现象。

所以,狄拉克一个人话讲得很少,可是他话的内涵有简单的、直接的、原始的逻辑性,懂了他的想法以后,你会拍案叫绝。我想了想,用什么样子的中国传统的话,可以描述看了他的文章以后,叹服了他这个工作的重要性以后,对他这个文章的看法是什么。我想最好是说"秋水文章不染尘"。因为他的文章里头确实是一点渣滓都没有的,清楚极了,假如你懂他的逻辑的思维方法。

我曾经想,要想跟我的文史的朋友介绍看了狄拉克的文章的感受,应该怎么样讲法呢?那么最后我发现到了,唐朝的诗人高适,他有一首诗《答侯少府》,上面有这样两句"性灵出万象,风骨超常伦",我觉得这两句话用来形容狄拉克的风格是最好的。为什么呢?"性灵出万象",这个"万象"用来描述狄拉克方程式的影响,那是再恰当不过了,它解释了无数的物理、化学的现象,它是今天的原子、分子结构的最重要的一个方程式。为什么说"风骨超常伦"呢?这也是我刚才已经跟大家大概介绍了一下,他在 1928 年到 1932 年 4 年之间,他不顾当时最有名的几个物理学家的反对和冷讥热嘲,这几个最有名的物理学家,包括尼尔斯·玻尔,包括海森伯,包括泡利,他们都是在嘲笑狄拉克,说狄拉克想入非非,他做的东西是不对的,可是这个狄拉克是坚持的,所以他确实是"风骨超常伦"。那么什么叫做"性灵"呢?"性灵"据我所知,是在明朝"公安派"的文学批评家"三袁",他们所最早提出来的,其中袁宏道讲他的弟弟袁中道的诗,我念这个他讲他弟弟的诗:"独抒性灵,不拘格套,非从自己胸臆流出,不肯下笔。"这几句话拿来形容狄拉克的风格是最恰当不过了。

底下我要给大家介绍另外一个 20 世纪的大物理学家,叫做海森伯,我想很多人会以为海森伯比起狄拉克还要略胜一筹。海森伯是德国人,1901 年出生,1976 年过去的。我也带了一个海森伯的相片,这个是他 24 岁的时候还没有做出来他最重要的工作的时候的相片。今年 12 月是他的 100 周年生日,要在慕尼黑有一个庆祝。

他所做的工作是开始了量子力学的第一步。20 世纪物理学里头,最最重要的几个发展里头之一就是量子力学。在 20 世纪以前,物理里头的数目、数据都是连续的,你说这个东西的家数是 A,这个 A 是一个连续的,不是一个是跳跃的,可是在 20 世纪的头 20 年,发现到这个跟原子、分子物理不符合,所以后来就产生出来量子的这个观念。可是量子化的这件事情是非常困难的,因为要把牛顿,从牛顿开始建立起来的物理系统整个要改观,那么这个革命性的发展不是一天两天所能做到的,所以 20 世纪头 25 年是有种种的纷扰。在 50 年代美国一个重要的物理学家叫做奥本海默,大家也许晓得,奥本海默非常有名的地方是因为他在打仗的时候主持了美国的原子弹的制造工作。他是非常会讲话的一个人,他在 50 年代在英国的一个演讲里头,描述了那个头 25 年物理学的一个工作者之间的一个空气,他说:"那是一个在实验室里耐心工作的时代,有许多关键性的实验和大胆的决策,有许多错误的尝试和不成熟的假设。那是一个真挚通讯与匆忙会议的时代,有许多激烈的辩论跟无情的批评,里面充满了巧妙的数学性的挡驾方法。对于那些参加者,那是一个创新的时代,自宇宙结构的新认识中,他们得到了激奋,也尝到了恐惧,这段历史恐怕永远不会被完全记录下来,要写这段历史需要有像欧迪帕斯或像克伦威尔那样的笔力,可是由于涉及的知识距离日常生活是如此遥远,实在很难想象有任何诗人或史家能胜任。"

所以这二十几年的经历确实是被奥本海默所描述得很恰当的,那么在那样困难的时候,一个年轻的 24 岁的海森伯出现了,他写了一篇文章,这个文章向一个方向迈了一步,这个方向现在叫做量子力学,而这个方向后来发扬光大,就变成了 20 世纪以后的几乎是全体物理学里头最最重要的几个原则之一。年轻的海森伯怎么忽然能够走了这一步,从前人没有走过的呢? 他在晚年的时候,曾经有过一篇文章上讲这个经历。海森伯喜欢爬山,所以很自然地他就把爬山拿来做一个例子,他说:"爬山的时候,你想爬某个山峰,但往往到处是雾,你有地图或别的缩影之类的东西,知道你的目的地,但是人堕入雾中,不知道要向什么方向走,然后忽然你模糊地自雾中看到一些形象,你说哦,这就是我要找的大石头,整个情形从此而发生了突变,因为虽然你仍然不知道你能不能爬到那块大石,但是在那一瞬间,你说我现在知道我在什么地方,我必须爬近那块大石,然后就可能知道该如何前进了。"他这几句话确实是描述了他的第一篇文章里头所讲的事情,因为他并没有完全懂他在第一篇文章里所讲的,他是一个尝试,是一个很模糊的一个印象。他这个文章写出来了以后,他要去渡假,他就把它留给他的导师叫做玻恩。玻恩比他年长了十几岁,玻恩有数学的修养,是海森伯所没有的。玻恩看了他这个文章以后, 知道海森伯里边所讲的数学, 是一个从前物理学家没有用的数学,叫做矩阵,海森伯因为数学修养不够,所以不知道他所做的东西是矩阵,结果玻恩就跟另外一个比较年轻的物理学家写了一篇文章,然后海森伯回来了以后,他们 3 个人又合写了一篇文章。这 3 篇文章奠定了量子力学的基础,今天物理里头叫做 one man paper、two men paper、three men paper,这 3 篇文章的开始,就是量子力学的奠基的地方。

量子力学是物理学史上的大革命,我想也是人类的历史上一个大革命,不讲它对于纯粹物理学的贡献,单讲大家可以了解到的对于日常生活的贡献,核能发电、核武器、激光、半导体元件以及今天的计算机通信工程,所有这些工程都不可能发生,假如没有量子力学。海森伯 24 岁的时候写了这个文章,到了 26 岁,他就变成莱比锡(大学)理论物理学系的主任。他爱打乒乓球,打得很好,所以独霸那一系,而他是很好胜的,一直到一个从美国来的博士后,这个博士后来了以后,海森伯只得屈居亚军。这位打败海森伯乒乓球的博士后的名字,我想大家都是熟悉的,叫做周培源。

那么，海森伯跟比如说狄拉克之间的关系是什么呢？他们的关系很好，可是也有激烈的竞争，因为他们都是站在最前沿上面的，所以他们都知道对方的工作是非常重要的，所以每一个工作都仔细注意。在1928年狄拉克写出来了他的，刚才我给大家介绍的狄拉克方程式以后，海森伯跟泡利，泡利是他最熟的物理学家朋友，不懂狄拉克怎么能够想出来他这个奇怪的方程式，因为这个方程式是历史上从来没有人向那个方面写的，所以他们不懂。那么，因为这样子，他有点困扰。今天我们可以从海森伯给他的朋友泡利写的一封信上面看到他当时的心情。

他的信上面说"为了不持续地被狄拉克所烦扰，我换了一个题目做"，这就是代表他跟泡利不懂，这个狄拉克怎么能够出这种稀奇的想法，而得出来非常重要的结果。那么海森伯在这封信上说我换了一个题目做，然后底下说得到了一些成果，这个成果又是一个惊人的贡献。大家知道为什么有磁铁？磁铁里头有很多电子，那些个电子自旋都向同一个方向，所以整个加起来，它的磁矩加起来就变成了一个磁铁。可是为什么缘故，什么力量使得这许多磁矩向一个方向走呢？这个是当时不懂的，而且是一个困扰了很久的题目。海森伯，他说他换了一个题目，他就是不去研究一个一个电子的结构，他去研究很多电子的结构的时候，他看出来一个苗头，这个苗头就是今天我们了解为什么磁铁能够成为磁铁的道理，所以这又是一个极为重要的工作。

如果我们总结一下，狄拉克跟海森伯的不同的地方，那么第一样我们就了解到，狄拉克的研究方法跟海森伯的研究方法是很不一样的，狄拉克的研究方法可以说是循着独特的、新的逻辑，无畏地前进，这是他的风格；海森伯的研究方法，就像他刚才我给大家念的故事里头所讲的，你觉得他的文章是在雾里头摸索，这是他的一个文章给你的一个感受。狄拉克的文章你看了以后，跟海森伯的文章看了以后，有相同的地方，有不同的地方。相同的地方是，他们都可以出其不意，有极强的独创力，向一个前人没有想象的方向走，这是他们共同的地方。他们不同的地方呢？是狄拉克的文章非常清楚、非常直接，你看了他的文章觉得里头没有渣滓；相反的，海森伯的文章是朦胧、绕弯、不清楚，而且有渣滓。你看了狄拉克的文章了，你觉得这个领域已经没有什么东西可以做了，因为凡是正确的话，狄拉克都讲过了。海森伯的文章完全不一样，他的每一篇文章里头，会有非常深入的见解，也有错误的想法，所以，海森伯的文章必须要仔细看，你如果能够把海森伯文章看了，知道他哪个是对的、哪个是不对的，你就可以把他不对的那个改正了，得出来很重要的贡献。所以他们这个文章给你看的，感受是不一样的。

那好了,当然你就会问了,说是为什么两个这么聪明的大物理学家,他们的风格会这样不一样呢?我想,这一部分当然没有问题,是他们的个性不一样,海森伯的个性比较不接近数学,狄拉克的个性比较接近数学,比较接近数学的价值观。可是这个还不是唯一的道理,另外还有个道理,是与物理自己的结构有密切的关系,物理学现在是很大的一个学问,我觉得可以分成 3 个领域。

第一个领域是实验的领域,我们叫它叫"(1)";第二个领域叫做唯象理论,我们叫它叫"(2)";第三个领域叫理论架构,我们叫它叫"(3)",而这个理论架构呢是跟数学比较接近的,我们叫它叫"(4)"。如果你用这样子的一个宏观的分野来看的话呢,那么就觉得原来这个历史的发展,是与这个分野有很密切的关系。

我给大家举两个例子。第一个例子是经典力学发展的结果,经典力学开始是 16 世纪的哥白尼,他做了许多观测,他观测了一些行星的位置,随时间怎么样变,他所做的观测是以前所有的人都没有达到他的准确度的,他大大地超过同时的中国的天文学家的观测,那么这是实验(1)。他过去了以后呢,开普勒来了,开普勒是一个理论物理学家,他做的是唯象理论(2),他分析了哥白尼的行星的运动的数据,他发现,这个行星是绕着太阳,走的是椭圆。这是个大发现,因为在那以前,从希腊人开始就以为行星的轨道是圆,圆不对了以后就以为是圆上加圆,圆上加圆不对就来圆上加圆加圆,那么他们就永远在这个圆里头绕圈,绕来绕去做不出结果来。是开普勒第一个指出来,它不是圆,它是个椭圆,这一下子就把整个这个领域大大地开朗了,这个叫做唯象理论。为什么叫唯象理论呢? 因为它是从现象开始的,它没有真正解释出来为什么是这样,这个就是我刚才讲的(2)。然后牛顿出现了,牛顿在他的自然哲学原理,这是历史上的一个大事,他在 1687 年发表出来的书,在这个书里头,他写出了方程式来,而从这个方程式你可以证明这个行星的轨道一定是椭圆,而且椭圆有多大,与它的周期有密切的关系,这些都是开普勒的三大唯象定律所讲的。可是开普勒不知道为什么是这样子,是牛顿把它变成了理论架构,所以牛顿所做的是(3),而牛顿所做的当然与数学有密切的关系。

海森伯在年轻的时候,他不喜欢数学,我刚才已经跟大家讲过了,他的一个最重要的文章写的时候,他没有学过方阵,是后来那个 two men paper 跟 three men paper 才把他所做的事情跟方阵连在一起。可是到了海森伯晚年,他改过来了,通过了几十年的经验,他了解到数学是非常重要的。他在 74 岁的时候,写的一篇文章上讲:"1921、1922 到 1927 年间,我们经常讨论,可是总是遇到各种矛盾与困难,我们就是无法用理性的方法来解决这些困难。有人赞成波动理论,有人赞成粒子理论,所以后来有了一个数学结构的时候,这个数学结构就是量子力学,实际上我们的心态已达到了十分沮丧的地步,这个数学结构对我们来说是一个奇迹,我们看到了数学能做出我们做不出的东西,那当然是一个非常奇异的经历。"请大家注意这句话,"数学能做出我们做不出的东西",这句话就表示了他当时的心态。他们左冲右突做了很多年,包括他们的老师,前后做了二十几年,可是做不出来东西,觉得实际的实验的结果跟以前的想法有对的地方、有不对的地方,是一种非常困难的地方,所以当时他们觉得他们已经没有办法了,忽然引进了矩阵这个观点以后,数学做出来了我们做不出来的东西,这就是他晚年回想他在 24 岁时候的工作的一个感受。

既然讲到数学跟物理有这么密切的关系,当然可以问,数学跟物理整个的关系是什么呢? 或者可以问,是许多同学,物理系的同学常常要问的,是说"我作为物理系的学生,我应该学多少数学?"这个是一个很复杂的问题,不能有一个很简单的解释。我曾经想过,我把数学跟物理的关系,比喻做两个树叶子,一个树叶子向这个方向,一个树叶子向那个方向,一个是物理,一个是数学。这两个叶子大多数的地方都是不重叠的,可是在根的地方有一小块地方是重叠的,这一小块地方不是很大的,只是占每一个领域的也许 5%、10% 这样子。在这个重叠的地方,非常奇怪的,是这两个领域,享有共同的观点,所以它们在根源上面的关系是非常密切的。可是我底下要讲的,虽然物理与数学有如此密切的关系,可是二者共同的地方并不多,它们有各自的目的跟截然不同的价值观,以及不同的传统。在最基本观念的层面,它们令人惊讶地共享某些观念,但是即使在这个领域里头,这两个学科的生命力仍然按着各自的脉络成长,一个向这个方向走,一个向那个方向走。把这个落实到对于研究生的建议是什么呢? 就是假如你是念物理的研究生,那么你必须要对于这个根源的这个地方有一些了解,可是,更重要的,除了你对于这个了解以外,你要了解到要向前途是什么方向发展。换句话说,你要了解物理的价值观。假如你不了解物理的价值观,那么你很可能是走到另外一个方向去了。当然走到另外一个方向,你在数学上作很大的贡献也很好,不过这也许与你当初想要做一个好的物理学家的初衷略微不一样就是了。

关于数学跟物理之间的分别,爱因斯坦在他的晚年也有过很有意思的一个分析。因为他一生的工作对于物理跟数学后来都有极大的影响,那么,他在晚年的时候问了自己这样一个问题,说为什么他做了一个物理学家,而不是做一个数学家。他说:"在数学领域里头,我的直觉不够,不能辨认哪些是真正重要的研究,哪些只是不重要的题目。在物理领域里头，我很快学到怎样找到基本的问题来下工夫。"这几句话对极了，因为在他 26 岁的时候，在一个很不重要的瑞士伯尔尼的专利局里头做一个小职员的时候，他写了 3 篇震惊世界的文章，这 3 篇每一篇都引导出来物理学里头的一个革命，这就是代表他有一个直觉的观念，知道物理里头哪一个是最重要的问题，哪个是琐碎的、没有什么大意义的问题。而他的这个能力，能够辨别到什么是重要的问题，什么是不重要的问题，在历史上我想只有牛顿能够跟他比。

让我现在回到主题"美与物理学"，物理学我刚才讲了有 3 个领域，大的领域，(1)、(2)、(3)，这 3 个领域，每一个领域有不同的美。先讲在实验领域，比如说我们讲虹跟霓，我想在座每一位，小时候看见了虹跟霓都会说这是非常之美。等到你年纪稍微大了一点的话，你如果会做实验的话，那么你可以量那个虹是多少度、霓是多少度。你如果去量了以后，你就发现虹是 42 度，就是它这个角是 42 度，而霓是 50 度。而且你继续观测以后，你就知道虹是红在外、紫在内；而霓是反过来的，是红在内、紫在外。这些都是你观测了以后了解到的，这个非常美妙的现象是实验的美。可是你进步到了唯象理论以后，你就懂为什么会有虹和霓呢？是因为太阳光在水珠子里头可以有一个全反射，一次全反射就出来虹，两次全反射就出来霓。而且你经过全反射这个计算可以算出来，一个是 42 度、一个是 50 度，这个是唯象理论的美。我想任何一个学生，第一次算出来这个 42 度和 50 度的时候，不可能没有一个非常深的感受，觉得这真是妙不可言。可是这个还不够，为什么要有全反射、为什么要有折射？这些要到理论架构里头，到了麦克斯韦方程出现以后，你就可以了解到，为什么缘故要有全反射，而且可以知道为什么在水里头要有折射，这个把它的根源找出来，所以这个是更高层的美。

今天我们如果看物理学的理论架构，上边有，里面有也许八九个、九十个方程式，其中刚才我给大家已经介绍了狄拉克的方程式，我也给大家大概介绍了海森伯的方程式、麦克斯韦的方程式、牛顿的方程式、爱因斯坦的方程式，这许多方程式里边所描述的是宇宙的秘密。这些许多方程式，大可以讨论到星云群里头的现象，小可以讨论到基本粒子里头的内部的结构；时间长，可以讨论到 10 亿年，时间短，可以到 10 的负 27 次方秒。这样子大的，这么多包罗万象的东西，它的解释都建筑在这几个支柱上边，而且他们都是非常浓缩的语言，所以我想了解了这些以后，你会同意我讲这几个基本的结构是造物者的诗篇。说它是诗不只是因为它们是非常浓缩的语言、浓缩的符号，还因为它们的内涵，往往随着物理学的发展而产生新的、当初所完全没有想到的意义。比如说爱因斯坦在 1916 年写出他的"广义相对论"的时候,他并没有能够完全了解到那个里边的含义,而这个含义在最近这三四十年,通过宇宙学的发展,比如说是黑洞,这个里头非常深邃,现在还没有能完全了解的一些新的内涵,那么这个当然跟诗一样。你们大家都晓得你在 10 岁的时候所念的诗,到 20 岁时候再看,原来 10 岁时候没有完全懂;你到 30 岁时候再看,你就了解到你 20 岁的时候也还没有完全懂这个诗。诗有这个现象,而刚才我所讲的这几个基本结构也是有这个现象的。所以我想如果要描述一个学物理的人或者是一个做物理工作的人, 在了解到一个基本的结构的时候是什么感受? 最好用诗人的话来描述。

200 年以前威廉·布莱克曾经说"To see a world in a grain of sand, and a heaven in a wild flower, hold infinite in the palm of your hand and eternity in an hour",这个台湾有一个散文家把它翻译成"一粒沙里有一个世界,一朵花里有一个天堂,把无穷无尽握于手掌,永恒宁非是刹那时光"。在牛顿过去的时候,大诗人蒲柏写了这样两句:"Nature and nature's law lay hid in night. God said, let Newton be! And all was light"。我把这个翻译成"自然与自然规律为黑暗隐蔽。上帝说让牛顿来,一切遂真光明"。这些用诗人的语言来描述物理学的美,当然是描写得很好,可是我觉得不够。一个对于物理学的基本结构了解,知道它们能够对于那么多的复杂的现象给一个那么准确的解释的时候,还有一些美的感受,这个感受是诗人所没有写出来的,是什么感受呢?是一个庄严感、是一个神圣感、是一个第一次看见宇宙的秘密的时候的畏惧感。那么我想这个所缺少的感,正是哥特式建筑的建筑师,他们在设计哥特式这个建筑的时候,他们所要歌颂的。他们所要歌颂的是崇高美、灵魂美、宗教美,是最终极的美。

谢谢大家。

◎现场提问

网友:记得您曾经说过一句箴言:物理研究到了尽头就是哲学,哲学研究到了尽头就是宗教。您说过这话吗?

杨振宁:我不记得说过,不过这个话没有问题,我觉得。

主持人:请问杨先生,您开始研究哲学了吗?打算什么开始研究宗教?在您看来,哲学比物理高,宗教比哲学和物理还高。难道您也相信人的善恶、罪罚是因为一只苹果被偷吃吗?

杨振宁:是这样的,我并没有研究哲学,哲学是一个非常深奥的题目,我没有这个时间去涉猎,我也并没有预备去研究宗教。

主持人:那换句话说您的物理是永远到不了尽头了?

杨振宁:这个是完全对的,因为如果你们同意我刚才讲得有道理,是说物理学确实是建筑在非常美的结构上的,那么你底下就发生一个问题,为什么有这个美的结构? 这个美的结构使得你了解了以后,觉得很难是偶然的,这个结构越准确、越妙就越不偶然。为什么有这个呢? 这个我想是科学所不能解决的问题,我疑心也是哲学所不能解决的。是不是宗教能够解决这些问题呢?这个我想要看你问谁,有的人认为宗教也不能解决,可是我们知道,有很多人认为宗教是可以解决的。

网友:我看过关于您的传记,知道您的母亲就像我的母亲一样,没有什么文化,但她为什么偏偏生出了您,而我的妈妈为什么偏偏生出了我?我想问的是,我文化也不高,完全是因为我妈妈文化水平不高,而您为什么恰恰相反? 杨先生能不能告诉我,您的母亲给您留下了什么?

杨振宁:我母亲是 1896 年出生的,在安徽合肥,那个时候是非常贫穷的,她小的时候还裹过脚,所以后来,到了民国的时候,像我母亲那一辈的女人,叫做解放脚,就是又放开了,所以她的脚不是三寸金莲。可是呢,是一个变形了的。我每一次看见她的脚,都觉得非常难过。可是呢,她因为习惯了,所以她已经不疼了。她在当初裹脚的时候是疼得不得了,到了成年以后已经不疼了。而且她终日操劳,路也走得很快,所以至少是不疼了。

她没有受过很多的文化,她没有受过任何的新式的学堂的教育,她念过几年私塾,后来认字,是她自己学的。那么,我认识汉字,头 3000 个字是我母亲教我的。那个时候我父亲在芝加哥大学留学,所以我跟我母亲住在一起,她教我的。跟我母亲一样,很多的旧式妇女,我认识很多,而且我知道我的很多跟我同辈的朋友的母亲,跟我的母亲是很多地方相似的。对她们,我很佩服,她们有坚强的意志,她们受到了传统中国礼教的影响,而对于这些礼教,有坚定的信念,这个信念从今天讲起来,也许,有人会讲这是愚忠愚孝。讲它是愚忠愚孝里头,有一个价值观在里头。可是假如你忘记了这个价值观,你只讲它这个愚忠愚孝的力量,这个力量是无穷大的。

那么,到了比她年轻一辈的男人或者女人,我想这个坚强的意志,渐渐地没有了,这是整个世界都在向这个方向走。所以你如果要问我,说我母亲除了养育我,除了教了我 3000 个字,还给我留下了什么呢?我想,留下的,是使得我了解到有坚强意志的信念,是有无比的力量的。

主持人：您的母亲在您小的时候,就对您给予了很高的希望了吗?

杨振宁：那我想是的,我想这个与任何一个母亲没有分别,我想所有的母亲,对于她们的孩子,都有很高的希望。

主持人：有一位文章写得很好的青年人,他写过一句话,叫"母亲的理想有多高,儿子的成就就有多大",这好像是说您。

杨振宁：我母亲对于我的期望,跟我父亲对我的期望不可避免的是不一样的。第一样,我父亲对于近代科学有一些认识,所以他对于这个天地之间能够走到多么高的程度有一些认识,这一些不是我母亲所认识的。反过来也可以讲,假如我很不成功的话,那我想,我父亲跟我母亲对我的态度也会截然不一样的。不过这,我想,不只是我们家里是这样,这恐怕是全世界的父母和子女的关系的一个共同点。

主持人：我想如果您失败的话,父亲的反应可能是他会原谅您,因为他知道科学有多么难,母亲可能不会原谅您。

杨振宁：这个我想也是一种可能。

观众：刚才听杨先生介绍,我了解到有些科研,尤其是重要的科研活动,需要很长时间的积累,比如说您刚才举了一个海森伯的例子,可能是20年。现在在清华大学,存在一些以SCI收录论文情况作为评价标准,甚至是唯一标准的现象,我认为导致了一些非常急功近利的现象,尤其以当年论文数量为评价标准,然后给导师发奖或者说是评职称,我想都是有影响的。您对这个现象有什么看法?谢谢。

杨振宁：我想,这个跟许多问题有类似的性质。对于老师的评比,看他的论文数量,这个是一个很自然的现象。这个现象操之过急,当然会发生毛病出来。可是,说这个想法是完全不对的,我想也是站不住脚的。所以我想,做这种事情,也要一方面做,一方面了解到它的局限性。事实上,我在美国教了很多年书,看过很多的研究生、很多的同事,有种种不同的研究方法,有种种不同的研究态度。确实是有一些人,文章写得很少,但可以写出非常重要的文章来。所以我想,回答你这个问题,是一个很复杂的问题,要看当时的环境,以及你所讲的是哪几个学生或者学者。

观众：今天非常高兴能够与杨教授面对面地交流,看到您非常健康,我们表示非常高兴。我有一个问题想问您,您在发现宇称不守恒的过程当中,是怎么得到这个想法的?然后,您对现在量子计算机的发展有什么更好的想法?谢谢。

杨振宁：我曾经讲过好多次,我非常幸运,我这一生可以说是一帆风顺。从学问方面讲起来,我也是非常幸运的。我到美国去念书的时候,是1945年底。1946年开始,那个时候物理学里头出现了一个新的支,是后来大大的发展。而这一支在50年代、60年代、70年代可以说是最热的热门的物理学,而我跟与我同一辈的研究生,跟这个领域,可以说是共同成长,能够共同成长这是最幸运的,因为可以说是遍地黄金。那个时候,比如说我去参加一个会议,我是初出茅庐的,写下了一些笔记,回来看第一页,上面讲某某人讲了一个什么现象,我去想想,觉得这个,想了三天想不出什么结果来,就翻一页,看第二页、第三页、第四页,这个代表什么呢? 就是当时这个领域里头,有新的澎湃发展,你如果能够在这个时候走到这个领域里头,这是最幸福的。

那么,今天,你刚才问,说是量子力学前途的发展是什么?量子力学发展到今天,量子力学里头有一个叫做,有一些方程式,可是这些方程式的解释,并没有完全达到最后的定论,这个解释到几十年来,最重要的解释叫做哥本哈根,就是玻尔跟海森伯他们的解释,这个解释从1925年、1927年到今天呢,是与所有的实验都符合。可是,这个解释有一些令人不能满意的地方,而最最有名的不满意这个解释的,就是爱因斯坦。爱因斯坦终其一生,对于哥本哈根解释量子力学是不满意的。而他的这个不满意是有道理的,所以很多人,包括我在内,觉得跟爱因斯坦有一个同感,就是觉得不错。到现在为止,量子力学是跟所有的实验都符合,可是这不是最后的故事,这个故事还没有完。

那么,这个故事什么时候可以再继续下去呢,什么时候可以再有下一阶段非常重要的发展呢?我想以后,10年之内不大会有,可是,最近这10年、20年来,发展了一个新的在微观物理学跟宏观物理学之间的一个物理学,叫做介观物理,是不是译做介观物理学。这个介观所研究的是在宏观物理学,那就是像日常大小的东西,或者更大的东西,跟微观物理学就是原子物理之间的,所以比如说是10的负6次方埃或者是10的负7次方埃这种物理学,这个学问现在正在澎湃地发展。这个澎湃的发展,倒不是因为那么多的人要想去研究量子力学的解释,是因为这个领域与工业有密切的关系。

大家知道,计算机的原件可以越做越小、越做越密,要想做到更密,就要走到这个领域里去。所以现在全世界都在向这个方向投资,所以这个领域前途大大有发展。这个发展的结果之一,就是可以对于哥本哈根的解释多做一些了解。所以不是不可能,20或者30年以后,因为工业发展的推动,所发展出来的介观物理学可以使得量子力学的解释发生新的革命性的发展,这是可能的。

观众:杨教授您好,我想问一个,刚才您谈到了,比如说您在想到"美与物理

学"这个问题的时候,您是和几个文史方面的朋友谈了这个话题,然后您就想到"美与物理学"的问题。就是说,作为文史类的知识,对您来说,在您物理领域所取得的成就来说,您认为它对您有哪些推动作用? 您能不能举一个例子来说明,比如说您和某些文史类的朋友,谈过了一些什么话题,促使您想到的"美与物理学"这么一个问题? 谢谢。

杨振宁:假如我刚才讲的话,给大家觉得杨振宁所注意的事情只是物理学,那就是错误了。我想每一个人,人生是很丰富的,有很多方向,所以我也很愿意跟我的文史界的朋友交谈或者是辩论,那么这个对于我自己生活上增加了很多的趣味,增加了很多的我的思路。这个是不是影响到我自己的物理学的研究工作呢? 我曾经想过这个问题,我想恐怕没有。在 1956 年、1957 年,我跟李政道在研究宇称不守恒这个问题,后来变成非常有名了,有新闻记者问我,他说杨教授,你们搞的宇称不守恒,基本上是讲左右对称不对称这件事情,这个与你们中国文化传统有没有关系? 我想了想,我跟他说,我觉得没有关系。他说,那你是在怎样情形下就想出来宇称不守恒呢? 我说太具体的,我没法跟你讨论,不过我知道,我平常什么时候最容易有好的物理学的见解,是什么时候呢? 是在早上刷牙的时候。所以后来有一个牙刷公司打电话给我,他问我要不要给他们做广告。我说不要不要,谢谢。

观众:杨先生,我有一个关于您今天演讲题目的一个问题,就是"美与物理学"这方面的问题。我在读一些关于对称性方面的书的时候,我发现这个世界上有很多非常对称的,就是感觉有很多对称性,使得这个世界非常的完美。而您和一些其他物理工作者做出的成绩告诉我们,实际上这个对称性是有一定的破缺的。而我想问问您,您是怎么理解这种破缺的对称的这种美的?

杨振宁:我刚才演讲里头,没有提到对称,对称确实是越来越重要的一个基本的观念。这个重要性,是在 20 世纪,可以说是与日俱增。在 20 世纪开始的时候,虽然对称在物理中也有人讨论,也有一些用处,比如大家,我不知道晓得不晓得居里夫人的丈夫皮埃尔·居里就写过很长的很有意思的文章,讨论对称。不过对称在物理里头的重要性,从今天看起来,那个时候的重要性,不是最最重要的方向。

到了今天,对称已经变成了物理的主流思想。我明天早上要演讲,演讲的题目是《20 世纪理论物理学的主旋律》。这 3 个主旋律,一个是量子化,这个我刚才再三提过;一个是对称;一个叫做相位因子。这 3 个我认为是在 20 世纪的物理学里,用一个宏观来看的话,是 3 个好像扭起来的观念,而这个影响非常之大。而以后 21 世纪,这 3 个我想很长的时期是主流的思想。

至于说为什么对称,而且对称中很复杂的一些种种的现象,为什么这个是支配了物理学的基本结构?这个我想假如讨论得不久的话,就又回到刚才宗教的问题了。这个我想是不解之谜,而且我不相信在这方面,在 50 年、100 年之内,会有更多的了解。不过我刚才讲的 3 个主旋律,我相信一定在三五十年之内,还是最重要的音乐,在这里头。

观众:我有两个问题。第一个问题是,您刚才提到现在的介观物理学就像当年的粒子物理学一样,拥有广阔的发展前景。我想问一下,就是在其他的领域,有没有也像介观物理学或者像当年的粒子物理学发展前景很广阔的,比如说非线性科学,或者说高能天体物理等,这些学科的发展前景是怎样的。然后第二个问题,我从其他的渠道了解到,您可能对于引力场量子化,不赞成在这个问题上投入太大的精力。您能否结合物理学发展的前景,来谈一下对这个具体的看法。

杨振宁:关于第一个问题,物理学的前沿现在非常之广,这个广,我们也可以问为什么发生这种现象,原因是因为在第二次世界大战里头,因为物理学的重要性跟战争的发展有决定性的影响,最主要的两个,一个是雷达的发现跟发明,第二个是原子弹的发明。所以第二次世界大战以后,全世界的国家都极力支持物理学的发展。那么今天物理学是因为这个支持,以及因为它在工业界所产生的巨大的影响,所以今天在里面工作的人的数目,跟 50 年以前是多得多了。

在这情形之下,里头有很多发展,很多的领域,比如说激光,激光是 50 代才发现的,今天激光能够用的方向是数不清楚的,而且前途的应用也是许多现在没有办法想象的,但是对于医药的影响,这个是一个大的方向。在座哪位对于光学发生兴趣、对于激光发生兴趣、对于光纤发生兴趣,我想这是非常好的领域。天文物理,现在再发生非常不可思议的,而还不完全了解的现象,这个我想是一个极为重要的科目。至于跟工业有关系的物理的发展,那更是数不清楚的。所以我觉得,我的建议,对于年轻人,是尽可能地在没有选专业以前,多把你的触角伸得远一点,使得你对于整个这个领域,有什么澎湃发展的方向,多注意一些,然后本着你自己的能力,跟你过去的经历,选择一个最能够可能发展的方向。

至于你刚才问的第二个问题,我想太专门了一点,我不必讨论了吧。

主持人:在节目马上就要结束的时候,想让您用一句话回答我,您说的"美和物理"的关系是什么样子的?

杨振宁:自然界的现象的结构,是非常之美、非常之妙,而物理学这些年的研究,使得我们对于这个美有一个认识,这个是我今天主要要跟大家谈的。

●　●　●　●　●　●【讲演点评】●　●　●　●　●

　　读了杨振宁的这篇演讲后,让人不得不佩服:大师毕竟是大师,杨振宁毕竟是杨振宁。他的演讲,学识广博,旁征博引,内容丰富,引人入胜。他不但学贯中西,而且学贯古今、学贯文理,对英文名句、对中国古诗的引用都恰到好处。他在自己的专业上造诣非常精深,不管是对理论还是对知识都非常熟悉,又具有非常睿智的头脑、非常清晰的思维、非常科学的评判,讲解起来长篇宏论,要言不烦,纵横汪洋,游刃有余。并穿插了许多生动、具体的故事和实例,所以虽然是科学话题,却多了许多形象性、可读性。再说,对于专业性这样强的演讲,而他又能尽量采取深入浅出、通俗易懂、风趣幽默的表达(但未免有些老人的啰嗦),因此让人觉得颇有意思,一点也不深奥。况且如此一位获得巨大荣誉的国际著名的大科学家,尤为难得的是他还有很可贵的人品,具有客观、中肯、谦逊、平和、亲切、友善的心境和态度,这更使人对他和他的演讲增添了许多参考的价值和由衷的敬意。

　　杨振宁从儿时在清华园成长的经历谈起,讲到自己选择物理学并为此探究终生的人生经历;特别是从哲理的高度,阐述了 20 世纪物理学的几个重要方面,比较、分析了几位物理学大师独特的研究风格,引领大家欣赏自然现象和结构的非常之美、非常之妙,以及物理学的奇妙、有趣。比如,一本科普书(《神秘的宇宙》)带给 12 岁杨振宁的诺贝尔之梦;每一位科学家(如狄拉克、海森伯、爱因斯坦等)都有自己独特的治学风格和相呼应的个人性情;物理学有 3 个层面的美(实验、唯象理论、理论架构);能准确描述复杂现象,那才是物理学的美;数学和物理,犹如两片大多不重叠的树叶,差异很大,但又关系密切;并回忆起文化并不太高、还曾经裹过小脚的母亲,教给了自己 3000 个汉字和坚强的意志。一名非物理学专业的大学生,在听了杨振宁的演讲之后,发出由衷的感悟:科学大师们的研究思路都是相通的。

潘石屹

就房地产等话题发表讲演

潘石屹，1963 年生于甘肃天水。现为 SOHO 中国有限公司董事长，被看做是当今中国最活跃、最具有鲜明个性的房地产企业家。1995 年与妻子张欣创立 SOHO 中国有限公司，现为北京最大的房地产开发商。2005 年被《财富》(中文版)选为中国最具影响力的 25 位商界领袖之一。此次清华讲演时间是在 2005 年 6 月 2 日。

潘石屹

现在房地产是一个特别敏感的话题，尤其是媒体往往都把房地产发展商丑化，电视、电影的反面人物绝大多数都是房地产发展商，所以我与其跟他们说我是房地产发展商，还不如说中性一点的就是盖房子的。所以我把我最近几年时候从事的房地产开发、城市建设这里有一些比较深的体会跟大家谈谈。我想把更多的时间留出来让我们有一个互动，提的问题越尖锐越好，没有任何禁忌，什么问题我们都可以讨论。

现在房地产发展特别快。我记得在 2003 年上半年"非典"时期，我想中国的经济、中国的房地产一定都要下滑。这是我在"非典"时期的判断，因为北京的车出不了外面,外面的车也进不来,有时候我们工地上的钢筋、水泥也进不来,所以我想这种状况可能对中国的经济造成很大的影响。但事实证明这可能是我在近5年里的一个最大的判断错误,就是对形势判断完全错了。"非典"过去以后,全中国的房地产都爆发性地增长,增长的速度非常快。到2003年末,北京房地产成交的统计量比2002年增长50%,接近1000亿元人民币,达到998亿元人民币;到2004年的时候,达到1500亿元人民币。北京这个市场,成交量急剧地增加,房价也在迅速上升。这种情况下就有好多人非常担心,政府官员、经济学家就怕中国房地产这样快的增长速度,会不会伤害到中国的金融,会不会伤害到中国的经济,有各种各样的担心,老拿出一些统计数字跟国外比较,觉得这个有点过热。而我算是比较乐观的,为什么呢?因为房地产行业不能够跟我们社会大背景脱离开来看,应该跟整个中国社会大背景结合起来看。而我觉得未来中国有两件事情是非常重要的。

第一是"进城"。中国的农村有大量的过剩劳动力要到城里去,城里要给他们提供就业的机会,要有房子,用官方的说法就是"城市化进程"。可能你在城市里感觉不到,我喜欢到农村走一走,发现所有生活在农村的父母亲,他们心里都盼望自己的儿女能到城里去,过上跟电视里面一样的生活。他们觉得他们这一代人受了苦,只有让自己的儿女们进了城,才能够过上好日子,这个实际上是一个非常强烈的愿望。我想这也可能是一个城市化进程中最重要的一个原动力。如果没有这个原动力,都跟法国人一样,吃饱了就到沙滩睡觉去了,可能也就不会有中国城市化的进程。

第二个是国际化。在今天的社会中,任何一个城市,任何一个民族,如果闭关自守,就一定没有出路。要把各方面的优势发挥出来,只能加入到国际化大循环里面去。

中国最近几年房地产增长速度比较快,在这样快的情况下,我们去跟谁比较?现在有好多经济学家天天拿数字较真,拿出各种各样数字、图例,跟今天的美国比,跟今天的法国比,跟今天的英国比,跟今天的德国比,说中国房地产过热了,泡沫来了。我承认,如果拿着今天的数字跟他们比,是过热了,可是我们背景不一样。像法国,是在拿破仑三世,18世纪的时候,开始大规模地建设,实际上当时的巴黎跟今天的北京一样,到处是工地;纽约是上个世纪初进行大规模建设,也到处是工地。可今天巴黎、纽约已经建设完了。像香港是上个世纪末80年代、90年代开始建设。而中国的城市才刚刚开始建设,刚刚进入建筑时代。所以拿今天的北京、上海跟今天的纽约、巴黎、香港去相比,就相当于拿一个十七八岁小孩的发育、饭量跟一个七八十岁的老人相比是一样的,这是不可比的。任何一个建筑时代到 20 年、30 年的时候,建筑工地规模就要小得多,我想这是一个大的背景。

我刚刚到美国住了几个星期,我发现美国人远远低估了中国的经济发展,远远低估了中国人的勤劳,远远低估了中国人的效率。我从美国回来再到温州、再到东莞、再到山西的煤矿看,我发现中国人的成本最低,而效率是最高的。美国人大大低估了,欧盟也大大低估了。所以中国加入 WTO 时间表马上放开的时候,欧盟这些国家,以法国为例,它的失业率就急剧地上升。这两天欧盟的宪法都没有通过,法国总理都辞职了,什么原因?就是中国的竞争力。中国现在跟欧盟有贸易顺差,跟美国有一个比较大的贸易顺差,贸易顺差就意味着把他们的就业机会转移到中国来了。可是一部分中国人也远远低估了中国人的富裕程度,低估了中国人的勤劳,低估了中国的低成本和中国人的高效率,他们得到好多结论就是天快要塌下来了。中国人有两个低估,一个是人们的富裕程度、效率被大大低估了;另外一个是中国最偏僻、最困难的地方的贫困程度也被大大低估了,这是两个极端,我想这是房地产为什么这么快的增长速度的一个大背景。

我到建设得比较好的城市去,比如纽约,给我最深的体会是,一个什么样的城市才是一个有活力的、生机勃勃的城市,不是一个死气沉沉的城市?实际上我在前不久偶然翻了一本书,是 1961 年一个美国人写的叫《美国伟大城市的生和死》,这本书总结出来 4 个要点,说按照美国城市发展经验,只要符合这 4 个要点,这个城市就是一个有活力、生机勃勃的城市。我对着看了一下,觉得挺有意思的。但是我们的城市建设都是反着做的。

第一个要点:城市和城市的区域功能要混合,而不是单一的功能。如果是单一的功能,生活在这个城市的人就没有效率,他每天上下班的时候坐车来回跑,这个城市就会交通拥挤,这个城市就没有效率,加入国际化大城市也就没有竞争的优势。可是我们在城市规划的时候,一定要强调一个功能分区,比如西边教育区,东边 CBD,方庄、望京居住区……这样像方庄、望京就变成一个“卧城”,早上人们开着车跑出来,晚上跑进去,在这个城市里面,所有的基础设施在满负荷地运作,人大量的时间浪费在路上,这个城市就没有效率。

第二点:街区要小。可是中国好多城市在过去几年的规划中,一定是大块马路、大的广场、大的绿地,整个城市的积累都让这些东西给割断了。

第三点:要有足够的密度。在中国任何地方都要限制高度、密度、容积率,要做花园式的城市,其实要做花园的时候就可以跑到农村去,那都跟花园一样。之所以要成为一个城市,就是要享受一个城市的繁华。

　　前几年我在选择土地的时候，就选择建筑密度最高的点——北京的 CBD。选完后，各个专家和领导都说 CBD 的楼太高了，交通太拥挤了。实际上只有在这个城市的中心区，把它的密度提起来，这个城市里面的商业机会才会多，而且这个密度提起来不一定是增加交通的压力，反而是减少了交通的压力。如果说像铺大饼一样，在一个城市里整个都铺开的话，交通量就会增加，如果密度比较大，有一些地方我们就可以不开车了，因为人步行就可以走得到。还有就是它把平行的交通、汽车的交通，变成电梯的垂直交通，这样的话你看，就不见得是增加了交通压力，而反过来是缓解了交通压力。

　　前两天在《财富》论坛上，这些关于城市建设的题目，我老婆张欣去发言，她说一个城市的中心区应该提高密度，尤其是在中国人多地少、土地资源贫乏的地方。结果这个文章被登出来了，把我老婆的观点批评一通，而且完全政治化了，说你看这些房地产发展商为了赚更多的钱，还说要把密度提起来。写完后我也没在意，后来这篇文章被挂到新浪网上，新浪网上就 24 小时骂得铺天盖地的。其实这本来是一个你说你的道理，他说他的道理，让大家判断的事情，结果被弄成这样。

　　第四个要点：不同年代的建筑一定要并存。而中国只要建设一个区域，一定有个词叫"三通一平"、"七通一平"，就是把地面上拆得干干净净，拆干净后还要挖上十几米的土。

　　这一次我到纽约的一个朋友家，这个朋友住在 SOHO 区，他也是世界上排在前几位的富翁。原以为去这样一个富翁家，不知道他们家会如何豪华，去了以后才发现，他们家住在纽约当时的巧克力厂的 7 层。而且他们的电梯还是那种打开铁栅栏，没有按钮，是一个摇柄往上摇，如果到了 7 层开过了，还得先往上摇，再往下摇，才能把电梯跟 7 层对到一起，才能上去。到他们家后，他们家像厂房一样。转了一圈就到了屋顶，屋顶非常漂亮，我们从上面可以看到被炸的世贸大厦。后来我发现，在非常漂亮的屋顶上面有一个奇大无比的水塔，说这是过去巧克力厂的水塔，现在他们家都把垃圾放到里面去。我说为什么不拆掉，他说在纽约超过 30 年的建筑都是文物，一定要保留下来。站在他们家 7 层看到所有的水塔都是保留下来的。实际上这就跟一个社会一样，我们现在强调和谐，一个和谐的社会一定要有老人、中年人、青年人、小孩，各种各样的人都要有；一个城市要能够发展起来，对建筑而言，明朝的建筑要保留，清朝的建筑要保留，国民党建的也要保留，苏联人帮我们建的也得保留，它是一个记忆的延续。而我们现在整个城市都是大拆大建，别说 30 年，300 年的也拆了。而且拆掉以后，还说这些太脏太旧了，拆了以后我们搬到另一个地方，这实际上把真正的文物都破坏了，搬到旁边的都是复制的古董。所以我想,一个好的城市应该是这本书上说的这4个要点,这4点是我做房地产开发这十几年来深有的体会。

城市建设的过程中,一定要遵循两个原则:第一,每个城市要有每个城市的特点,而不要简单地模仿。模仿别的城市,失去你这个城市的根,失去你的特点,是建不好的。第二,一个城市要建设得好,一定是靠市场的力量去配置资源,用市场的手段去配置资源。如果靠计划体制的手段,靠行政命令的力量,靠某一种政治力量,说把这个土地交给什么样的人去做的话,是建设不好城市的,尤其在当今非常非常的困难。

去年5月份我跟我老婆去圣彼得堡参加建筑师扎哈·哈地德的一个颁奖,是建筑界最高的奖。之后再到莫斯科红场。红场好几个建筑师拿出地图来,说红场附近有个柯布西埃的建筑。柯布西埃作为当代建筑界的鼻祖,所有的人都想去看。看了地图,发现这个建筑就在红场的旁边,于是我们就走着过去了。沿路问莫斯科人,问了十多个人,没有一个人知道。好不容易到了,说前面就是柯布西埃的建筑。我们一共大概有五六个建筑师,到了柯布西埃建筑门口以后,所有的建筑师都说这不是柯布西埃的建筑,柯布西埃怎么是这样差的建筑,真是破烂。其中有一个建筑师说,柯布西埃在作当代建筑的时候,有5个要素,第一个窗户是一排一排的,第二个是地下一层一定是不住人的,另外它的屋顶是可以上去人的……他看完以后,觉得好像符合这五要素。然后我们就转着看,结果在马路边上发现有一个大的牌子,这个牌子让泥啊什么的乱七八糟的东西弄得都看不清了。我们仔细一看,发现这就是柯布西埃的标志。大家愣了一分钟之后,都不说这个建筑不好了,都在敬仰这个建筑。等我们再看,我发现这个房子里面有按摩的,有像我们中国卡拉OK的,有卖飞机票的,有大铁门停车库,完全搞得破破烂烂的。当我看到这个,我就想起意大利、法国对建筑大师的作品是如何对待的。所以在一个法制的环境才能把这个城市建设好。如果不搞市场经济,像前些年中国的任何一个城市都是建设不好的。

◎ 现场提问

问:您觉得现在中国城市的根在什么地方?中国城市与世界城市有什么样的联系?

潘石屹:在美国规划界有两派观点,第一派就是我们要把城市建设得漂亮,规划要合理,建筑要好看,这就是一个漂亮的城市。另外一个观点,说这些不重要,最重要是这些城市有一批有创意、有活力的人,如果有这批人,城市自然会建好,资金市场自然会过来。其实从我心里说,我觉得一个城市的根,最重要的是这个城市的人,这个城市有没有有创意的人是最重要的。

另外,中国的城市与国外的城市有什么区别?我觉得最重要的是不要简单模仿。像巴黎,拿破仑三世的时候建完以后,在100年的时间里都是全世界城市建设的楷模;纽约是上个世纪初建完的,它成为100年来所有富裕起来的城市,无论是吉隆坡,还是香港学习的对象。中国不能简单地模仿,因为我们赶到了21世纪中国这样的经济发展的时代,赶到中国特有的建设时代。今天中国北京、上海的建设也要成为今后100年全世界城市建设的楷模,任何的模仿都是没价值的。

问:目前中国城市的未来在什么地方?目前中国政府对城市的规划和影响在什么地方?

潘石屹:一个好的城市应该是自然而然成长起来的。一个差的城市总是一个自以为是的人把自己头脑中想象的模式,想象的一套东西强加在一个城市中,这样的城市不是好的城市。

问:我听您的报告,我有一点感觉,第一,以前靠计划经济产生这样一个城市建设,房地产市场也好,是不好的,我感觉您是指最近七部委出了这些文件是不好的。第二,如果是这样的话,七部委也做了,也都计划了,房地产商应该怎么做?

潘石屹:我说的是城市的规划,跟房地产市场实际上不太一样。你一定说让我对七部委的文件进行评价的话,其实最近政策比较多,我还是相信我们既然要搞市场经济,应该让市场上面无形的手发挥作用,而不是急急忙忙地就让政府有形的手伸出来。任何的市场都是起起伏伏的,像房地产两年时间在全国各地以50%速度增长,在这样的急剧变化过程中,一定有一个力量往下拉的,这个力量政府不出手,市场本身也会调节的。

从我心里来说,现在整个房地产形势,包括政策是像雾像雨又像云,确实不明朗。前些天我们跟北京的几个部门还在一起探讨,因为国务院七部委文件出台了,说购房之后两年内交易的话,要交5%的营业税,地方各个政府尽快制定政策,6月1号就要实施。这样的话去讨论购房的时间是从什么时候算,比如“6月1号起”我们应该怎么理解。问我们的意见,我就跟他们说,购房之日起,可能有4个时间算,第一,房地产发展商跟客户签了协议;第二个签了协议,合同还没生效,应该是房管局备案,这个合同生效了,算是购房的时间;第三,交了契税;第四是办了房产证。我的观点是应该到北京市房管局备案之后,就算是购房的时间,我觉得在会上好多人都同意我这个观点。有人说房产证,有人说契税,我就问他们，如果你认为房产证和契税，算是购买房子的时间，签合同还生效不生效？如果不生效的话，签合同就没用，你就不应该收人家的钱，从法律上说，就会发生抵触。

问：建外 SOHO 的空房率比较高，我想问您对您的经营状况怎么看？第二个问题，您对请国外建筑大师来中国设计建筑的看法是怎么样？

潘石屹：建外 SOHO 我们大概有 79 万平方米的建筑，现在交完房的大概 1/3 多一些。交完房的，除了东边其他三面都是工地，现在的入住率应该说是非常高的，而且交付一年时间有一个慢慢上升的过程。我对经营上的想法是"无为而治"，我头脑中没有一个固定的模式，卖给大家爱做什么做什么。我们一个比较成熟的项目是现代城，过去的时间它的出租率一直是 97% 以上，这是一个非常高的出租率。建外 SOHO 现在还达不到，大概 80% 多的出租率。我想慢慢会好的，因为建外 SOHO 的位置是国贸的正对面，尤其是三环的地铁通了的话，是处在东三环和长安街的交界处，处在一号地铁线和十号地铁线的交界处，算是北京 CBD 最核心的位置，从位置来说比现代城要好得多，所以我不为这个地方的任何前景担忧，这是对建外 SOHO 空置率我的看法。

在跟山本理显事务所的合作过程中真是让我们受益匪浅，因为之前我们跟很多国外、国内的优秀建筑师合作，再跟日本的这个团队合作，我们确实觉得非常感动，因为他们的工作态度是极其认真的。山本理显手下还有一批人，这一批人过来的时候可能都是大学刚刚毕业的学生，或者是研究生，都是一帮年轻人，他们过来后从来没有在凌晨 1 点钟之前睡过觉，天天在那工作。你把他们安排在好的办公室，他们把好的办公室搞得整整齐齐的，最后我们把他们赶到工地上，工地上也是整整齐齐的，整个的工作有的时候到了无可挑剔的地步。工地上天天都是打架的事情，就是设备、设计、材料各种各样的事情。有一次，我们一个部门提出来山本理显事务所跟我们配合不得力，于是山本理显过来以后，我就跟他说什么地方配合不得力，你需要一个什么东西。他特别客气，拿出一个工作记录，是一张彩色打印机打出来的图，这张图写得清清楚楚，什么问题我给你发的是 E-mail 还是传真，多长时间你们没有答复，还有别的什么问题，最后说得我们这边的人哑口无言。后来我就说你能不能把这张图送给我，他说可以。所以我觉得日本的管理方面是非常严格的，我觉得有好多值得学习的。

问：潘先生，我想问一个关于历史的问题。我知道 50 年前，梁思成先生和陈占祥先生搞了一个关于北京的方案"梁陈方案"被当时的政府给驳回了。您认为"梁陈方案"对现代北京的规划有多大作用？再一个问题，您刚才说在纽约 30 年的建筑都是文物，在我们这 300 年还不认为是文物。您对于北京现在的文物保护问题怎么看,有什么好的建议?

潘石屹:其实,梁思成对中国建筑界的影响是非常大的,尤其对清华这个系统的影响更大。当时提出的北京城市规划,到现在为止,你到任何一个分馆设计都觉得这是一个好的设计。从目前来看,是很好的,第一把城墙保留;第二是所有政府都搬到西边去,就是不要在中南海、故宫里面办公,我觉得这个方案很好。可是50年前这个年代跟今天的年代不一样,大家不认为城墙这些东西是非常宝贵的东西,所以整个的东西都破坏了,说的话也晚了。我觉得除了北京的规划之外,梁思成提出来衡量一个好的建筑的两个标准,在今天来说还是很适用的,第一是中国的,第二个应该是今天的。放在今天21世纪,你看一个建筑是不是好,是不是有价值,用梁思成的标准来说,还是很符合的。

问:潘总您好,我有一个问题想问您,要做一个全球性成功的投资商人,应该学习哪些专业?掌握哪方面的知识?培养什么样的能力?在学生阶段要做好哪些准备?

潘石屹:我不是一个全球性的商人,我就是围绕着北京,在北京国贸桥1000米,所以我也不知道全球的商人都应该具备什么样的知识,要学什么样的东西。不过我接触过一些全球性的商人,我的一个体会是,不能够太刻意。如果太刻意的话,你端着一个架子,你一定应该是一个什么样的,就很难成为一个好的商人。最近一个月时间,我接触到雅虎的老板杨致远,他给了我一个名片,头衔是雅虎的"酋长",他下面还设有一个董事长,CEO,CFO。据说有一个部落里语言"雅虎"就是"好"的意思,所以他的"雅虎"名字就是这样来的,并且自封"酋长"。我觉得这个就特别随意。而且,商业上的成功没有一个具体的模式。我常常想,商业的成功就跟天上的飞鸟一样,第一只鸟飞过去了,第二只鸟非要循着它的轨迹飞的话,肯定会掉下来。所以你就非常自由地去做,不要刻意。在学校里上学,学习非常重要,最关键是学了之后还要学会忘掉。

这有一个典故,是一个人问印度的一个哲学家,什么是教育?这位印度哲学家就说:中国有一个哲学家叫老子,他说,弹琴要20年才学会,学会弹琴后还要20年把弹琴的技巧忘掉。所以有好多学生离开学校以后学生气很重,学完的东西老想使用一下,觉得课本第几页的东西我还没有使。如果你老想使这些东西,就偏了。当你学习出去以后,能把身上这些学习留给你的痕迹忘掉,就会把这些知识和技能变成你自己的东西。这也跟驾驶车一样的道理,开车可能一个月就学会了,一个月以后一定要忘掉,最后你踩油门也好,踩离合也好,都是下意识的动作。如果你很刻意地说我要转多少度多少度,肯定会撞人的,而且你开的话也很辛苦。

● ● ● ● ● 【讲演点评】 ● ● ● ● ●

潘石屹的这段演讲与回答提问,虽然是谈的房地产,其实并不限于这个话题,而是广泛、深刻、高明、有意思也有意义得多。他谈了自己的建筑理念和美学,谈了城市的整体规划建设,谈了中国与世界的城市化进程,谈了当代中国的时代特征与政策导向,谈了一个人干事业应有的独创性、领先性,等等,洋溢着民族的自豪感及对当今时代的庆幸,并且不乏幽默与哲理,同时也很坦诚、谦和和朴实。(不过,其中一些观点值得商榷。)这也是他之所以成功的地方。

潘石屹曾经说:"房地产实际上是一个资源整合的行业,房地产发展商的工作就是把不同的社会资源和劳动力有机地聚合在一起,最终生产出房子这种产品。我们公司的工作也一样,不同的可能就是我们用的是世界上最强的队伍。我们请日本人为我们做设计,请美国华尔街最优秀的投资银行帮我们做上市,请本国最强的劳动力帮我们做施工,我作为房地产发展商就是把握产品的灵魂东西。这个灵魂性的东西其实就是一种观念,是一些原则的精神活动的结果。"

他还说过:"孔子讲:'治大国如烹小鲜。'就是说治理一个国家就跟做一条小鱼一样简单。北京的许多房地产发展商动不动就谈公司管理,但他们一个个都忙得焦头烂额,见人就抱怨他们一天工作多少个小时,我看他们实际上都是烹小鲜如治大国。"

这些话都是很有道理的。

潘石屹以前卫著称,他是新一代私营企业的创业先锋。而且,他所推广的将居住与工作合二为一的 SOHO 模式(小型办公,居家办公)也深入人心。作为 SOHO 中国的老板,他开发的项目取得了巨大的商业成功,这主要归功于他高超的营销艺术和对中国投资者及中小企业需求的准确定位。此外,他对待生活与事业的达观、机变与坦率,也使他成为一个公众典范、媒体红人。

潘石屹对商业有其独到理解,他不单纯追求开发规模和营业额,更注重建筑的长远价值,强调要做中国的、当代的建筑。因此,他所开发的每一个项目,都在商业上取得了空前的成功。同时,他把商业、生活娱乐化,坦诚面对社会公众,是中国广大传媒追逐的对象。

《人民日报》(海外版)曾评价说:"在中国房地产界,潘石屹无疑是个另类。他一次次处于是非的漩涡,一次次不按常理出牌,因此为世人瞩目。不破不立,潘石屹无疑也最具备创新能力。在中国历史上最大规模的城市化进程中,潘石屹的每一个建筑作品,都以城市标志性符号引领这个城市的建筑潮流。"

美国著名的《时代周刊》曾在 2002 年这样报道潘石屹:"房地产商潘石屹给中国一贯单调的公寓和写字楼带来了明快的色彩……潘石屹的楼盘在品位上已国际化。"

俞敏洪

新东方创业之路

俞敏洪,1962 年生于江苏省江阴市夏港镇。著名英语教学与管理专家,被誉为"留学教父"。1993 年创办北京市新东方学校,担任校长。现任新东方教育科技集团董事长兼总裁。被媒体评为最具升值潜力的十大企业新星之一,20 世纪影响中国的 25 位企业家之一。

俞敏洪先后在清华大学、北京大学等学府举行演讲多次。这是他 2009 年 10 月 9 日在清华所作的一次演讲,谈的是他如何从上学立志、毕业留校、恋爱结婚,到辞职创办新东方学校、内部整顿与外部融资、将新东方发展为集团公司的故事,以及将来还要创办大学的理

俞敏洪

想,充满乐观主义精神和积极向上的人生态度,勉励学子们克服困难,乐观开朗,奋发进取,坚持到底。

……我觉得这个"惨"是要有对照的。比如说我从小在农村,1 岁到 18 岁没吃过几顿肉,但是我一点都不觉得惨,因为周围的人都是一个样子。现在好多同学感到心里不平衡,不是说你过不下去了,而是你看到边上的同学比你多找了两个女朋友,你就想:"哎,兔崽子凭什么比我多找两个女朋友?"再比如他比你多穿

了一件名牌衣服，你才觉得你们家是贫困家庭。我当时进北大的时候也有这样的感觉，因为当时家里很穷，我穿的衣服几乎都打着大补丁。我们那个体育老师从来不叫我的名字，一直都是："哎，'大补丁'，出来做个动作！"而我的同学里有几个是部长的孩子——当时还没有企业家，但是有很多是有家庭背景的，包括教授的孩子等。一开始是有很多心理不平的，但是在大学里你要慢慢地调整好心态。

我们当时的攀比也不那么强烈，我们当时攀比的是谁读的书多，谁在同学面前发表的观点受重视，谁写的诗多——我们大家当时都比着写诗，因为当时写诗能多找女朋友。但是我比较悲惨，从诗歌的总量来说我写得最多，写了600多首诗，但是没有吸引过一个女孩子，也没有出版过一首诗。像你们现在的女孩子，可能会说诗人与穷人没有什么区别，除非那种用诗歌真正打动了你的心的人，但现在写诗打动人心的好像不是很多。我们班当时有一个著名诗人，现在在文学界还比较有名，他的笔名叫"西川"，不知道大家读过他的诗歌没有。他的真名叫刘军，他当时在北大开个人诗歌朗诵会，我也去听，朗诵完了以后发现"哗啦"一下，五六十个女孩子追着他走，结果我就追着五六十个女孩子走……我是个非常蹩脚的诗人，如果我写诗成功了就不会放弃文学了。但现在回想起来，当个蹩脚的诗人特别的好，为什么呢？因为终于发现自己不是那个料，所以才有了新东方的今天啊！人啊，一方面，努力会使你进步，但更重要的是发现你的天分。后来我发现我的天分是做培训。有时候，你喜欢的并不是你这辈子就能做成功的。比如说，我到今天还是很喜欢文学，但是我只把它当做我的业余爱好，不能靠它谋生，如果我靠它谋生的话，现在可能就饿死了。

不管你是想创业，领导一个企业干，还是未来想成为一个政治家，还是想要在任何一个事业中取得成功，除了天分之外，还有很多重要的东西。如果没有天分，那么这些东西就更重要，它们是我们的韧性、耐心、耐力、持之以恒的精神。在我经过一些事情以后，我发现持之以恒比天分还要重要，坚持到底就是胜利——当然，也有坚持了最终失败的。

◎爱情与婚姻

男人没有女人活不下去。当然，女人没男人也活不下去。我发现女人的温柔与男人的有出息，或者说成长，是成正比的；也就是说男人越成长，女人对你越温柔。我老婆现在对我很温柔。所以当你找到一个老婆对你很凶悍的时候，你自己也要反思一下,到底是老婆真的凶悍还是你自己没出息。

我们经历了起起伏伏的阶段。我刚开始在北大当老师,她是大三的学生,不是我的学生,她算学妹。在这边顺便讲一下,在某些规矩上,美国比中国更加明确。比如说教授是不允许找自己教的学生的,怕你写论文作弊啊或者给一个高分数之类的。但是,我认识的几个大学老师就找自己的学生结婚了,中国好像要更人性化一点。我当时处在到了25岁还没有女朋友的焦虑状态,因为我肯定是一个正常的男人,这不用说了啊,满北大追着女孩子跑。我老婆呢,后来是被我盯上了。我就在路上看,她长得还是比较漂亮的——毕竟你自己要看着顺眼嘛。最后我就跟了3个月,找到一个机会跟她谈了话。又过了几个月,她觉得我这个人还不错——就跟我了。在大学的时候对我还挺温柔的,我好像还有点高高在上的感觉。后来我发现,婚姻是一个绝对的分界线。结婚以前,爱情都是有点那种不真实的感觉的。爱情可以不计后果,但是结婚以后就会有很多现实的问题。有一句话说得好,"婚姻是爱情的坟墓",绝对的。但是你还不能不结婚,为什么呢?因为如果你的爱情没有坟墓的话,就死无葬身之地了!对不对?

钱对于爱情和婚姻来说,也许是能够起到一定作用的,但是对于爱情和婚姻的美好和持久是不起作用的。我做过一个调研,有钱人的离婚率比没钱人的高。没钱的话,大家就相濡以沫,同甘共苦,反而能够产生比较深刻的感情。而一旦有钱以后呢,就各自有主意了。

我结婚以后,因为不成功,也没钱,而且联系出国4年都没有成——我老婆是1988年和我结婚的,眼巴巴地等我到1991年,等了4年时间,我就是出不了国。我老婆觉得找了个挺没有出息的男的,就开始变得凶悍的了,说话老有一些威胁性的元素在里面——再不怎么怎么样,我就和你怎么怎么样!每次都把我吓到半死不活。

当时我老婆对我是高标准、严要求的,我就拼命地努力。第一步努力就是拼命想出国,没有成功,我就转了个方向努力。第二个努力就是我必须要让家里有钱花,这样我就可以使危机感更加往后延续一点,尽管当时我不觉得能够解除这个危机感。当时有钱花的标志其实挺有意思的,我老婆是天津的,我是江苏的,我在长江边上,她在海河边上,所以都喜欢吃鱼。我们两个都是工薪阶层,都是大学里的普通老师,因为没有钱,我当时买鱼就专门买死鱼,因为死鱼只要两块钱一斤或一条什么的,活鱼就变成了六七块钱。我记得的一个转折就是,我到外面上培训机构的课以后,开始是一二百块钱一个月,后来就变成了六七百块钱一个月。当时我老婆在中央音乐学院工作,我在北大,我们住在北大的宿舍里面。所以,她从中央音乐学院回来以后,肯定不能给我做饭,晚上一般我就负责做饭。记得有一次回来以后,她发现鱼汤是用活鱼做的,就很开心。那天晚上好像就变成了我们生活的转折点,从此以后她开始对我变得温柔了,因为能吃到活鱼了。

后来一直做培训班,到 1991 年底,我就从北大出来了,先在别的培训机构呆了两年,到 1993 年的时候办了新东方。当时办新东方没想到会有今天这个规模,当时想的只有一个目的,那就是赚够自己自费的留学经费,再到国外去读书,大概需要 25000 美元左右。25000 美元在当时也挺厉害的了,接近 20 万人民币了,所以我觉得要干个两三年。等到真开了新东方以后,学生就越来越多。我在1995 年底拿到了美国大学的录取通知书,却舍不得走了,就决定倒过来做。我决定留在中国,把新东方做大。觉得挺孤单的,就去美国走了一趟,把我觉得有才华的北大同班同学请了回来。

◎家人与哥们儿

我的创业分为两个阶段。第一个阶段实际上是新东方的家族阶段,第二个阶段是新东方的合伙制阶段。新东方总共经历了 4 个阶段的发展:个人和家族阶段、合伙制阶段、股份制改造阶段以及国际上市阶段。现在新东方是第四阶段,因为已经是美国的上市公司了。

第一个阶段,刚开始实际上就是我一个人在干。从北大出来了没事干,我就早上去贴广告,下午坐在那儿等学生来,晚上到别的培训机构去上课。后来慢慢学生就多起来了,我发现忙不过来,也没钱请别人来帮忙,就跟我老婆说,你看我们现在自己办学校好像没有问题,你在中央音乐学院那么辛苦,每天要骑自行车去上班,挺远的,你就干脆不做了,看你人长得又不算太难看,往前台一坐,说不定能多招几个学生呢,是吧?后来我老婆就真的从中央音乐学院辞职了,1992 年辞的,和我一起干到了 1996 年。她管行政、后勤、招生,我管上课和教师质量。在这个过程中,还插入了一些家族因素,我老婆的姐夫、我的姐夫都到新东方来工作了,虽然他们都很能干,但这已经很明显带有家族倾向了。至于我妈,她倒是没有参加过新东方的具体工作,她是觉得儿子在新东方能养活她了,就给我做饭来了。她这一来带来两个大问题:第一就是我们家就一间房子,我老妈和我们睡一间房,我跟我老婆晚上根本就没有空间在一起,这是个大问题。大家知道,其实中国的婆媳关系是很麻烦的,我老妈个性比较强,我老婆个性也蛮强的,两个个性强的女人在一起——大家应该知道是什么结果了。所以总是有一种疙疙瘩瘩的感觉在里面。第二，我老妈以前是农村妇女队长，特别喜欢干活，一看新东方地脏了没人扫，她就要扫地。我想老太太要扫就扫吧，可是她扫着扫着就领着新东方的人在干活了。老太太能很自动地就变成领导人——说实话，我身上有一点点我老妈的特点，能够通过努力地干活使自己变成一帮人的领导。老太太是我妈嘛，有时候会干预新东方的一些事务，后来新东方内部因为我老妈弄出一些疙疙瘩瘩的矛盾。但是这在1996年以前不是什么大矛盾，因为那时候新东方本来就是一个家族，就是大家一起干。到了第二个阶段，就是从我1995年年底去美国到1996年初我那帮哥们儿从国外回来，而且他们有很多是放弃了重要的职务回来的。比如说王强，在贝尔实验室工作工资接近8万美金，跟我喝了两天两夜啤酒就糊里糊涂跟我回来了。

其实在大学的时候，我的同学都不认为我很能忽悠。我在大学基本上没有任何机会参加学生干部活动，也没有机会在公开场合讲话，而且学习成绩也挺差的。其实我给全班同学留下的印象就是俞敏洪是个特老实的人，也是个挺没出息的人。其实这种印象留下来以后呢，给我后来到外国去找他们，带来了一个良好的后果：第一，他们突然认识到，我们班当时最没出息的那个人，没有出成国，在中国赚的钱竟然比他们还要多！他们是这样想的：像俞敏洪这样的人在中国都能赚到钱，那我们回去还不发啦？第二个好处，就是他们觉得我是个挺老实的人，如果我说回去能做成功，那就一般能成功，我不是那种空口说白话、随便瞎忽悠的人，因为我在大学里没有给他们留下这个印象——他们没有想到跟他们分离10年我已经彻底改变了，哈哈，从一个不会忽悠的已经变成顶级忽悠专家了！当时他们没有明白，等回来以后发现自己上当了。他们问我，他们的办公室在哪里，我说在违章建筑里。他们说他们的汽车在哪里？我说总共就一辆天津大发。最后一人骑着一辆破自行车，叮叮当当就开始上班了。当时我跟他们说发工资是没戏的，但是我们新东方还有好多没有开发的项目，当时只开发了一个托福项目，还有像国内考试、GRE项目、翻译等等。我就给他们描绘了一幅美好的蓝图，后来他们就回来了。回来以后，我知道必须以一种特殊的方式把他们留下来。我要给他们开工资肯定是不行的，也没有那么多钱，我就说："既然咱们是哥们，原来也没有什么上下级关系，现在新东方虽然表面上是我的，现在你们一块儿来就是大家的了，所以咱就是把业务划成板块，执行邓小平的'包产到户'政策。"这是什么样的政策呢？就是给你一块地，你爱种不种，但是农民都会种的，因为不种终究没有粮食吃了。所以呢，农民就包产到户，一直到今天种粮食还种得挺热闹。

当时新东方没有股份化，我们也没想过要长期一直干下去——只是希望通过新东方的平台让大家一起富起来，因为他们当时回来也还很穷，当然也是为了大家一种模糊的事业感。这样，我们就开始一起演讲，一起策划新东方。大家一起干完以后，把所有的成本付完了，把国家税收付完了，该拿的钱全部拿走。我跟他们说了，我一分钱也不要，我要的就是大家天天在一起，大碗喝酒，大盘吃肉，然后再一起把新东方做好做大，以后我们回顾这一段人生的时候，确实感到痛快就可以了。其实从1996年开始，直到2000年，新东方急速发展，就是因为有这样的一股力量，一种做事情的豪气和大方在里面。

到了后来，大家知道，包产到户嘛，小农经济，这个结构等到大发展的时候肯定会出现问题的，但是当时没有出问题。实际上，结构和你发展的现状必须是配合的。如果说你的发展还没有到达一个点上，你就开始想把最好的组织结构放进去，这就把你的发展机会给扼杀了。但是，当你发展到一定的程度，没有组织结构来进行提升，也就死定了。他们回来的时候，新东方其实还很小，总收入一年才有几百万，我要是给他们股份让他们弄的话可能早就散架了——因为一旦股份化，所有的职位都会正规化，然后谁拿多少工资，谁拿多少奖金，谁来干什么都是一定的，当时做不到这一点，而且不能激发大家的积极性。当时的目标也没有像现在这样复杂，当时的目标其实非常简单：既然不出国了，就想办法多赚点钱。他们回来其实也是这种想法，就是赚点钱，而且一帮哥们在一起也不容易，大学的友谊，隔了快10年了又聚到一起去了，所以大家都觉得做得挺开心。这个结构的好处就是新东方急剧发展，总共五六年的时间就从年收入几百万一下子冲到了几千万，这在当时已经非常厉害了。害处就是后来引起了新东方内部的巨大矛盾。

我的这些大学朋友回来之后，带来了很多新的思想，也给我带来了原来意想不到的麻烦。他们进来之后，做的第一件事情就是驱赶我的家族成员。这个让我感到很痛苦，我想：这帮兔崽子，怎么一来就要把我家里人赶走呢？但是我也特别能够理解，为什么呢？如果我和他们吵架——不管是因为业务问题还是其他问题，我们都是平起平坐的，不管说话说到多么凶，都是哥们儿，不会最后出问题的。但是我老婆在边上不冷不热地说上一句她认为很平常的话，他们听了以后可能就会觉得很受侮辱。我是习惯被侮辱了，我老婆说话是不是侮辱了我，我根本就听不出来，但是他们不行。如果新东方想要做长久的话，不能有女人干政。但是我又怕我老婆，怎么能让她走呢？后来我就和我老婆说，你看咱们新东方未来要做大吧？她说是啊，这是我们的命根子啊。我就说，你看咱俩现在的能力，做大新东方有点力不从心。她说，倒也是。我说，我们两个人有一个先出去读书吧，提高能力。我老婆就说,那你先出去吧!我说不行啊,我先出去了,这一帮兔崽子心怀叵测,在你身边你哪受得了啊,对不对?不如放我先对付他们一阵子,你先出去读书吧!也不知道我老婆是怎么被我忽悠的,1997年底就真的跑到国外去读书了。她出去读了两年书,我们这边也差不多改造完了。她回来后说,我还能不能去新东方工作?我说你看我们现在这个结构,你回来好像不大合适,你先在国外工作两年,学学东西方文化融合的本领吧。我老婆说,那就再呆两年吧。然后过了两年,我说,咱们会再要第二个孩子吧?她说,是啊。我说,那我们生完第二个孩子再回去吧。所以我老婆就给我们生了个儿子。

对付我老妈,我发现麻烦要大得多。我老妈当时在新东方做一些后勤工作了,她老人家平时说话就更没有顾忌了——我妈经常说"老娘是新东方的妈",哈哈……最后我也发现了一个问题:我的家族成员在新东方工作,新东方的其他一些管理者,当然不是我从国外回来的那些同学,而是土生土长的管理者,他们也把自己的家族成员弄进来了。我觉得不对头,因为这样就形成了新东方一个家族一个家族的小板块儿。我想让他们这些家族成员走,但是我开不了口,为什么呢?因为我想这个不公平啊,尽管说新东方是我创的,我可以说你的家族成员不能呆,但是我觉得这样不是做事的方式。我发现这个事情如果不纠正的话,新东方就会形成一个个小团体,最后你想整顿会很难。但是要整顿就得从我做起,也就是说先把我的家族成员全部请走,于是我在朋友的支持下下了一个命令:在新东方只要家族相关的成员就不能呆。后来是执行了,先由我来做,这一段历史比我做新东方任何一段都要艰难,原因是我的家族成员除了我姐夫在新东方书店当经理以外,其他基本都是扫地的。就是说,好不容易在这儿找了一份工作,没有任何话语权,还不能在这儿干。你想我是农村来的,农村有一大堆村民,他们就会传:俞敏洪这个人好狠心啊,人家好不容易能够混口饭吃了,最后你又把人家赶回去,这让人家没法活了!还有,我老妈也必须被清除掉,因为我老妈在新东方什么都插手,也算是重要家族成员。而我从小就是那种我老妈一说话就"扑通"一声跪下去的人,让我清除老妈比让我登上月亮还要难——看到我老妈不高兴我就会发抖的,一直到现在还是这样。农村的这种教育方式,孝顺是第一位的,而且我老妈也比较有个性。后来下了狠心了:清不动也得清啊!清完的结果,是我老妈半年不允许我回家吃饭。

后来我发现,一个人如果坚定并且坚持了,最后还是会有结果的。我可以在我老妈面前跪下去,就是亲戚朋友坚决不能再进来。大概用了几个月时间,这个事情做完了,新东方其他管理者一看,俞敏洪动真格的了!结果,新东方下了一条行政命令：任何人，只要是在管理层面上的，直系亲属就不允许在新东方工作，如果一旦发现这种情况，连亲属带管理者本人当天开除。后来新东方还真出现过这样的情况，把自己亲戚朋友、兄弟姐妹的名字改一下，又放到另外的地方去，大家也不知道这是他的亲戚朋友。后来被新东方查出来，当天就开除了。这一关当时我没过的话，绝对不会有新东方的今天了，绝对不可能上市的。

新东方发展中遇到的第二个问题，是随着新东方的发展，原来的那种合伙制行不通了，需要发展新的组织结构。我当时和那帮哥们儿的股份还没说清呢。而这一关呢，他们的眼光有一点超前，我的眼光有一点滞后，所以新东方有句话：一只土鳖带着一群海龟在干！包括今天，我原来的那帮哥们儿已经不在新东方管理层了，现在新东方高级管理层有9个人，6个是海外留学回来的，两个是纯粹的外国人，只有我一个人没有出国读过书。所以新东方一直延续着一只土鳖带着一群海龟在这干的传统。

从2000年开始，新东方的结构出现大问题，整个过程我就不再详细说了，也没有什么太多的意义。这其中的原因，就是股份没说清楚。但是我也觉得就是到了这个时候，才能开始说清楚。究竟出现了什么问题呢？就是每个人管的那一块都做得很好，但是后来新东方新的业务板块出现了，而且这些板块大家料定了能够做大。那么这些板块给谁做呢？就没有办法了。说给俞敏洪做，他们可能会说新东方整个品牌是我们一起创起来的，为什么这个板块给你做呢？给王强做，也会说那凭什么给你呢？对不对？说给小平，那也不行啊……但总得有一个办法吧。大家就说，旧的先不动，新的板块我们股份制吧。所以新东方就出现了很多股份不一致的股份公司，比如说用不同的股份搞图书，搞电脑培训……最后利益就相互扭着了，而且每个人还有一块自留地在那儿拼命地干，最后整个结构就不对了。大家也很迷茫，很痛苦，他们得出一个结论，就是俞敏洪这个人没有领导才能，才导致我们今天这样的结果。因为我们不懂，就请外面的咨询公司，咨询公司说你们这样是不行的，把所有的东西统统都合到一起，形成一个大的股份公司，最后你们就变成一个大型机构了。我觉得有道理，所以就把我们之前个人的东西再合起来，一些小股份公司再重组股份，全部揉在一起。怎么揉呢？首先需要解决的就是谁占多少股份的问题。我们关起门来讨论了两天，有了一个结果：新东方的原始股东，就是新东方参与创业的11个人，然后11个人就分配。当时咨询的人说，俞敏洪你自己至少占55%，否则这帮小股东每天跟你不开心。他们手里有超过50%，一生气就把你推翻掉了！当时我就说了一句话：如果我管新东方需要用我的股份控制权来管的话，我就不要新东方了。我要把新东方做大，一定是通过我的个人影响力和大家对我认可的地位。

这个我是有自信的,但我在北大上学的时候没自信,是后来在北大当6年老师的时候开始产生了自信。其实本来我没有想到自己会当老师,但是当了两年以后发现自己还是挺受学生欢迎的,学生的眼神给了我自信。办新东方的时候一开始我也是没有自信的,因为一开始我自己一个人糊弄嘛,也不需要一个人参加。结果到后来我那帮哥们回来的时候,新东方已经办得挺好的了,我就对做事情又产生了自信。但是这个自信在那帮哥们回来以后就彻底被打掉了,因为我做任何事情他们都骂我,他们要实在没理由骂我就说我是个农民⋯⋯这也是我没有办法的,毕竟他们在国外呆了很长时间,而我连国外的影子都没看见过,除了去了一趟美国把他们请回来以外。所以我看到他们那些喝了洋墨水回来的人会害怕,总觉得他们肚子里装的东西都比自己要厉害、要新颖。后来慢慢发现,其实人的智慧和经验是分在两方面的,一个是实践智慧,一个是理论智慧。我是实践智慧多于理论智慧,我的理论智慧可以从其他人身上吸取,因为我有一种勇于接受别人批评的态度。

成立了股份公司,股份是分完了,分完以后就出现了一个问题:既然成立了公司而且公司要发展,当时我们也已经有咨询公司了,如果我们好好做,新东方说不定以后会上市——尽管我们根本不知道上市是怎么回事,但都知道上市就发了。一鼓动,大家就说好啊,就股份制了!分了以后,公司如果要发展,就需要有利润的。但是大家想一想,前面新东方的结构是什么?包产到户,把所有的费用成本都弄完了以后,利润全部拿走。现在要有利润,就意味着现在不能拿走钱了。这就出现一个情况:突然发现个人没收入了——原来我干了一年以后能拿30万50万,怎么现在我干了一年才能拿10万了? 股份制不是发财的嘛,怎么钱越来越少了? 这是一。第二,大家发现,原来什么东西都可以自己说话算数,现在不行了,为什么? 有公司结构了。还有,原来我们这帮人是没有上下级关系的,他们一直感觉俞敏洪是他们的下属,因为我上大学的时候他们都是我的班长、团支书甚至老师,怎么公司一结构化就变成董事长了呢? 而且还兼总裁。当然了,这还好说,因为不管你怎么没出息,都是新东方的创始人——他们说,你是新东方的father,我们是新东方的uncle。但还是出问题了,知识分子嘛,都要面子,原来是不分类的,现在就要有副总裁、常务副总裁和一般副总裁了,有第一副总裁还有第二副总裁⋯⋯完了之后,工资也有区别,总裁的工资总比副总裁高吧。新东方很有意思,本来大家都是骑自行车叮叮当当上班,都还挺高兴的,为什么呢?骑自行车就是为自己干嘛。新东方变股份公司的第二天,就进了11辆小轿车,一人一辆。有了车以后大家反而不干活了，因为不知道去哪儿干活，干了也不知道钱到谁的口袋里去。大家虽然股份都占到了，但是股份不等于钱啊，就觉得不行。后来想来想去觉得不对：虽然我们现在改造了，但好像上俞敏洪的当了，俞敏洪表面上在推动改革，实际上用股份把我们架空，然后把钱都装进自己口袋里了……

实际上，我们是在没有制度的情况下，突然间就结构化了。那个时侯新东方有控制，但是不是像现在这么现代化。也有人管着财务，但是那个财务人员是当时我招进来的。他们说，这个不行，谁知道背后俞敏洪得拿走多少钱，要求换财务人员，就换了。他们后来又觉得，俞敏洪当总裁对新东方的发展起不到推动作用，因为观点确实太落后了，就说咱们让俞敏洪下来吧。开董事会说下不下？我说可以啊，所以董事长就下来了，总裁下来了，后来连北京新东方学校的校长都不让当了，我就变成了北京新东方学校的一个国外考试部主任兼国外考试部老师，天天背着个破书包去上课。他们开总裁办公会我进不去，因为没有职位……我当时还占了45%的股份，但坦白地说我不想用那个权力——我当时有一个比较清晰的思路：我们吵归吵，但谁都没有伤害新东方业务这一块的重大发展，也就是说我们的员工不知道我们吵成这样，完全不知道。我下来就下来，但是我们要想办法把新东方弄好行不行？我觉得我们这一帮哥们在一起不容易……最后我们这一帮人做得还是挺不错的，大家都耐下心来，虽然也吵架也争论，但最后慢慢地有了那么一点点的融合。到2004年底的时候，新东方的整改基本上结束了。从2002年到2004年，新东方的总裁和董事长都是别人在当，他们轮流当，轮流坐庄，一个人上去做了几个月之后就说，这位子不是人坐的！就换了一个。换上去做了几个月之后，又说不是人做的……到2004年底的时候，终于又回过头来说，老俞啊，这个董事长和总裁，发现没什么意思，还是你回来当吧！我说，回来可以，但我们得有一个规矩了。我非常尊敬我这帮朋友，也特别怕他们，因为他们一讲话滔滔不绝，还全是引用西方思想之类的，我就特别自卑。我说，你看我们不容易，闹了这么多年还没散，让我上来也可以，但是为了保持新东方的稳定发展，两年之内不要再让我下来了，好不好？

大家在一起合作创业的时候，可以在里面当着面指着鼻子骂，但一出那个门，大家说的全是好话。新东方就是这样，我们把办公室门一关，在里面吵得死去活来，掀桌子……但一出去演讲，同学们发现我们就是天衣无缝的哥儿们关系。因为你当面把话说完了，背后就没什么好说的了，所以很少会在背后再去说坏话。这一点很重要，尤其是大家长久在一起的时候，一定要有这一点。

◎上市风波

新东方内部有一个特点,从来不使用股份投票。虽然现在是上市公司了,也很少用股份说话,而且我现在占的股份比较少了。上市公司如果要通过股东大会表决的话,那管理层基本上也就完蛋了。但是,选取董事会成员要走这个形式。我算是从一个创始人变成一个比较彻底的职业经理人,现在算是个打工的了,尽管在新东方还占有股份,但是新东方的流通股已经占到了80%,这些股份就掌握在全世界各族人民的手中。

新东方自从经济危机一来,一直是排在世界前10位的抗跌股份,一直到今天,特别稳定。当然这跟我们的努力有关。新东方的人都能讲英文,哪个投资者打来电话,我们就哇啦哇啦讲一通,然后想卖股票的听我们一说就晕了,不卖了。

而且新东方还有一个好处:学生都是先付学费再来上课,不会出现现金断流的现象,也就不会出现倒闭的现象。有这么一个基础在这儿,股东们觉得很踏实,而且他们发现我身体比较健康,所以也比较放心。这个特别重要,一个老总的身体如果出问题了,股票常常掉一倍。

后来新东方的结构改造完成了,虽然大家前几年拿的钱不如个体户拿得多,但是外面来的对新东方的定价是有价值的。当时新东方内部人员什么都不懂,我们就决定吸引外面懂行的人来,把股份出让一部分。我们找啊找,最后在2002年的时候,找到一家养猪的上市公司。这个老总还挺懂企业经营的,从一头猪养到60万头猪。当时,我们新东方开的价格很低,内部定价是1%的是100万,10%就是1000万,等于新东方就值1亿人民币。我们还说,外面的人进来我们要加点价,就加到了1600万,给他10%。那个老总还很高兴:"新东方名气很大,1600万占10%,我干了!"拎着现金就过来了。过来以后,他说这个钱给你们之前我要参加你们的董事会,看看你们董事会是怎么议事决策的。结果我们董事会从早上8点开到晚上12:30,讲的只有两个议题:人生和哲学是怎么回事。这个养猪户就懵了:新东方的董事会怎么是这么开的? 这个钱给你们还不泡汤了! 接着就拎着钱跑了。

后来到2003年,有一个个人投资者又提出要投资新东方。我们说我们涨价了,不能那么便宜了,我们10%应该要2500万人民币了。人家说2500万人民币没问题啊,接着也来开了一个董事会。那个人懂黑格尔和尼采,但是后来他说,你们为什么不讲亚里士多德? 这个不是一回事啊! 你们怎么把商业经营跟文学、感情纠葛、弗洛伊德、潜意识都放在一起了!然后他们就开始用潜意识分析,俞敏洪这个人心地本身是多么不善良之类。把那个个人投资者听火了,最后走了。

到了第三年,也就是2004年,新东方遇到了一个很大的风险。我们两次融资都泡汤了,我们就不懂,为什么外界不懂我们这些崇高的人呢?到了第三年,来了一群某个中国证券公司的人。我们又涨价了,要1个亿给15%。他们就扔进来了,他们说新东方要上市。我说好啊。他们说要上市的最佳方式,就是买壳上市。我不懂什么是买壳上市,他们说买壳上市就是把你的公司放进一个已经上市的很糟的公司上,然后清理这个公司,你的公司就变成了上市公司。我就问,变成上市公司有什么好处呢?他们说可以赚钱了。那买壳上市之后,我的股份到了这个壳公司之后能卖吗?他们说,因为中国有法人股,还不能卖。那我难道一分钱也拿不回来?他们说可以增发。我就问增发批起来容易吗?他们说可以批,排队,批起来要两三年。我听说很多壳公司里面都很烂,进去以后都出不来。中国最早的软件公司科利华,把自己装到了阿城钢铁这样一个壳公司去,他们公司的老总还跟我说这个上市公司好啊,你看我现在都敢吃鱼翅了……过了一年,我发现那个公司就被壳公司吃掉了。我问他们:你们给我1个亿买壳上市,这个股份还要降低,你们靠什么赚钱啊?他们说:我们就是出于对中国教育事业的热爱,帮你一把。我一听,这个话不对头啊!后来打听了一下,发现这个壳公司的二级股票都被他们买完了,就是说这个公司在市场上流通的股票都被他们买完了。比如说1块钱人民币,他们买了几千万股。买了以后如果把一个好的优质公司往壳里一装,那个公司的股票一下子就变成10块钱、20块钱一股了;这样他们一出手,10倍的钱就赚回来了。他们给新东方1亿,他们在外面能能赚10个亿、20个亿,然后新东方是死是活就可以不管了。我研究到这一步,就告诉他们:新东方决不能买壳上市,要上我们就要有点耐心,我们慢慢一步一步研究在中国、在国际怎么上市。不管他们怎么忽悠,我一直坚持,没有搞懂的事,决不会迈出步伐。这些人自己也没钱,是向银行贷款1个亿给了新东方。到了年底,贷款期限到了,他们就要把钱收回去。但是,按照合同,这个钱是不能拿回的,因为都已经变成新东方的钱了。他们说,你看俞老师你也是个好人,既然不想买壳上市,就把钱给我们吧。按照合同要扣1500万,他们就问能不能不扣。我说我也不缺你们的这个钱,就都拿走吧。他们拿走了,过了一个礼拜,他们老总又打电话说,你看那个利息能不能也给我们。我又把利息打给他们了。后来我发现,新东方真的做了一件好事:第二年3月份,那个公司就出事了。我出了一身冷汗,因为他们的账本有新东方的股份。检察院跑到新东方来调查是怎么回事,我们把所有的证据给他们看,说这个事情已经了断了,这才救了新东方一命。

从此以后,我们就不敢再接受中国人的钱了。在某种意义上,国际资本好得多。外国公司也有骗人的,但是我们要做就找第一流的名声好的公司做。后来新东方碰到了老虎基金。因为老虎基金的主任是我在北大的学生,而且是个女的。我这个人一碰到女的,就一点辙也没有。但更重要的是,因为是自己的学生,所以她能跟你讲知根知底的东西。她对我也非常信任,因为她从学生开始到后来出国上托福班都是我教的。她就说,俞老师,我对新东方不了解,但是对你很了解,知道你是一个很好的人,所以新东方10%值多少钱,我们就给多少钱。当然,我们不能开天价,我们开了3000万美金。这3000万美金第二个星期就打到新东方账户下,新东方从此就开始了国际化的运作过程。先进钱,后审计。后来新东方上市以后,他们赚了几亿多美金。这就是新东方整体的融资故事。

在上市过程中,我有一个前提,从做新东方开始我就知道,我自己怎么样没关系,但是新东方最好不要倒下去或者是不发展,因为它是从第一个学生做起来的,我对它真是充满了感情。所以任何对新东方有危险的事情,我就会特别地谨慎小心,一直到今天为止还是这样。

另外,从新东方上市起,我就没认真看过新东方的股价。我认为新东方的股价跟我是没有关系的,除非哪天我想卖自己的股票了。因为股票掉到1块钱最后又涨到100块钱,对我来说一点损失都没有的。所以整天关注股价是一点意义都没有的。现在新东方的市场价格是60多美元一股,市场价格要换成现金才是钱,不换成现金就算起起落落,对新东方的发展也没有什么影响。

◎聚财为散

因为现在新东方上市了,媒体到处在报道:俞敏洪现在是最富有的老师。这个实际上是挺危险的,我当时就卖了一点股份捐了一点钱。我本身是农村的,对钱不是很贪。但钱是很重要的,一定要想办法赚钱。为什么呢? 钱越多肯定是越好——先不论钱的目的——因为这个世界上你首先要学会养活自己,你就要有钱,你不能靠要饭,对吧?要饭对我们来说并不是最合适的生活方式。你有了更多的钱,你要结婚,要养父母,这是一种荣耀,因为你能生存,你父母安心了,他们绝对能多活很多年。再说呢,你潜移默化就可以为社会作贡献。比如说你赚钱必然要缴税,缴税就是通过社会平衡机制在资助贫困的人或是提供国家所需要的资金来源。你再做大了,我跟新东方的员工讲得特别清楚,而且这也是我真心相信的,新东方不是因为到美国去上市了,而是因为新东方现在总共有9000多位老师和员工,每个人背后都有一个家庭,这就意味着稳定9000多个家庭的生活的经济来源。也就是说你做大的时候,你会在无形中帮助很多人,这个对你来说也是很值得的。当你真有钱的时候,你才会筹划怎么用你的钱、钱怎么用,都是拉动消费的行为。我的朋友中有的企业家买飞机了,有的企业家买游艇了,有的企业家买别墅了……这也是不同的用法吧。这也无可厚非,因为这是靠他自己的能力赚出来的钱。对我来说,首先,我自己的家庭生活和读书生活很重要。我有钱,要买书,但我现在的钱买书都买不完了。还要有一个舒适的房子,我现在在中国还没有买大房子,不是不买也不是过于节省,是还没有找到合适的。以后呢,还要留下孩子上学的钱——我会想哪些钱是留给自己花的,哪些钱是留给孩子的——万一孩子以后变傻了呢? 父母总是会这样想的。

　　人一定要为自己留下一点感觉。我希望新东方的股价涨了之后,我能拿到钱,把这些钱捐给一个专门建造私立大学的慈善基金,这样这些钱就可以在中国建一个私立大学——当然这个私立大学不会用我的名字来命名。我不想在中国造一个很大的大学,新东方现在在北京附近征了500亩地,加上建筑要花掉几亿人民币。合格之后,教育部会给你发一个招收本科学生的文凭。我不想把这个学校做大,每一届学生只招收1000人,这样一个校园有4000人就可以了。因为我来自农村地区,所以我的目标是4000个学生,有50%来自农村地区。我现在也在动员一些企业家:你们愿不愿意一起来支持大学的建设?有不少企业家也表示愿意, 因为很多企业家都是还没有生命目标的人, 就是不知道他们的钱怎么办的人。我已经知道了,我把钱投资造校园,成立一个学生奖学金基金,像哈佛大学的基金一样。哈佛大学也是从几万美元开始,现在变成360亿美元的,不过今年又变成了200亿美元,亏了160亿。如果这样,这笔钱就可以资助大部分农村地区来的孩子,让他们把学上完。

　　我发现,生命的路还有很长,一个人一生是可以做很多事情的,经常会有奇迹发生。所以说如果老天再借给我40年的时间——有一首歌叫做"向天再借五百年",500年当然是不可能的,老天再借给我40年时间,我想我的这个大学能成为中国大学中质量相对不错的一所大学。

　　我认为,中国将来应该会有真正的私立大学教学体系的,而不仅仅有清华、北大这样优秀的公立大学存在。假如说我能奠定这样一个学校的发展基础,等到我死了以后,这个学校还有人在经营,并且这个人希望把这个学校做成斯坦福或者是哈佛那样,这个事情就有希望了。经过几代人的努力,不是我一个人的,而是一代一代的努力。相信我们的私立学校也能打造成"中国的哈佛"、"中国的斯坦福"。

人活一辈子,重要的是你活着的时候你做的事情对你自己来说是快乐的,最好是对社会有意义的,至少是对社会无害的,这样就可以了。现在我可以飞到全国各地去做演讲,做新东方。但是我总有老去的一天。当我有一天老得动不了、但还活着嘴巴能动的时候,我可以坐在自己的大学礼堂里,将自己的生命故事讲给别人。这是一个自私的想法,同时又是不自私的。

也就是说,你总得对钱的用处有筹划。我尽量保持开支节约,但我也学会了一些稍微奢侈的生活方式。比如说我喜欢滑雪,滑一次雪要花几百块钱,很多人都得想一想,我就不用想了。我先是学会了双板,接着又学单板,我的单板也滑得比较出色。对我来说,这就是生命张扬的感觉。

总而言之,人最重要的就是保持一种心情。抬头看月,低头听风,这是一种心情;铜琶铁板,驰骋江山,这也是一种心情;孤独生活,认真读书,这也算是一种心情……人有很多心情,但有一点核心是,你自己活得快乐,你自己觉得这样做对你有意义,我觉得这就可以了。这不是说大话,这是我的真心话。这个道理很简单:新东方肯定有倒的时候,肯定有不济的时候,因为进入了商业社会,必然就会有收入下降或者是业绩不涨的时候——资本家就是这么一群人,只要看到有钱赚的时候他必然过来,没钱赚的时候当天就能把你抛弃。他们的身体里是没有眼泪的,只有在他们丢钱的时候,才会感到难过。所以我对新东方的高级管理人员说了,我们为自己而做,我们要为自己鼓掌,因为我们知道每一次努力背后的辛酸,我们也知道每一次努力背后留下了让我们自己感动的日子。

◎现场提问

问:我买过一本您的书叫做《永不言败》。里面讲到您在大一的时候,背"新概念三"用了几个月时间。您是怎么背的?能简单给我们讲一下这个过程吗?

俞敏洪:我当时用了两个半月时间。当时北大的管理很松,老师上课讲的东西我不太懂,又不点名,我是每天完全不去上课背的。

问:俞老师,您在大学有挂科吗?

俞敏洪:我大学挂科是很严重的。我大学5年,一二年级是基本不挂科的,因为一开始大家都要谨慎一点。到了大三的时候,我得了肺结核,在医院住了1年。之后就变了,我走进教室上课,同学都是不认识的,因为我被录到下一级了。这样我干脆不去上课了。所以我去考试的时候,我们法语老师问我:你是谁? 我说:我是这个班的同学。他说:我怎么从来没见过你?我说:因为我生病了所以很少来上课。他说:你不上课我是不能让你考试的。我说:老师你让我考一考吧。当时法语我是在家里自学的,考了85分。这个老师说:你自学还能学到这么好,不来上课也就算了。

问:对我们这些想创业的人来说,请哥们或是请同学,一开始就把这股份定下来好,还是发展到一定规模再把这事说明白为好?

俞敏洪:像现在的创业阶段一开始就定下来了,因为现在规矩比较明确了。

问:一开始创业,核心人物股份的比例是怎么商量的? 比如说,做培训行业,做后勤,做管理……这个怎么分配?

俞敏洪:这个各不相同。我没法跟你说后勤应该拿20%,做管理的应该拿多少,因为每个人在公司的分量是不同的。现在我看不少大学生创业,一开始就分配股份,你拿30%,他拿30%,但是最后散伙的比较多。一开始大家会拼命做,第二年就出问题了——拼命干的人还是30%,不怎么干的照样拿30%。拼命干的人心里就会不平衡:凭什么我为你们赚钱啊!

问:我几个人一起创业的时候,一般是没有钱的,您怎么发工资给自己的哥们呢?

俞敏洪:当时新东方就是这样一个状况。所以当时新东方用的是合伙制,合伙就是你在这儿干,干到什么份上就是你的,如果你不干了,你就没有了。

问:但是没有跟他们说股份怎么分,钱怎么算,你怎么把他们忽悠过来呢?

俞敏洪:当时新东方正好有不同的板块,实行"包产到户"。你们现在做很难。因为他们做同一件事情,又是几个人共同做,只有一个可能性,就是大家一起做好了一起分股份。但是做着做着就会发现,我的能力比你强,大部分事情都是我做了,但是拿的股份却一样多,最后就开始散伙了。

问:决定教育发展的最核心的东西是什么?

俞敏洪:看教育机构的话,毫无疑问就是教学质量。

问:听说新东方上市有了一大笔钱,这笔钱您打算怎么用?

俞敏洪:我们要做两件事情。一要做比较好的收购工作。因为股东也发现,新东方上市3年,钱还没有花,他们会说你们不想花也没有计划,就把钱分给我们。所以我说一定要花掉。但又不能瞎花,因为公司的每一笔花费都记录在公司的成本中间。要找好的东西。在中国,新东方把一些优质的教育资源收购到新东方里面去,这是第一步,我们已经有了目标。第二就是改善新东方内部的业务生态系统,即新东方新业务的组建和发展。比如说新东方已经在北京组建了幼儿园,非常漂亮,非常好。同时,新东方管理系统在不断升级。两年前,我查一个数据要两个星期,现在在网上能查到新东方的任何数据。新东方的内部管理系统很强大。两年前,我很担心新东方的贪污问题,担心有人拿了钱你是不知道的。现在,新东方的干部,包括行政后勤的干部都很难贪污,因为现在有了新的管理系统。当时去美国上市有一个重要原因:美国有一个404法案,对企业有一个严格控制的规定。我弄懂了404法案,才决定去美国上市。因为我发现,这个法案要耗掉新东方一些钱,第一年我们花了1500万人民币。我们做这个法案,不是为了应付美国的检查,而是把这个系统变成新东方日常管理系统的重要部分之一,使新东方的内部系统跟它的系统完全合并。这样明年会更省钱,因为明年全部合规。但这也是比较复杂的,因为新东方都是现金——在中国现金控制是最难的,而404法案控制你每一分钱的流向。

我们做这个的时候,是由老外和中国人一起做。他们有很好的学习背景——哈佛大学的,还有斯坦福大学的,所以他们很懂这个东西,水平很高。一件事情做到一定程度的时候,你不懂的就不能去装懂了。比如说我不懂到美国上市,西方人告诉你整个过程是什么。你知道了过程,但是具体步骤你还是不懂。所以我觉得,新东方当时需要一个重头人物。我们找来找去找到一个人,他来了以后,把新东方的上市工作推动得很好。新东方的发展部管理者是个犹太人,宾夕法尼亚本科毕业,哈佛大学商学院毕业,能讲一点中文(新东方的办公环境经常是英文,高管有一半讲英文比讲中文都流畅)。这样,404法案在我们这里的执行就会比较到位,因为高级管理人才很通这个东西。现在我就不用担心新东方的钱流失掉,也不用担心管理上没有效率,也不用担心利润和收入计算不正确了。因为上市公司的利润计算不正确,立刻就会出大问题,这是一点点学的。我高考那年数学考了14分(我们学外语的数学不计入总分),可见我数学能力有多差,我看到数据就会发憷的。但是现在新东方的报告一出来,几万个数据从我面前经过,我竟然能比财务经理还快地挑出哪个数据是错的。这就是锻炼,人的能力是能成长的。

所以,同学们,你们现在不用担心一事无成,往后看、往前看也没有人尊重你。我始终有这么一个信念,就是人最重要的是往前走。只要你敢于往前走,一天走一步,一年就是365步。总有一天你会发现,很多走在你前面的人因为休息停下来了,结果你走到他们前面了,一定是这样的。

问:您的梦想是想做一个世界一流的私立大学。但是,您有什么好的激励制度去吸引很牛的教授去教课呢?

　　俞敏洪：靠物质和精神两个方面的东西。其实任何一个人都是两个方面，一个是对于他价值认可的经济利益是必须保证的，比如说你请我去做一个事情，我觉得我值那个钱，你不给我那个钱，我凭什么去？去别的地方我也可以赚到这个钱。这是一。但还不全是钱的问题。比如说交流不畅通，我们两个最后从思想、经营理念上，还有对未来、生命的看法上，如果不一致的话，我给多少钱你也不会来。不过我觉得我还是有这个本领的。尽管自己本身没有什么知识水平，但我相信自己可以吸引很有魅力的人才，跟我一起为了一个他也想要的目标，共同奋斗！

　　请记住，刚开始要用你自己，但是到后来就不是用你自己了，一定要把自己抹掉，开始用别人。用你自己也可以做事情，但是越到后来，你就会发现，周围的人才实在是太重要太重要了。

　　问：作为一个想创业或想做一番事业的大学生，在大学4年当中应该怎样积累自己，让自己成为一个适合创业的人？

　　俞敏洪：创业是有前提的。现在国家提倡大学生创业，很容易给大家造成一种幻觉：我大学一毕业就可以独立干了。不是这样的，我觉得做事情应该脚踏实地，步步为营，切合实际地做事情是成功的最重要的前提。我是绝对赞扬大学生创业的，但我不赞成大学生在本科的时候稀里糊涂地就去创业。统计数据也表明，在校大学生或者大学刚毕业的学生，创业的人当中失败率为98%到99%。也就是说，可能只有一个人成功。这个实际上对自己自信的杀伤力也是很大的，对自己以后再去创业会造成一种畏惧心理。大家都知道，最重要的就是信心，金融危机为什么产生？就是因为失去信心了。就怕你做事情老失败，对自己失去了信心，这是很麻烦的。从我个人经历和我周围人的经历来看，不管你们提到的谁，马云也好，江南春也好，李彦宏也好，我也好，这些人都还不算老，都是在40岁到50岁之间，而且都是上市公司的老总了。大家想一下，他们都经历了什么？都是大学毕业以后没有创业，而是在其他单位先工作3到5年，积累经验。创业呢，有几方面的经验需要积累：第一是与人打交道的经验。你跟公司里的员工、老板混三五年，你就会知道员工是什么心态，老板是什么心态，同事是什么心态。当你做了老板以后，你就知道该用什么心态去对待这些人了。这个非常重要。

　　当然，如果你能够积累一点财富，比如说你工作得不错，或者说你有人脉，这些人脉可能给你带钱来，帮助你创业，这样就不一定要100%动用自己的钱——创业不一定会成功，所以100%用自己的钱也挺麻烦的。当然，如果你要开一个小的培训班或者小的饭馆，通常不会用很多的钱。

当时网上讨论,北大有个校友是卖猪肉的。我去看过他的猪肉店,确实我觉得他卖不出东西来。原因很简单:他的猪肉店环境很差,苍蝇飞舞,自己还一边叼根烟一边剁肉。我就想:如果我来开这个猪肉店会怎么样?坦率地说,如果我来开的话,这个店也许能够成为比较好的猪肉连锁店之一。我一定会把猪肉包装得非常漂亮。去过国外的人会知道,一头猪可以分出好几十种肉来。我还会把环境弄得非常美,我还可以卖猪肉上门服务……一个小猪肉店,你只要让这个社区弄清楚你这个肉是放心肉,有一个5平米的门面,把周围居民的肉包下来,你想吃肉了我就给你送过去,其实一个月就能赚好几千块钱,你再开大了就是好几万块钱。等最后把系统摸索出来了,从一家开到三四家,一个城市开到十几家二十家,再到另外一个城市继续开……像肯德基一样的连锁店不就出来了。

说到这个地方,我正巧讲个故事,和大家分享一下。江苏省有一个人大代表,现在还是"全国劳模"、"五一奖章"获得者。她是一个修脚女工,她修脚修了几十年,修到什么程度呢?李嘉诚专门坐着飞机飞到南京,再坐车到扬州去让她修脚。李素丽卖公交车票,成了全国劳动模范,"向李素丽学习"变成了中国人的一句口号。我相信,不在于你是修鞋的还是做衣服的,而在于你能把这件事情做得多好,你的心态到底有多好。

问:刚才您说公司里有一些哲学思想的终端。尼采提倡一种前柏拉图的自由式思维,而苏格拉底讲究逻辑性的、秩序性的东西。那么,这两种哲学思想的终端怎么才能统一到一起,合伙那么久而不分开呢?

俞敏洪:这个问题实际上很简单。首先,你要给所有不同的思想一个空间,这样你自己也就有了生存的余地。新东方现在构建了这样的一种状态,所有不同的思想都可以在这边汇聚。但是作为一个企业,必须有一个统一的思想,而这在思想界就不需要。中国之所以有百家争鸣,春秋时期文化有如此繁荣的局面,就是因为不要求思想统一。注意,必须给思想空间!

●　●　●　●　●　●　【讲演点评】　●　●　●　●　●

　　俞敏洪出色的口才是众所周知、有目共睹的。此次清华演讲也是如此。他不但善于调侃,在轻松的插科打诨中,既取笑别人又取笑自己,显得幽默诙谐、生动形象,让听者不断发出会心的笑声;而且佳句迭出,精彩纷呈,在貌似玩笑与调侃的背后有许多人生的哲理与玄机,有些话简直就是名言警句,令人不得不佩服。这是因为他的知识丰富,思路开阔,智慧过人,目光敏锐,性格开朗,心态健康,人生积极。其人博闻强记,娴于辞令,幽默儒雅,谦虚宽和。他精通英语,尤工词汇,培训经验丰富,对学生非常了解;且高瞻远瞩,在事业如日中天之际,而仍开拓进取,为理想继续奋斗。

然而,"岁寒后知松柏",俞敏洪与新东方能有今日之辉煌成就,是从昔日无数的、漫长的苦难、失败中锻炼出来的。他的这篇演说,就是轻快风趣地回顾了自己那段历尽波折、风雨如晦的创业道路。在洋洋洒洒的一万几千字的长篇演说里,他谈到了上学、工作、恋爱、辞职、创业、朋友、家人、融资、上市、创办大学的计划⋯⋯很多的内容,以不乏欣赏的口气讲述着那些苦难和苦恼。

新东方公司的企业信念是"在绝望中寻找希望"。俞敏洪说,这句话跟美国著名的民权运动家马丁·路德·金所说的话是一模一样的。他在《我有一个梦想》的演讲词中说过:"我们从绝望的大山中砍出一块希望的石头。"请记住,绝望是大山;但是只要你能砍出一块希望的石头,你就有了希望。哪怕是最没有希望的事情,只要有一个勇敢者去坚持做,到最后就会拥有希望。

俞敏洪是一个好企业家,一个好培训员,但更是一个好老师。他经常不失时机地用自己通过努力改变命运的故事,传道授业解惑,以勉励年轻学子们不要轻易放弃希望,而应该充满信心,积极拼搏,持之以恒,最终是一定能取得成功的。

秦　晓

秉承普世价值，开创中国道路

——当代中国知识分子的使命

　　秦晓，1947 年生。高层官员，高级经济师，学者。1975 年毕业于山西矿业学院机械工程系，1983 年获中国矿业大学经济管理硕士学位，后获英国剑桥大学经济学博士学位。1995 年至 2000 年任中信公司总经理，2000 年任中信副董事长。自 2001 年起任香港招商局集团董事长兼招商银行董事长，还是清华大学经济管理学院和中国人民银行研究生部兼职教授。

秦　晓

　　2010 年 7 月 19 日上午，清华大学经济管理学院本届毕业典礼在清华综合体育馆隆重举行。招商局集团董事长秦晓应邀出席，并作了题为《秉承普世价值，开创中国道路——当代中国知识分子的使命》的演讲。

亲爱的清华经管学院 2010 届毕业班的同学们：
　　今天，我非常荣幸能作为演讲嘉宾出席清华大学经济管理学院的毕业典礼。

大约 1 个月前，钱颖一院长邀请我时，我当时是一种很矛盾的心态。一方面，我确有一些思考和体验想和同学们交流；另一方面，我缺少和高校学生，特别是 80 后的年轻一代沟通思想的经验，不知道我所关注的问题是否能为你们理解和认同。尽管如此，我还是鼓起勇气来了。

我算是共和国同龄人的一代，经历了改革开放前后两个 30 年。在这 60 年中，中国社会发生了重大的变化。作为一个长期在大型企业和金融机构工作的管理者，我的关注点从企业管理、宏观经济逐步扩展到社会问题及相关的制度和价值。在思想认识上我也走过了信仰——困惑——独立思考——不断寻求真理的路径。

我想先从大学的功能、大学教育、大学学生的使命谈起。关于大学的功能，在欧美曾经历了精英教育——专业人才培养——通识教育这样一个复归的过程，这一过程反映出人们对大学功能、大学教育、大学学生使命的再认识。简而言之，大学不仅是传授专业知识，培养专业人才的场所，它还是文明传承和发扬的载体；大学学生进入社会后，不仅要成为一个有专业知识、有职业道德的专业人士，同时要有对普世价值担当的意识和公共关怀的责任。

公共关怀是公共知识分子的责任和使命，他们要超越自己的专业领域，抵制世俗和权力的诱惑，秉承普世价值，在公共领域中维护人的尊严和社会正义，在经济发展的同时，建立起道德、精神和文化的价值支柱。

精神价值的缺失和重建，在当代是一个全球性的问题。但在不同的国家、不同的社会发展阶段，这个问题的表现是不同的。当今的中国正在经历一场深刻的社会转型。我们所讲的社会转型，不是中国语境中的"现代化建设"、"国强民富"、"大国崛起"，而是现代性社会的构建。现代性社会是相对于传统社会而言的，它的主要标志是以"启蒙价值"，即自由、理性、个人权利为价值支撑的，以市场经济、民主政治、法治社会为制度框架的民族国家。

发端于 17 世纪欧洲的启蒙运动，是人对神的"叛逃"和"祛魅"。在摆脱了精神上的束缚以后，人可以运用自己的理性保护个人的权利，实现个人的自由。在此以后的几百年中，以自由、理性和个人权利为核心的"启蒙价值"，成为推动人类社会从传统走向现代的精神力量，成为现代社会的价值基础。当代"普世价值"就是"启蒙价值"经过人们几百年的认识和实践演化而成的。

中国现代性转向起于一百多年前的晚清。百年的路程是曲折的，百年的进步是伟大的，但到今天，这仍是一个"未完成的工程"。进入本世纪后，中国经济崛起，但增长模式的可持续性受到质疑，腐败滋生，社会公平和正义的缺失引起了人们的不满和担忧。面对这样的现象和问题,在中国知识界引发了"普世价值"与"中国模式"之争。

"中国模式论"所宣扬的是政府主导的、民族主义支撑的经济发展路径、政治权力结构和社会治理方式。它从一开始的"特殊论"正在走向"取代论"。"特殊论"是以特殊性消解普遍性。特殊和普遍本是相互依存的,没有普遍性何来特殊性。而"取代论"则宣称"中国价值"可以取代"启蒙价值"。"特殊论"和"取代论"试图用现代化、稳定、国家民族利益、民生、理想代替现代性、自由、个人权利、民主、理性这些普世价值的核心和基础,我认为是不可取的。

我们把以"启蒙价值"为源头的现代社会价值和制度安排视为普世性的。虽然不同的国家具有各自的文化、历史特征,但这种差异不是对普世价值和现代社会制度架构的颠覆和拒绝。从实现路径上讲,由于初始条件、内生状况、外部约束不同,后发国家不可能重复先驱国家走过的路,只能另辟蹊径。但这并不意味着这条道路的指向与现代性社会目标的偏离或背离。在这个意义上讲,当代中国的命题应该是"秉承普世价值,开创中国道路",这正是当代中国知识分子的使命。

学术界的这场交锋,或许还没有引起高校学生特别是80后年轻一代应有的关注。但我认为,这是一个未来的社会精英绕不开而且必须直面的问题,因为它关乎中国未来道路的选择。我在这里提出3个与经济和管理相关的问题。

一、政府职能:发展主义政府还是服务型政府?

中国作为一个转轨中的发展中国家,在市场已发育到一定阶段后,是应该继续坚持强力政府,由政府主导经济发展,直接控制经济资源和要素价格;还是应该从"替代市场"转向"干预市场",从以经济建设为中心的政府转为以提供公共产品和服务为中心的政府?前者被称为"发展主义政府",它在特定条件下可能会带来较快的经济增长速度,但从长期来看它会造成权力与资本结合并导致腐败、扭曲市场价格体系造成资源错配、抑制企业家的创新精神、破坏市场的公平竞争、造成社会的不公。这些问题在今天的中国已充分显现。

二、国有资本:政府化还是社会化?

国有企业是公有制计划经济的遗产。在"发展主义政府"的指导思想下,政府进一步扩大和强化了对经济资源,特别是国有企业的控制。这正是当前关于"收入分配不均"、"国进民退"争议的背景。亚当·斯密的"国富论"是 The Wealth of Nations(国民的财富)而不是 The Wealth of Governments(政府的财富)。发达国家经过资本社会化,将原来少数寡头控制的经济资源分散到中产阶级和广大民众,使他们有了资产性收入,从而稳定了社会。中国在经济发展过程中,应有序地、公平地将庞大的国有资产分散到民众手中，这是经济发展的目的、社会进步的表现。同时,这样做也有利于政府将更多的资源配置到公共服务领域。

三、城镇化:土地经营还是人的发展?

中国正在经历一场人类历史上最大规模的城镇化进程。根据国家统计局的数字,目前中国城镇化率达 46%,这一进程至少还会持续 10 年。城镇化是与工业化并行的,也是解决城乡差别的必然选择。尽管我们在城镇化进程中取得了了不起的成绩,但相关的观念、制度、政策却明显滞后。在某种程度上讲,中国的城镇化伴生了地方政府过度依赖土地财政收入和开发商获取暴利的现象。问题的根子还是在于政府主导经济的理念和模式上。土地的获取是政府的"征购"行为而不是市场的交易,农民由此得到的"补偿"并不是真实的市场价格。在土地征购、转让和建筑、销售环节中,政府的收益主要不是用来向农民转移支付、为城市低收入群体建造廉租房。虽然城市更现代化了,但农民和城市居民却未能从中得到应有的利益。

以上 3 个问题,都是当前中国经济发展中的重大问题。它们在表面上是经济问题和管理问题,但是在深层次上都是是否认同"普世价值"的问题。"普世价值"告诉我们,政府是服务于人民的,资产是属于社会大众的,城镇化是为了人的幸福的。而"中国模式论"鼓吹的却正好相反:人民要服从于政府、政府要控制资产、百姓的利益要让位于地方建设。

"普世价值"与"中国模式"之争,是在中国现代化进程关键时刻的一次具有方向性的重大交锋。对此,公共知识分子不应沉默,要用自己的良知担当起社会的责任和时代的使命。清华是中国最具影响力的大学,明年将迎来百年华诞。一百年来,清华和从这里走出的学子在中国的现代化进程中作出了非凡贡献。我们的共和国已走过了两个 30 年,未来的第三个 30 年是中国现代化进程,特别是现代性社会构建极为重要的关键时期。我期待,同时我也充分相信,今天在座的新一代清华学子,一定能秉承普世价值,担当起开创中国现代化之路的历史重任。

谢谢大家。

● ● ● ● ● ● 【讲演点评】● ● ● ● ● ●

据悉,这是清华经济管理学院首次邀请校外学者嘉宾在毕业典礼上演讲。秦晓博士前沿性的思考和人生的智慧、哲学的分析、精彩的演讲,受到与会师生的热烈欢迎。

秦晓结合自身长期从事大型国有企业与金融机构管理的经验,以及自己对中国社会转型问题的思考,发表了颇有见地、值得思考的演讲。

当今中国,究竟是要继续走"中国模式"的发展道路,还是走一条符合世界"普世价值"的各发达国家曾经走过的道路呢? 答案其实是无疑的。

秦晓表示,中国在经济发展过程中,应将庞大的国有资产有序地、公平地分散到民众手中。这是经济发展的目的、社会进步的表现。同时,这样做也有利于政府将更多的资源配置到公共服务领域。

他指出,大学不仅是传授专业知识、培养专业人才的场所,它还是文明传承和发扬的载体。毕业生进入社会后,不仅要成为一个有专业知识、有职业道德的专业人士,同时要有公共关怀的责任。这就要抵制世俗和权力的诱惑,在公共领域维护人的尊严和社会正义;在经济发展的同时,建立起道德、精神和文化的价值支柱。

他分析了当今中国正在经历的深刻社会转型中出现的问题和引发的争论,提出了政府职能、国有资产和城镇化等三个与经济和管理相关的问题,供毕业生们思考和探讨。

讲演的最后,他以历代清华校友为中国的发展作出的突出贡献,来勉励清华学子要在未来中国现代化进程中担当起历史重任。

顾秉林

做第一等的事业,做中国的脊梁

顾秉林,1945 年生于吉林德惠。物理学家和材料科学家。1970 年毕业于清华大学工程物理系,并留校工作。1988 年成为当时清华园最年轻的教授。1999 年当选为中国科学院院士。2003 年至今任清华校长。

本文是顾秉林于 2010 年 7 月 21 日在清华 2010 届本科生毕业典礼上的讲话。

顾秉林

同学们:

今天,我们在这里欢聚一堂,举行清华大学 2010 届本科生毕业典礼。首先,请允许我代表学校和各位老师,向你们致以最衷心和最热烈的祝贺!

清华,承载了大家最美好的一段青春时光。4 年来,你们每天骑着自行车穿行在清华园。清晨到图书馆前排队占座,黄昏去紫荆操场挥汗如雨;在课堂上倾听思考,在寝室里夜话人生。你们是最后一届记得十食堂的同学,是清华路、学堂路、紫荆路命名后第一届毕业的同学,也是让当年的"校内网"、现在的"人人网"风靡起来的第一届同学。

4 年时光,我也与你们共同经历了很多:还记得你们在紫荆楼前,为汶川灾区群众献血的长龙；也记得在主楼前，你们为玉树人民祈福的身影；还记得国庆60周年庆典上，你们在天安门前整齐通过的方阵；更记得北京奥运期间，你们在水立方志愿服务的笑容……

前年冬天，我参加同学们举办的"与校长面对面"活动时，有同学问我：怎么看待来到清华的每一个学生？我说，我把你们每一位都看做一块"璞玉"，希望你们在清华获得充分的滋养和磨炼，成为独一无二的艺术品。在过去的4年中，学校也正在通过各种方式，来为大家创造这样的环境和空间。比如吸引更多国际一流学者到清华任教，如施一公教授等；比如改革培养模式和课程体系，如清华学堂计划的设立和经管学院的通识教育改革；再如加大力度推进国际交流，在你们中间，超过20%的同学拥有了到海外学习访问的经历。当然，我们还有一些地方做得不够，比如清华总体上对课业的要求比较严格，学分绩的压力比较大，给大家自主学习的空间不足，对同学的个性发展和师生间的交流互动支持不够，一些教育改革的举措也未能惠及每一位同学，等等。

在此，我要衷心地感谢大家，感谢你们对母校的包容与热爱，感谢你们伴随清华一起成长。相信在这里留下的所有幸福或苦涩、进步或彷徨、成功或遗憾，都会化为属于你们每个人的终身难忘的清华记忆！

今天的毕业典礼以后，你们中有不少人还会继续留在清华园，攻读硕士或博士学位。但也有很多人将要离开这里，到国内外新的地方去学习、工作、生活。无论走到哪里，"清华"已经成为你们身上最深的烙印。从"自强不息，厚德载物"的校训到"行胜于言"的校风；从"中西融汇、古今贯通、文理渗透"的会通理念，到"真刀真枪做毕业设计"的实践精神；从"独立之精神，自由之思想"的学术品格，到"从我做起，从现在做起"和"我愿以身许国"的强烈社会责任意识，再到"为祖国健康工作50年"的体育传统……这些都是你们的精神财富，也是母校对你们的殷切嘱托。多少年后，老师教给你们的许多知识也许已经过时或者已被遗忘，但我相信，清华的精神将融化在你们中大多数人的血液里，体现在你们的行动上。

此时此刻，如果让我送给同学们一段临别赠言，我想站在今天这个时代，再来阐释一下我们的校训：自强不息，厚德载物。

何谓自强不息？我校老校友、著名历史学家何炳棣先生讲过这样一个故事：1965年，林家翘先生应邀到芝加哥大学访问时，曾对他说："要紧的是不管搞哪一行，千万不要作第二等的题目！"这就是老清华人的抱负——做事就要做到一等！今天的中国正在崛起，未来的几十年，中国将在世界上发挥越来越大的作用。

作为这个时代的清华人,我们没有理由不树立这样的雄心和抱负。我衷心地鼓励各位同学,不要随波逐流、小富即安;更不要朝秦暮楚、轻言放弃,而要坚持理想、追求卓越,做出第一等的事业!

何谓厚德载物?清华的建立与国耻相连,救亡图强、爱国奉献从来就是清华人心中最重的传统和责任。大礼堂西侧闻一多先生塑像旁边,刻着他的一句名言:"诗人主要的天赋是爱,爱他的祖国,爱他的人民!"我相信清华的同学都有这样的热忱,我更期望大家能够把自己的热忱化为一生都坚定和坚持的行动,为人民幸福和国家富强而努力,不因社会的磨砺褪色,不因个人的坎坷动摇。鲁迅先生说过:"我们自古以来,就有埋头苦干的人,有为民请命的人,有舍身求法的人……这就是中国的脊梁。"

我衷心希望各位同学在未来的道路上,无论从事何种职业,无论处于何种情况,要"做第一等的事业","做中国的脊梁"!

同学们,你们是清华在百年华诞前送别的最后一届本科生。"西山苍苍,东海茫茫;吾校庄严,巍然中央。东西文化,荟萃一堂;大同爰跻,祖国以光。"清华过去百年的辉煌,是由你们的学长担当起来的;而清华新百年的光荣,则寄托在你们新一代清华人的肩上。我衷心希望你们不负清华的培育,也衷心地祝愿你们每一位都健康、幸福、成功!

● ● ● ● ● 【讲演点评】 ● ● ● ● ●

顾秉林作为清华现任校长,对毕业生的这段临别赠言,堪称完美无缺。它以短小精悍的篇幅、言简意赅的文风,不但昭示出了讲演者一股爱国爱民、自强不息、奉献才学、敢为人先的阳刚之气,"做第一等的事业,做中国的脊梁"的宣言是何等的铿锵、豪迈、激动人心;而且文采斐然,引经据典,富有民族传统人文气息,并饱含着充沛的情感,就像长辈送别晚辈、父母送别子女,谆谆告诫、关怀备至、殷切期待,显得情深意重、语重心长,令人感动。文章还回忆了清华园里的许多往事和各种变化,强调了清华的校训、校风、理念、精神、品格、传统等优良特征,再次激发起学子们的强烈母校情怀。顾校长又以客观、坦率、真诚、谦和的语气,对自己在具体工作上做得还不是很到位的方面,向大家表示深深的歉意和由衷的谢意,更是让台下在座的青年才俊们分外感激,对校长的人品钦佩不已。

第二辑

宋楚瑜

再造华夏雄风

　　宋楚瑜，1942 年生，祖籍湖南湘潭。台湾政治风云人物。其父为国民党陆军中将宋达。1949 年随父到台。1993 年任台湾省主席，次年当选台湾自 1885 年建省以来唯一一届民选省长。1999 年与国民党决裂，后创立亲民党并任党主席。2006 年底宣布退出政坛。2009 年参加在河南新郑举行的黄帝故里拜祖大典。

　　2005 年 5 月 5 日，作为台湾亲民党主席的宋楚瑜访问中国大陆，成为自 1949 年以来第二位踏上中国大陆的"中华民国"在野党最高领导人。5 月 11 日，宋楚瑜参观清华园，为清华题字"清华厚德，自强不息"；并在清华中央主楼报告厅发表演讲，题目是《中国人帮中国人，再造华夏雄风》，主题是"爱乡爱土的台湾意识"。

宋楚瑜

尊敬的顾校长，中共中央台办陈主任，各位老师、各位同学，大家早安、大家好：

　　听到顾校长刚才的一番赞美之词，套句北京人所说的话，听到之后，忒高兴了。昨天天气预报说可能今天有一些雷阵雨，但今天到清华大学看到不仅是风和日丽,而且是拨云见日,这不就是大家所期望的两岸雨过天晴、拨云见日?这种期待都是大家所共同的。

在今天楚瑜和我们亲民党的大陆访问团特别到清华大学来，是因为明个儿要跟清华大学出身的胡锦涛总书记见面;在明个儿和他见面之前,亲自来目睹执中国科技牛耳的清华大学,看看所谓半国人才的摇篮。我们亲民党所有的成员,要向在这边的老师和同学致上无限的感佩之意。

刚刚顾校长特别提到,在台湾有两位政党的主席,中国国民党的连战主席和楚瑜分别在"五四"的前后来到了大陆,又分别在北大和清华来演讲,这是一项非常别具深厚意义的一种安排。因为五四运动的德先生、赛先生是中国人自省自强的开始,我们两个人分别到德先生和赛先生的大本营来演讲,正代表两岸人民的共同期待,炎黄子孙出人头地的共同愿望。

走进清华大学的校园,楚瑜内心有无限的感佩。清华大学在民族的衰败当中立校,在战乱的废墟中重新再生,以科学跟学术来强国雪耻,造就了像胡锦涛先生和许许多多将近 300 位以上的副部长的这些党政要员和文法商、科技这些精英,持续推动整个中国的改革开放。清华确实是我们共同的骄傲。

不只是在北京,同样的清华 1955 年在台湾复校。50 多年来,台湾的清华也培养着超过 35000 位精英。他们不但在台湾的经济发展和科技发展上扮演积极的角色,占有举足轻重的地位,更是亚洲在台湾称之为矽谷、在大陆称之为硅谷的新竹科学园区占有不可或缺的重要地位。

所以,两岸的清华近年来的交流,更是成为两岸推动改革发展的人民共同信仰的核心价值。所以,不论是在大陆还是在台湾,清华的学校史正是中华民族否极泰来的成长史,也是和解再生迎头赶上的奋斗史。所以,清华这个学校,我们用 16 个字来形容"一块招牌,两间店面,殊途同归,自强不息",这不正是两岸当前的一个缩影吗?

清华大学的经验就是中西合成的再生的经验。西方科学实务的态度,跟中华文明的人本精神在清华巧妙结合,在这边既有王国维先生、朱自清先生等一流的文学大师,也有像李政道、杨振宁先生两位诺贝尔获得者。基于 20 世纪初的惨痛教训,我们彻底地认识到现实,了解到世界的趋势,彻底地自我检讨,而彻底地在失败当中,我们能够学习,然后兼容并蓄地开始成长,迎头赶上,开始超越,这是和解和平到和谐合作的一个成长过程。

我们成长的方法是从消除误解到了解,从了解产生谅解,然后从谅解找出方法来化解,由化解再产生可长可久的和解。在这个过程当中,我们不但没有吃亏,反而因此成长,而从中找到我们的自我定位,重新取得民族的自尊。所以,清华的经验就是全中国人最好的经验。

从这段历史我们了解到,真正的和解不是原则立场的妥协,而是民族再生的一个开始。楚瑜抵达北京的时候讲了一段话,历史应该是一面镜子,而不是一条绳子。镜子让我们看到自己的作为,看到前人的教训,而能够提醒自己不要再犯同样的错误。绳子是一种纠缠,让过去的冤孽影响到现代人理性的思考。两岸的历史和未来千丝万缕、千头万绪,包括在座的所有的台湾和大陆的同胞们跟相关的政治人物能有更大的智慧,让中国人共同处理自己中国人的问题。

我们要读通历史,就应该看清世界的大势,全球化是人类社会一系列改变的开端,经济全球化、区域整合化和和平基础化,随之而来的全世界无可抵挡的是要走向一个相互依存的"地球村",对立和战争逐渐丧失它绝对性的地位,和平是唯一合理的选择,也是一切成长和繁荣的基础。世界大同已经不只是梦想,而是必然的一个趋势,没有任何人能够抵挡我们中国人用和平的方法来解决我们两岸自己的问题。

另外,一个全球必须面对的必然趋势,那就是中国的崛起。就在两天之前的5月9日,这期美国《新闻周刊》(News Week)以"中国的世纪"来做封面的报道,这个报道中说中国近年来的突飞猛进的成就。报道说改革开放的25年以来,中国成功地让超过13亿以上的中国人民脱离了贫穷。

而去年美国最大的超市就是沃尔玛,它是对美国贡献有2%GDP的首富公司。在它的6000多个供应商里面,有5000个是来自于中国,占所有供应商的80%。现在美国人学中文急切的程度超过去学法文。以往我们讲电影,是美国文化的代表。但现在,中国的电影明星却向美国输出,在大陆有张艺谋,在台湾有李安,章子怡更是大家都认识。

所有的数据和事实都说明,中国正在快速地崛起。15年以前,美国认为浦东的开发是不可能的事,但现在却是亚洲金融的中心。欧美的经济学者都认为,以这种干劲和快速发展的程度,中国经济的实力在2015年将超过日本,而且在2039年会超越美国,这是了不起的愿景和共同成就。

外国人对于中国的崛起,是既羡慕又害怕的。其实,外国人所不了解的,中国人一向讲求王道,富国的目的是为了立民。中华人民百年来深受帝国主义之害,在复国以后,不但不会霸道,而会更加谦恭,柔以克刚,这是向外国人展现东方文化的特质,全世界都在等待东方这条巨龙能够腾云而起。但两岸的中国人我们准备好了吗?这就是我们要谈话的一个主题。

现在是中华民族有史以来最繁荣、富足的时候，也是中国人摆脱百年屈辱最关键的时刻。因此，两岸真正的敌人不是兄弟彼此，而是束缚了中国数百年的落后和贫穷。让中国人挣脱落后和贫穷，成为一个均富的社会，才是这个时代我们海峡两岸共同追求的目标。事实上，50年以前，台湾就认清了贫穷才是"国家"发展最根本的障碍，分配不均才是让国民党政府撤退到台湾的主要原因，因此开始励精图治，发展经济，创造了台湾经济的奇迹。

创造台湾经济奇迹的经验，系于同时维持"一高两低"，"一高"就是持续的高经济成长；"两低"就是低通货膨胀、低失业率。同时要维持稳定的物价水准和充分的就业。最后，政府通过税制和教育，让穷人有翻身的机会，力求维持较均衡的所得分配。整个的社会和经济，不但要使一部分人能够富起来，更要让所有的家庭都能够富起来，这就是均富。

依照台湾的经验，达成均富最重要的手段，就是偏向于社会性和教育性。一方面要让每一个人都有公平的机会来攀爬社会的阶梯，而另外一方面"知识就是权力"，也就是培根所说的"知识就是力量"。只要维持公平的教育机会，贫穷就不会变成世袭，就不会一代一代、世世代代的穷。

举例来说，蒋经国先生在执政台湾16年当中，就是从1972年到1988年，台湾每一个公民的所得，从482元美金成长到5829元美金，成长了11倍。但最高的所得的家庭1/5和最低的1/5，当中的差距一直维持在4~5倍以下的水准。

现在台湾有21项IT产品居于全球龙头的地位。去年台湾这个弹丸之地，生产了4500万台的笔记本型的电脑，占全世界的71%。即使我们现在的经济状况有所起伏，但是台湾每一个人的国民所得一直能够保持在12000~14000元的水准。台湾经济奇迹真正的意义不是在于富，而是在于均富。

台湾经济的成长的主要原因，不是因为我们物大地博，或者资源丰富，而是在于全球布局运营的管理和提高全球的竞争力，因此近50年的台湾和1978年改革开放以后的大陆成功的能够从贫穷翻身的原因，可以归纳为3个，那就是尊重市场、尊重专业、尊重制度。在这3个因素当中，资本市场和专业人才只能够提供一时的突破，但制度的改革才能创造一个长远和全面的成长。

前任的WTO，即世界贸易组织的秘书长、做过泰国副总理兼财政部长的素帕猜先生曾说，中国加入WTO之后，对亚洲各国最大的挑战不在于贸易，而是制度的竞争，是谁能够在制度的改革上做得越快越好，谁才是真正的赢家。

而在可见的未来，两岸在制度的调整上，能够有许许多多可以互补、互通的空间。如同两岸共同维护的在台湾称之为智慧财产权、大陆称之为知识财产权，来保障社会创新的功能一起融入到国际,都是两岸可以相互交流、相互学习的科目。比如说,中钢和台湾的产业合作可以作为大陆的参考,股市、房市的过热可化解降温,而不是迅速破灭,这些方面都可以两岸多加交流。

我特别在这里要提到一位温世仁先生,这位台湾土生土长的企业家,他不但文章写得好,而且还是慈善家,两年前过世的。英业达所说的消灭贫穷才是最大的商机。他描写他第一次到祁连山山下黄杨川,说那是一个拍古装片都不需要搭背景的地方。但是他带领工程师一起努力,现在已经把黄杨川发展成为一个国际知名的会议中心。他过世1周年的时候,有上万人排队去吊祭。

他的事例说明,两岸合作就是要能够截长补短,分享经验,相互帮忙,解决我们的内在问题。面对国际的挑战,我们不只是要有医院和学校,更要把医院和学校带到农村去。在台湾所做的一切的努力,让每一个人都能够享受现代化的设备,享有最基本的人权和照顾,这才是真正最贵的待遇。

所以我们要的是基本教育、基本建设和最重要的在台湾称之为"基本班底"、在大陆称之为"骨干力量",就像清华所培养出的学生一样。

前几天,楚瑜到南京,在夫子庙前面,有一位老先生穿过重重的警戒,跑到我们的团员面前,说了一句话:宋先生,我们不需要打仗。这说明了和平正是两岸人民共同的心声,我们应该一起共同努力,让两岸成为世界的工厂和我们世界繁荣的市场,而不是要变成一个战场。使两岸成为不论是基于人本的精神、商业的需求还是民族的发展,一个均富的中国大陆,一个稳定、开放、进步、和平的中国,是符合世界全球大家共同利益的事情。

趋势大家都知道,但是有一条政治的"黑水沟"横在我们海峡两岸之间,使得我们双方的交流不能这么样的顺畅。我们必须要从历史来了解这条"黑水沟"的形成,才能搭起和解和合作的桥梁。在历史上,台湾常常被视为"化外之地",许多福建、广东的人民为了生存冒险来到台湾,那种艰难的过程一般人很难想象。

在台湾史里面,民间流通着一条渡台悲歌,一开始的时候就说:"劝君莫要过台湾,台湾恰是鬼门关,知生知死谁都难。"而客家人每个人都会唱的"客家本色":唐山人过台湾,我要半点钱;唐山人过台湾,身上没有半点钱。这支歌更是入木三分。他们每天过的日子,就是拿着生姜蘸着醋吃,他们都没有埋怨。这些先辈们能够历经风霜落根台湾,就形成了台湾特有的"台湾意识",这种台湾意识又经过政治的强化,在明清两代形成村船不许下海。台湾的罗汉饺就是这样来的。台湾的乡亲自求多福。说得难听点,就是自生自灭。

甲午海战以后,台湾就像一个家道中落而被卖出去的养女,一个不争气的朝廷把台湾割让给日本,日本人则把台湾当作殖民地 50 年。1949 年,国民党的部队和家属几百万人撤退到台湾,楚瑜跟随父亲就在这个时候登上了这块土地。我们在这块土地上落地生根,努力打拼,自己才深深体会出来"千万个人去无人转,自生自死谁知难"的那个含义,那种既怀念原乡又扎根于现在家庭的一种心境。

两边都是我们的家,一边有我们的祖先,一边有我们的子孙,没有人会要去争取一边的认同而去放弃另外一边,这就是各位大陆的乡亲,您慢慢去体会,为什么甚至于连蒋经国先生都说"我既是中国人,也是台湾人"的道理就在此。

其实,大多数的台湾人,既不否认自己是炎黄子孙,也信仰着大陆上面来的妈祖和关公,还有更多的神明来自于大陆。但是 400 年的疏离,100 年的隔绝,50 年的对抗,尤其是两岸的不同制度,让台湾和大陆的隔阂越来越深。台湾人很恐惧,他们几十年来打拼,会不会因为现状的改变而化为乌有,因而形成了那个高度的自我保护的所谓台湾意识。

请各位同学、大陆的乡亲,不要把台湾意识跟"台独"划上等号。台湾意识是在长期的历史脉络中自然形成的认同台湾人跟地的一种情感,"台独"是要把中国从中国大陆彻底割裂的一种企图。不可否认,台湾意识曾经被"台独"所操纵,但是这种政治挂帅的手法反而混淆了台湾真正的心声。

例如为了"台独"而认同日本人,不仅扭曲了历史,也否定了台湾人,这是一小部分人狭隘的个人经验,既丢了根,又抛了本,所以是根本不对。

拿我们亲民党来说,我们是一个在台湾土生土长的政党,但是却有着非常强烈的爱乡爱土的台湾意识,是台湾意识,而不是"台独"选项。我们也有着浓厚的华夏情怀,我们从头到尾坚决反对"台独"。我们一贯所强调的是:"台独"是一条走不通的死路,而"台独"也从来不是我们亲民党和台湾应该有的选项。

两岸的未来,必须奠基于这种深入的相互了解,台湾人要多了解大陆的改变,而在同时我们也期盼大陆的同胞多了解台湾同胞的想法。两岸应该要一中求同,从了解、谅解,然后去化解、最后和解来产生我们一个民族,中华民族华夏子孙共生共荣的一个新的契机。

所有的中国人,都记得我们在夏朝之初那个治水的故事。您还记得鲧用围堵治水无功,而大禹用疏导使得水患不在。孔老夫子说过一句话:远人不服,修文德以来之。

所以,宋楚瑜要在这里诚恳地呼吁,两岸没有必要再纠缠在历史的恩怨当中,两岸已经疏离了几百年,而开始密集的交往也不过是最近十几年来的事。我们用一句台湾闽南话讲,吃饭吃得太快会把碗咬破了。而且应该用耐心、用了解、用谅解诚实地来面对历史,务实地来策应未来,才能够让我们两岸共享一个共生共荣的美好愿景。关键的时刻,就看我们在这一个月以来所做的天翻地覆的两岸重大变化,让我们有所期待。

简单地讲,两岸的问题的根本解决之道既不是喊话,也不是武器,而是双方的政治精英不愿意见到人民生灵涂炭,不愿意让过去两岸分别在几十年当中努力的成果毁于一旦,那一颗仁民爱物之心以及对中华民族未来共同的期盼。两岸只有把人民的幸福放在第一位,才能倾全力找出可以接受的可行方案。用一句我们清华这些学科学的数学的术语来说,就是找出双方的最大公约数。我相信我们有智慧找出两岸的最大公约数。

从和解到再生的过程,绝对不会是短暂的,也不会是一帆风顺的。李白有一首诗叫做《行路难》:行路难,行路难,多歧路,今安在。乘风破浪会有时,直挂云帆济沧海。我想,两岸的和平进程会起起伏伏,但是我们方案正确,我们抓紧脚步,我们有信念和信心,我们也有这个坚持,一定会像我刚刚到清华校园来的时候所讲的,我们两岸一定会拨云见日。

大家都不会怀疑道路为何如此坎坷、艰难、多变。许多像宋楚瑜这样的人,曾经不是亲身地经历过战争的战火洗礼,也是体会了那些骨肉离别、离散的那些痛苦,或者是听到父母在告诉他们子女这些过程的一些艰苦。我们不愿意我们的下一代,让我们的下一代再告诉他们的下一代,去讲述这些血淋淋的经验。这就是我们为什么义无反顾地要致力于两岸和平的原因。

最后,楚瑜愿用八个字来形容楚瑜今天的心情,那就是"丰碑无语、行胜于言"。那个丰硕很大的碑上面,不一定要刻任何的字。而在清华的校园里面,大家都看到的,就是在日晷上面刻的四个字:行胜于言。这不但是清华人的信念,也是所有中国人应该奉行的一个价值,它更是两岸双方在未来检视对方诚意和善意的基础。

事实是检验真理的唯一标准。所以,宋楚瑜要套用美国过去一位总统肯尼迪所说的一句话,不要光看我在大陆说了什么,要看我们在台湾做了什么。

今天在座的每一位,都是在为中华民族写历史。楚瑜深信,让我们一起站在历史的制高点,宏观地看我们两岸合作未来的愿景。楚瑜把今天所讲话的题目,就定在世界有多大,中国的机会就有多大。让我们一起掌握这个机会,携手同心,脚踏实地,迎接一个为我们两岸中国人来的未来21世纪。也就是我们刚刚所看到的,那就是中国人未来共同的愿景,让我们携手同心,一起来努力。我们不会让历史说我们错过了这个机会,我们不会让他们失望,我们会加倍努力。

非常谢谢大家!

◎现场提问

问：很荣幸，我是您的湖南同乡。我提的问题可能有点尖锐，但这是我身边的很多同学以及湖南的父老乡亲都希望得到答案的一个问题。您希望两岸的关系，只要两岸合作就一定能够拨云见日，向着好的方向发展。但是风云总有变换的时候，如果"台独"势力不顾两岸最大福祉，悍然去实施"台独"，那您及您所领导的亲民党将有何举措？最后祝福您，希望您能为成为无语丰碑上永垂青史的伟人。

宋楚瑜：谢谢你。从你的口音我了解到，我们湖南人也会讲北京话。亲民党正在推动两岸和平，我们希望把"四不一没有"与"九二共识"等这些基本的原则和精神，要成为我们台湾的一个法制的基础。亲民党会跟中国国民党结成战略伙伴，共同对付"台独"和可能引起战争和灾难的事情。我们要有效地来处理这个事情。

但是更大的层面，我们要到各地方去宣扬，那就是热爱台湾这块土地是理所当然的，爱乡爱土是对的，但是"台独"是一条走不通的死路。我们要用更诚恳、更大的诚意，向全台湾的乡亲们去说明，那就是我们要务实地来面对未来，两岸必须结合起来，不要再把这么好的机会错失了。那就是两岸互助互补，是互利的一个行为，是大家都有好处。

最重要的是第三点，那就是让我们下一代的子孙，在很多的这些教材和教育体系中，能够深切地了解到，不但我们是系出同源，事实上兄弟可以吵架，但是不可以改姓，不可以忘掉那个老祖宗。就像台湾的闽南四合院一样，有东厢房、西厢房，平常妯娌会吵架，但是在三节时都会到中间的祖宗牌位上拜拜，让我们家和万事兴，我们会去做这三件事。"

问：请问宋先生，此次大陆之行结束之后，您回到台湾的土地上，将带给台湾民众最大的信息或者您最想跟他们说的一句话是什么？

宋楚瑜：我回到台湾第一句话想说的是，我回来了，我带了大陆乡亲的友情和和平的这些愿景，希望他们能够了解到大陆的乡亲跟我们一样，都希望和平，而不希望战争，他们都不希望用非和平的手段来处理这些问题。只要我们能够好好地严守住那个根本的立场，就是我们都是炎黄子孙，我们两岸都是一家人。台湾只要做到这一点，大陆的乡亲愿意跟我们一起共生共荣，一起创造共同繁荣的未来。我会把这个话告诉我们在台湾的乡亲。

问：刚才您谈到以后是中国世纪，您的愿景很让人鼓舞。谈到两岸共同目标就是发展经济、共同繁荣。但是陈水扁在日前接受媒体采访时,提到他拒绝大陆方面提出的减免部分水果关税的善意的礼物。请问目前来讲,阻碍两岸经济交流最大的障碍是什么? 是什么阻碍我们成为共同的繁荣的世界的市场?

宋楚瑜: 谢谢你刚才提出来这样一个非常具体的问题。其实这个最具体的问题,用一个最概念性的答案就可以说明一切。我曾经说过,想通了就一通百通,没有想通才会把对人民有利的事情不去做,这才是非常奇怪的事情。所以基本上是因为心有挂碍。只有恐怖,所以才会有颠倒梦想,这是《心经》上所说的话。因为心里面在胡思乱想,心里面没有想通,心灵不通,才会这么对台湾人民有利益的事情不去做。

何止农产品,两岸"三通"对很多台商来讲是非常重要的诱因和减低成本双方互利的好事情。能够把这些事情好好去做,绝对是有利的。所以你刚才所说的,不就是我们现在亲民党和国民党很多立法委员,只要大陆宣布之后,我们透过我们的政党在"立法院",我们会要求政府要照顾人民,政府是为人民的利益而存在,人民不是为哪一个政党在选举做拉拉　队的。这是我的看法。

问: 很多报道中说您青少年是喜欢安静、不喜欢社交的人。为什么您在成年之后,在台湾很复杂的政治环境中做政治家这样一个职业? 您在台湾从政几十年,可以说历经风雨。在做政治家这些年当中感触最深的是什么?

宋楚瑜: 我的很多同学都说,我从小不喜欢说话,老师给我的评语叫沉默寡言。后来做新闻发言人,严格来讲是后来的训练。我经常参加校园的活动,包括演讲、辩论训练自己。我跟各位同学说,我在第一次上了这样的讲台时很紧张。老师告诉我一个办法,就是你紧张的时候,你把脚想办法抓地,去疏解你的紧张情绪。你看我的脚在脚踏实地,在抓地。

另外你提到,我在台湾的从政过程当中难免有一些挫折。但是宋楚瑜是一个喜欢历史的人,我常常说,政治人物最重要的不但要有人文的背景,更重要的是要有历史观。一个人活在天地间,不是您认为您是谁,而是将来的历史怎么给你定位。我曾经私下说过一句话,向李登辉先生说,我不愿意做台湾咨商委员会的委员,那个时候最大的动力就是要对历史负责,顶天立地。像那位湖南老乡说的,要做顶天立地的湖南汉子,更做一个堂堂正正的中国人。

问: 我们都知道,青年是国家的未来。我想问您,您认为我们两岸的青年人应该在未来对两岸的和平统一和交流合作方面发挥怎样的作用? 应该承担怎样的历史责任?

宋楚瑜: 其实我们中华民族在过去一百多年以来,所谓错过了产业革命的列车,让我们中国会这样一个衰败,那是民族的耻辱。但是现在,在这么一个好的时候,我们又有资金,又有技术,又有很好的劳动力,更重要的,我们又有那种团结的心的话,那才是真正开创新的21世纪中国人未来时代的一个非常好的基础。

因此,未来的希望在青年人,而青年人最重要的,那就是脚踏实地地把我们的各行各业做好,中国人说的一句话叫行行出状元,每一个行业对中国和两岸的发展是有帮助的。那就是中国的富强不是像19世纪所说的船坚炮利而已,而是人文的、科学的各方面。

我们要成为世界一流的大国,它所要具备的不是单方面的科技发展而已,或者是单方面的哪一个方面只有经济,而没有人文。因此,年轻人彼此之间相互学习,相互提供经验,甚至于相互辩论,这才是我们两岸共同的一个愿景。

所以我可以预告跟各位同学来说,我非常高兴明天跟出身清华的中共领导人胡锦涛先生谈的时候,我就会谈到,如何让两岸的这些学子能够有公平的教育机会,让台湾的学生也能够享受同样的机会,也让台湾有更多机会让大陆的学生彼此学习。因此,这方面的学术交流和相互之间的切磋琢磨是一件好事,我们会把这个东西作为亲民党明天谈论两岸问题当中相当重要的一个要点。因为我们的未来在学生,我们的未来在青年,青年才是未来两岸共同的希望。

● ● ● ● ● ●【讲演点评】● ● ● ● ●

对于其在清华大学的讲演,宋楚瑜相当重视。这份集体创作的演讲稿,长达5000余字,经过了至少3次重大修改。据有关人士介绍,在其下榻的北京钓鱼台宾馆里,宋楚瑜对该讲稿一直修改到凌晨3点。

宋楚瑜幕僚表示,他希望促成两岸心灵相通。因此,如何定位台湾人特有的意识,绝对是促成双方相互了解的重点。也因为双方能展开相互了解,才能由消除误解、产生谅解,再找出方法化解,从而生出可长可久的和解。也难怪他对演讲稿如此重视。

宋楚瑜在演讲中侃侃而谈,大展口才,表现了博古通今、中西兼顾的学识和视野。他口齿清楚,喜欢在各种语言中穿梭转换,既能讲标准的普通话,又能熟练运用英语。他的演讲中英杂糅、古今并包,而且还不时穿插多种地方方言,一会儿操着带"儿"化音的北京腔,一会儿又说起了闽南话和客家话。他多次巧妙地运用双关语、一字多意等手法,其对语言的驾驭能力令听众叹服。他抨击"台独"立场是"'根'、'本'不对";他说两岸心灵相通则"一通百通",很快在不少大陆民众中流传。此外,其态度鲜明,观点明确,语调铿锵,斩钉截铁,一腔爱国热情高亢正直,富有阳刚之气,体现了湖南人的血性和情义,亦具有较强的感染力。

宋楚瑜的政治性格犹如"蒋经国第二"。他在个性上虽受父亲影响很大，但在政治性格上则有蒋经国的影子。宋楚瑜长期跟在蒋经国身边，与他建立起外人难以想象的亲密情谊，蒋经国亲他若"子弟"，两人的关系不同一般。所以在此次演讲中，他多次提到蒋经国，并给予高度评价。

宋楚瑜在讲演时指出，不要把台湾意识跟"台独"画上等号。台湾意识是在长期的历史脉络中自然形成的认同台湾的一种情感；而"台独"则是要把台湾从中国大陆彻底割裂的一种企图。

他说，不可否认，台湾意识曾经被"台独"所操纵。但是，这种政治挂帅的手法，反而混淆了台湾人真正的心声。他强调，为了"台独"而认同日本人，不仅扭曲了历史，也否定了台湾人，这是一小部分人狭隘的个人经验，既丢了根，又抛了本，所以是"根本不对"。

他说，亲民党是一个在台湾土生土长的政党，却有着非常强烈的爱乡、爱土的台湾意识。这是台湾意识，而不是"台独"选项。我们也有着浓厚的华夏情怀，我们从头到尾坚决反对"台独"。我们一贯所强调的是："台独"是一条走不通的死路，而"台独"也从来不是我们亲民党和台湾所应有的选项。

他说，两岸真正的敌人，是束缚了中国数百年的落后和贫穷。挣脱落后与贫穷，让中国成为一个均富的社会，应是这个时代海峡两岸所要共同追求的目标。

宋楚瑜的讲演，说出了多数台湾人民的心声，有助于加强两岸人民的了解，必将推动两岸关系的发展。

清华大学公共管理学院博士生彭志国认为："宋先生与我们的交流，使我们这些大陆青年对台湾人民有了更多更深的了解。我们将与他一道，为两岸的和平统一、共同发展贡献力量。"

清华大学台湾研究所所长刘震涛说："宋先生没有讲很多的政治术语，但内涵深刻。他通过演讲把自己振兴中华民族的愿景表达出来，也表达出他作为炎黄子孙的自豪感。"

李 敖

中国才是我们真正献身的目标

李敖,1935 年生,字敖之,祖籍山东潍县,生于黑龙江哈尔滨。台湾学者、作家、时事批评家,无党派人士。曾主编《文星》杂志、《千秋评论》杂志,获聘东吴大学历史系教授,在凤凰卫视等电视台开播专栏《李敖笑傲江湖》、《李敖有话说》等,并任台湾"立法委员"。主张以"一国两制"方式实现两岸和平统一,反对"台独",反对"公投制宪",反对军购。文笔犀利幽默,批判色彩浓厚,嬉笑怒骂皆成文章,自诩为"中国白话文第一人",被西方传媒追捧为"中国近代最杰出的批评家"。

李敖

2005 年 9 月 19 日,李敖在阔别祖国大陆 56 年之后,第一次重回大陆,展开其"神州文化之旅"。9 月 23 日,李敖在清华大学中央主楼报告厅发表演讲。

各位,就在 3 年 7 个月以前,美国帝国主义的总统布什就站在这儿向大家说了一个谎话,大家看到布什的讲演稿没有?他说,清华大学是美国支持下建立的,等于是美国捐赠的。他说,清华大学是通过我国(美国)赞助建立的。布什总统讲了一句谎话。

　　大家想想看，当年一群爱国的中国人，可是他们给我们国家闯了祸，就是义和团，闹着八国联军，八国联军到今天只有一个奥匈帝国没有了，其他7个国家还在，尤其是那个可恶的小日本都在。当时八国联军以后，叫中国人赔钱，中国人赔不起钱。我们以甲午战争做例子，中国人赔日本人，赔的是两年全国的总收入，相当于日本3年的全国总收入，中国人赔垮了，所以日本小孩子用中国人的钱受了很好的教育，中国人没有钱办教育。到了八国联军的时候，要赔钱，美国也开出价码来，说我很客气，你们赔我军费就好了，结果账单开出来以后被一个聪明的中国人发现了，这个人叫做梁诚，是当时驻美国的公使，相当于大使。他就仔细算这笔军费，发现美国人多算了两倍半，梁诚就很聪明地向美国的国务卿海约翰商量说，你们既然说是要赔军费，怎么可以报出来这么多，多了两倍半。美国人又爱里子又爱面子，就很不好意思地问怎么办？梁诚建议用这笔多出来的赔款创办清华大学，美国人同意了。所以，办清华的钱是美国人故意冒领被我们追回的，不是美国人送的。

　　……中国的长城，在历史上挡的并不是真正的外国人；到鸦片战争时，中国人才发现了真正的外国人，即是英国人……近代令中国人真正不再受外敌欺辱的，是中国共产党。

　　……从近代以来，中国一直面临两个问题，一个是如何避免挨打，另一个是如何避免挨饿。这么多年下来，现在香港、澳门都已经收回，中国真正实现了富国强兵。这一切，都只有中国共产党才能做到。我在北京这样讲，在台北也一样这样讲。

　　……这么多年下来，现在，香港收回了，再没人敢打我们了。只有一个党能做到这一点，就是中国共产党。至于中国人的穷，中国人穷得没裤子穿，从唐朝就开始了，账不能都算在共产党头上。国民党撤离大陆时，带走了国库里的所有黄金，留给大陆的是一穷二白。

　　……国民党把能带走的全带到台湾走了。我带走了500本书，国民党带走了全中国国库里的黄金，当时的黄金折成美金是3亿美金，现在不算什么，可是当时是全中国的钱。国民党把这个钱带走了，能带走的全带走了。

　　大家看到莎士比亚的剧本，那个皇帝最后要跑的时候就讲了一句话，说一匹马，一匹马，我整个的王权用它来换一匹马，因为只有一匹马能够救他的命，国民党最后跑的时候能拿走的全拿走了，留给中国大陆是一穷二白，国库掏空了，能破坏的桥都炸掉了，能带走的东西全部带走了，并且留下了300万的坏分子捣乱，土匪、国特留下在了大陆，所以引起共产党的紧张，又穷又要解决这些治安的问题,我们是在这种情况下成长的。今天大家知道吗,现在是中国自汉唐以来所没有的一个盛世。

我在中学时候写文章批评一个教授,他后来写信,他很谦虚地给我回信。这个教授你们都不认识,可是他给中国大陆,给北京大学留下了一个有趣的记录,就是"未名湖"3个字是他起的名字,这个人叫钱穆。他常常讲的一句话就是"汉唐以来所未有也",汉朝唐朝以来从来没有的事情,他希望这个局面出现,今天告诉各位,我李敖亲眼看到了。

大家要知道,我们取得这么一点点的成绩,付出了多少代价呢?不但是千万人头落地,而且是多少愚昧的代价我们付出来了。在鸦片战争的时候,中国有名的思想家死掉了,他的名字叫余振界,他是替中国妇女受到不人道的待遇讲话的。他写了一篇文章说外国人什么样子,他说,外国人的生理结构和我们中国人是不一样的,他说中国人的心有7个窍,洋鬼子只有4个窍;我们中国人的肺有6片,洋鬼子只有4片;我们中国人的睾丸有两个,洋鬼子有4个。所以,大家想想看,中国第一流的思想家在鸦片战争刚开始的时候,对外国人的了解是这样子的可怜和单薄,所以真正打起仗来的时候我们打不过它,所以我们尽各种方法和洋鬼子他们周旋,可是我们所得到的都是打败打败,屈辱屈辱。

到了后来,1949年终于到了,中华人民共和国成立了,穷是我们最大的一个威胁。苏联关系还好的时候,当时有一个笑话挖苦毛泽东和苏联的统治者赫鲁晓夫说,老赫鲁晓夫给我们粮食,我们穷,没有粮食,给我们面包。赫鲁晓夫回电给毛泽东说,毛同志,没有粮食,你们只好勒紧裤腰带。毛主席第二个电报打给赫鲁晓夫说,请送给裤腰带来。

大家说我的掌声没有连战多,因为我讲得太精彩了,你们都来不及鼓掌了。我讲演很多次,可是我最怕这种讲堂,为什么?大家知道吗?因为它是个半圆形的,礼貌上我们要照顾每一个人,头要从左边到右边,右边到左边,就觉得自己像是一个电风扇。

报告刘老板,讲到目前为止还安全吗?外面谣言说我和凤凰的情缘已尽,我告诉大家,胡扯!我跟凤凰,情缘日久天长,不是吗?

今天清华我来了,我总算来了。为什么总算来了?我曾经不想来了。原因就是说,我觉得可能我的一些言论,一时不为一些人谅解,会影响到凤凰电视台。所以呢,我曾经想打退堂鼓。清华这场演讲,取消了。后来,刘长乐老板,王纪言副老板,还有一位我神秘的哥们儿,说思想的传播更重要,他们向我晓以大义,所以,我就来了。

当年,胡适先生在北京大学,当时北京大学有共产党和国民党的学生,当时为了一件事情在礼堂里面吵起来了。胡先生出现在礼堂的时候,共产党的学生起来说,汉奸!指着胡适在骂。胡先生是教育家,心平气和苦口婆心说,这个房屋里面没有汉奸。

今天在我们的祖国大地上面,没有谁不爱中国,没有谁是要捣你的乱,和你过不去,乱出反动言论,影响民心士气。可是有的人说你们言论有问题,这就是邓小平同志所讲的,有些同志思想需要慢慢地改过来,我愿意等待!不过大家不要忘记,我已经年过70了,我已经等不久了,希望大家要改,要快一点。

各位,今天我和大家讲,大家都以为我是自由主义者,你到了北京,过去你骂国民党,你骂民进党,你骂老美,你骂小日本,你到了北京,你敢不敢骂共产党?我会问我自己,我敢不敢骂共产党? 我该不该骂共产党?

我告诉各位,如果有可骂之处我会骂,大家发现我不但没有骂共产党,我现在放弃了我自己的东西,就是自由主义。大家觉得太奇怪了,你李敖说自己是自由主义者,我的朋友都说我李敖是自由主义者,为什么你今天会放弃自由主义者呢? 我告诉大家,我不和大家谈学理,谈学理17世纪、18世纪、19世纪关于自由主义的著作,我们用俗话来说也是汗牛充栋。

现在我只谈两个部分,北京大学部分我没有讲得详细,第一个,自由主义是"反求诸己",我自己心灵能够开放,不被那些思想所困,这是我能够解脱,这是一种对我自己的一种改革开放,有这个本领,这才是自由主义者,对自己负责。另外一半是和政府的关系,和政府的关系最有趣的,最逗的是什么? 自由主义是从17世纪、18世纪、19世纪到20世纪大家所争取的。自由是什么,那些东西都是虚无缥缈的,没有很明确的出现。

我告诉大家,自由和爱情一样,都要列举的,大家记得不记得英国的女诗人布朗宁她有一句古诗说,怎么爱你,让我一件一件数出来,我爱你眼睛,爱你鼻子,爱你耳朵。像印度的诗人泰戈尔,他喜欢女人脸上的麻子。陀思妥耶夫斯基爱女人的脚指头。在比尔基死了100年之后,人们发现他的日记,发现他最喜欢的是女人的那个地方。每个人的爱都是列举的,自由都是列举的,过去我们翻译错了,翻成人权宣言,是错的,那个BILL(清单)。

我告诉大家有一个朋友描写我的话,说李敖真够朋友,对所有人都够朋友,绝不会先出卖朋友。爱情都要开清单,当自由主义被开清单的时候,大家注意,自由主义的理想都没有意义了。我们要跟着清单向政府要我们的自由,够了,它给我们以后,所有自由主义全部落实,全部兑现。清单在哪里? 清单在《中华人民共和国法律汇编》的第一篇里,就是中华人民共和国的宪法,宪法里面给我们列了,比全世界任何国家给的都多。

我说一句给大家看,当我做政治犯的时候我们每天可以出来散步,每次只有10分钟,散步的时候会碰到一些其他的政治犯,其他的"牛鬼蛇神"。有一天我碰到一个17岁的小政治犯在那里东张西望,我说你什么罪状,他说是政治犯;我说怎么抓进来的,他说他组党,他说我在学校里面的公民教科书上面有一条节介绍"中华民国"宪法,第十四条说人民有集会结社的自由,他说我以为那是真的,就组党了,就给逮进来了,后来小鬼自杀了。他以为是真的,就组党了。

大家注意了,《中华人民共和国宪法》里面所列举的,一条一条列举的,是全世界最完整的出版言论自由,罢工自由,什么都有,每一条都列举出来了。我不以为他是假的,只要我们认真他就是真的。

美国的富兰克林,大家知道吗,他一生正好分成两段,前半生做生意、办报纸、放风筝;后半生革命。富兰克林是最怪的一个人,美国的诗人弗罗斯特讲,他说我年轻的时候不敢做一个激进派,怕我年老成保守派。结果富兰克林正好相反,他越老越激进,最后富兰克林变成美国的革命党,富兰克林的儿子变成保守党,他的私生子是当年美国13州里面的一个州长,所以父子为之反目。

富兰克林讲了一句话,非常动人。他说,哪里有自由,哪里就是我的祖国。告诉大家,富兰克林是错误的,这句话要被我李敖改写。怎么说,这里是我的国家,我要使它自由。别以为都是假的,当我们努力就是真的;别以为他们在骗我们,当我们认真,他们就不是骗子。

所以我对大家说,大家要有信心,在最好的时候建立我们的信心。所谓最好的时候,就是说今天每一个人都有裤子穿了,就是这个时候。大家不要笑,陈毅说没有裤子穿也要搞原子弹的时候,当时我们中国人口10亿,10亿人口每个人给一双袜子穿,什么结果呢? 就是一双袜子才1块美金,10亿人口大家穿上袜子就是10亿美金,10亿美金可以造两艘核子潜艇,使我们的国家强兵,挺起,洋鬼子不敢打我们。可是我们大家要光着脚,大家想想看, 我们付了这个代价……

清华大学是一个非常务实的学校,清华大学的目标就是培养科技人才,富国强兵。清华学子不要只做"自了汉",不要只满足于追求个人生活条件的优越,只想着出国赚钱。我们的根就在中国,中国才是我们真正努力的方向和献身的目标。

◎现场提问

问：在这个节目里面，我经常看到您穿一件红色的外衣，那么今天您为什么没有穿，这件外衣对您来说是有什么特殊的含义？

李敖：舍不得穿，怕穿坏了，没有了。

问：李敖先生您好，我是公共管理学院的硕士研究生，从您今天早晨的演讲，能够感受到您深深的爱国情结。我知道北大对李敖先生这次演讲十分重视，也非常热情友好，但是李敖先生你用了"孱"字来描述北大的现状，"孱"在北京话中是一个非常严重的贬义词，我觉得对主人不够礼貌，也不够尊重。我不知道李敖先生有没有想过，是否愿意在清华讲台上对北大表示歉意？谢谢！

李敖：我想不到来清华还有北大卧底的。我在北京念中学的时候，听到一句谚语叫做北大老，师大穷，只有清华可通融。因为北大老，所以我们要使劲扎它一下，因为扎它，所以用字用词就难免重了一点。

我想和大家说，这56年来，我回来了，大家说，乡音未改，我告诉你，我没改，改的是你们。为什么？我在北京的时候是个小型的北京，我住在北京城里面大圈里面的小圈里面，小圈里面的皇圈，住在皇城里面，现在的圈大了，三环四环五环都有了。我们过去在北京讲的话就很纯的北京话，现在你们的话和我们混在一起了，这个语言混同改变是进步是退步？我告诉你是进步。台湾人到了北京，你们一听他是台湾人，讲的国语，为什么？用的词和你们不一样，为什么不一样？我举个例子，我们喊疼，你打我一拳就喊疼死了，山东人会说"份儿"（音），就表示疼，懂我意思吗？语言改变了。好比说，我李敖如果披个外衣，夜里从小巷子出来看到女生过来拥抱，北京的女孩子说，呀！台湾女孩子说，哇，或者说哇噻！或者说，那么小，反应不一样。所以今天我用了这个字来挖苦北京大学，我愿意委托你向北京大学道歉。

问：您不愿意作为一个客人，我想再次欢迎您作为自家人回到北京来到清华。首先我想给您说两件事情，可能您会比较高兴一点，第一件事情，刚刚您说美国在当时和清华校方有一个秘密的协定，有80%和20%之说，我想和您说的是在那几十年没有听美国鬼子的，包括您肯定知道的王国维这些国学四大导师以及稍后的钱钟书，您知道这个应该会比较高兴。第二点您可能比较高兴，您说到钱穆先生，虽然钱穆先生没有给清华像北大一样的未名湖，我和您说清华的学生也非常尊敬钱穆先生，不但知道他，而且非常尊敬他，至少我和我的同学在我们的音乐素养课上就曾经得到间接来自钱穆先生的教诲。

　　我的问题是,您一直把自己定义为一个大陆的学者,而且您非常著名的也是一颗拳拳的爱国之心,现在我们非常担忧的是,在岛内当局推行的是"去中国化"的教育,这对于年轻人的影响是非常大的,而年轻人是台湾的未来,他们将是台湾以后主要的公民和政治的决策者,您觉得,怎么样能够在文化上反对这个"文化台独"? 因为文化上的分离才会是永远的分离。

　　李敖:我女儿4岁的时候,她的逻辑思维非常好。她有一天跟我说,妈妈骂我,我不喜欢妈妈;爸爸我喜欢你,你抱我。大家知道逻辑程序吗?第一句"妈妈骂我"是叙述情况,"我不喜欢妈妈"就是划清界限,第三个"爸爸我喜欢你"是展开统战,"你抱我"是提出要求。你们也不要笑,那种教育是完全失败,事实上对我李敖说起来很多教育也是失败的,你叫我站在这儿讲我中学所学的课程,你叫我全部讲出来,讲不到一时就讲光了,所以基本上靠教科书是不好的。在这里我要赞美我的儿子,我的儿子叫李戡,国民党动乱戡乱的时候停止了,我的儿子叫做李戡,第一流聪明的小鬼,他的逻辑性也好得不得了,他跟着我的真传是爱看课外书,学校里面能够混过去就算了,唯一的缺点就是考不上清华大学而已。

　　问:李敖先生您好,我们中国人好像讲究传统为人处世之道中庸内敛含蓄的风格,而您是非常张扬外露,您是怎么看这两种风格的?

　　李敖:我是和孔子学的,孔子不是也拿拐杖打学生吗?不是"鸣鼓而攻之",要发威吗?

　　问:李敖先生您好,我是来自机械系的同学,我和我同学挺喜欢您主持节目的风格,都知道您嬉笑怒骂的风格给您带来很大的名气,但是有时候您犀利不留情面的风格也使您失去很多支持者。作为一名喜欢您的年轻人,我想问一下您有没有反思过自己,还有一些什么缺点,或者是有哪一些不足?

　　李敖:你又拿孔子来逼我。孔子说:"丘有幸,苟有过,人必知之。"我很有福气,因为我有过错的事,全世界都知道,这不是孔子吗?谢谢你。我告诉你,我自己有所反省。可是我和你们说,有时候忍不住,自己有那种虫,要张狂,要显摆,的确是有,可是在我内心深处冷静得不得了,非常地务实,尤其是数钱的时候。

　　问:李敖先生您好,我是来自汽车工程系的硕士研究生,刚刚您提到汉唐盛世,非常荣幸我来自陕西省,汉唐在我们西安。我想请问您在您的节目中好像有一句词,说您愿意做一个唐朝人,我想问您对所谓汉唐盛世有自己的见解和观点吗?

　　李敖:你可能有一个误会,我没有说我宁愿做一个唐朝人,我只说除非我碰到武则天,我不愿意做唐朝人。

　　问:李敖先生您好,欢迎您到大陆来,非常荣幸能够得到这样一次向您提问的机会。李大师虽然把它称为"李敖神州文化之旅",但是您在海峡两岸都是有一定影响力的政治人物,您谈谈您此行的政治目的。

李敖：你把我谈得太小了,我觉得谈政治问题太小了,政治真的是一时的,可是文化是永久的。我在台湾做大学生的时候,碰到有一次当年南开大学的教授,也是近代史的一个学者叫做蒋廷黻的讲了一句话,也是提到一个问题,他说汉武帝伟大,还是司马迁伟大？结论是司马迁伟大,为什么？汉武帝虽然折腾了一辈子,不可一世,可是他死了以后什么都没有;可是司马迁和他的《史记》和他悲惨的人生故事,一直流传到今天。

问：我们在 2001 年的时候曾经在中央台参加过一个 CCTV4 和您连线的节目,当年您说您从来不用电脑。是不是现在还不用电脑？在今天电脑时代,在网络上得到信息是非常丰富的,它可以给人很多非常重要的数据库和资料。您觉得,电脑时代会不会对您的文化思考方式产生影响？孔子不用电脑,是因为那时候没有电脑,您就不用拿孔子比。

李敖：我儿子帮我用。其实我觉得用电脑的人蛮可怜的,因为他接收了大量的资讯,排山倒海涌来,你要花很好的头脑,才能从这些大量的资讯里面能够把它选出来。如果没有很好的头脑,这些东西是害人的。所以我认为爱因斯坦的那句话：想象力比知识还重要。我觉得现在人类平等最重要的特色,就是在知识取得方面非常的平等。我们可以花很少的钱,从电脑里面取得知识。过去好难,美国总统威尔逊要走那么多路去借一本《圣经》,林肯小时候什么书都没有只有一本《圣经》,他们取得资讯是非常难的,可是现在我们电脑一打开,那么多资料出现,我怀疑你们的小头脑负荷得了。所以我才说快速的辨别能力,知道什么是好的知识、什么是臭狗屎的分别是非常重要的。

问：在台湾当局正在实行的"文化台独"和"去中国化",会不会造成两岸文化上永远分离？

李敖：这不用担心。日本殖民统治者曾经在台湾实行了 50 年的日本化教育,结果台湾一光复这种教育就摧枯拉朽都不见了,"文化台独"和"去中国化"也是一样。这种硬塞进去的文化是不会生根的,只是浪费了小孩子的时间而已。聪明的小孩子会自己选择正确的方向,不会受这种教育的影响。

● ● ● ● ● ● **【讲演点评】** ● ● ● ● ●

"自己演绎精彩人生,教人感受人生精彩。"这是清华同学在校园网上送给李敖的赠言。"师承清华统,父出北大门,师父传得真学问;李乃盛唐主,敖是强汉臣,李敖从来中国人。"这被评为清华学子送给李敖的最佳赠联。

虽然李敖在清华的第二场演讲,比他在北大的第一场演讲相对要平和含蓄、收敛克制得多,没有那么犀利尖锐、激烈火爆,但依然锋芒毕露、言辞张扬,嬉笑怒骂、淋漓尽致,幽默诙谐、个性突出,敢说敢讲、爱憎分明,有庄有谐、弦外有音,纵横捭阖、洋洋洒洒,能够清楚地看出他的鲜明风格和为人。至于其知识的渊博,意象的绚丽,思路的开阔,反映的敏捷,表情达意的生动,驾驭华语的娴熟,掌控全局的大气和机智,行云流水的逻辑和文风,的确既是批判的大家,又是文章的高手。即使不能说是"中国白话文第一人",那也是罕有可比。毕竟他已经是 70 岁高龄了,竟还有如此一流的思维和表达,令人不得不钦佩!

李敖在北大演讲,时时拿国民党主席连战相比,而对照连战演讲时非常委婉地暗示两岸统一必须建立在自由民主的基础上,李敖谈自由主义则充满了挑战极限的意味。等到站在清华的讲台上,面对难以想象的压力,他显然准备用"不讲"来抗议。他在答问时,更以"不答"抒发己志。当大学生问他如何通过两岸文化交流促进统一时,李敖笑说:"以你们清华大学这么聪明的学生,你们不知道这个答案吗? 你们自己知道,故意来问我,叫我说话,让我闯祸!"

如果说李敖在北大舞的是大开大阖的少林功,那他在清华则打了一套太极拳,看似阴柔无力,实则绵中带劲。无论如何,没有人可以指责他是花拳绣腿。

李敖轻言狂放,特立独行,和而不同,同而不党,不入俗流,树敌太多;但在大是大非面前心底洞明,在小是小非面前胸襟宽豁;入世嬉闹形于外,忧国肃然藏于心。无论人们对李敖有多少非议,对他的言行举止和处事风格有哪些毁誉,但他始终被视为独立的、有批判精神的"文化符号",是蔑视权威、睥睨一切的民主斗士。他在晚年坚决反独"台独"的立场以及浓烈的民族情怀,溢于言表。

李敖不只是一个具有浓烈中国意识和民族情怀的知识分子。他固然坚决反对"台独"以及任何形式的分裂言行,对陈水扁以及民进党、对李登辉等"台独"分子的鞭挞,对两岸最终实现和平统一的憧憬,对"一国两制"构想的认同,在台湾确实是一个异数。

有人说,李敖老滑头,很商业,会投机,好作秀;但他的一腔强烈的爱国主义热情、忧国忧民的美好情操、与政府保持独立的民间学者立场、快意恩仇的君子作风、敢于批判与斗争的骨气,却仍是中国知识分子历来的传统美德。

傅佩荣

从孟子思想看成功之道

　　傅佩荣,1950 年生于台湾,
祖籍上海。儒家和道家思想研究
专家。台湾辅仁大学哲学系毕
业,台湾大学哲学研究所硕士,
美国耶鲁大学哲学博士,专攻宗
教哲学。曾任比利时鲁汶大学客
座教授、荷兰莱顿大学讲座教
授、台湾大学哲学系主任兼研究
所所长,现任台湾大学哲学系与
研究所教授。被台湾《民生报》评
选为大学最热门教授,其"哲学

傅佩荣

与人生"课被大学生社团推选为最优通识课。著有《孔子九讲》、《向孔门弟子借智
慧》、《易经与人生》、《人生智慧学孟子》、《庄子的智慧》、《〈四书〉心得》等。

　　2006 年 9 月 15 日,傅佩荣在清华大学就业指导中心作演讲《从孟子思想看
成功之道》。

诸位清华大学的同学们,大家晚上好!

　　司马迁写《史记》的时候写到孟子,他说:"我每一次念孟子念到他跟梁惠王
见面,梁惠王第一句话问他:'老先生,你这么远到我们国家来,对我们国家有什

么样的利益呢?'"司马迁说他念到这一句就"废书而叹",把书丢开,叹一口气,就念不下去了。我们如果跟司马迁一样还要上学吗?看到一句话不太能够理解就放弃了。我跟司马迁不一样,我看到这一句更有兴趣,想知道孟子到底在说什么。

一般人都知道孟子是儒家的代表,孔子之后重要的人物。但是对于孟子说什么,往往简单说成:"上面是推行仁政,底下说人性本善。"孟子还有什么别的贡献呢?不容易说清楚。所以今天把这个问题做一个大概的清理,归结到现在人可以从孟子身上学到什么东西,以至于什么是成功的人生。"成功"两个字很吸引人,今天恐怕一大半都是想成功的,但是听完毕之后恐怕会觉得上当了。好像是你讲了半天不是我所谓的那个"成功",但是人生的成功本来就有不同的角度去思考。我们今天所提供的角度,跟一般人的想法显然是有差距的,不过在一所大学里面,提倡孟子思想肯定是有它的效果的。

我在台湾大学念书,也在那里教书。台湾大学有过很多校长,其中有一位只当过一年,但是受到大家的怀念,就是傅斯年校长,他当校长的一年台大中间就有傅钟,每天上课下课敲傅钟;旁边一个傅园,那里他一个人独占着一个角落。很多人就问他到底有什么贡献呢?他的贡献很简单,只有一件事,那时候是1950年代,生活非常的穷困,傅斯年校长就规定所有台大学生要念两本书,第一本叫做《孟子》,第二本叫做《史记》。为什么要念《孟子》呢?经济条件很差,冬天这些学生又冷又饿,只好念《孟子》了,说"善养吾浩然之气",浩然之气养一养就不冷了,肚子也忘记饥饿了。真的有这样的事情,很多当时的学生后来成为社会的中流砥柱,他们常常记得大学时代念《孟子》那种浩然之气。

我们今天谈到司马迁看《孟子》看了第一句,各位知道孟子分为7篇,第一篇《梁惠王篇》。孟子见梁惠王,司马迁看到梁惠王只知道利益,就觉得搞政治都太现实,这是可惜的事情。因为你追求利益上下交相争利,上层下层都在争取利益,一定是互相伤害。因为利益是有限的,你得到别人失去,所以任何人的成功都建立在别人的失败上。各位在清华这里念书,你要思考多少人因为你考上清华而考不上清华,终生痛苦。所以你从清华毕业之后,记得一定得有社会责任,因为你的成功建立在许许多多同胞的失败上。

我们如果要了解孟子,首先要知道他是一位哲学家。哲学家的思考模式是有架构的,是完整的。你如果要思考人的问题,当然是把人分成三个层次,有身、心、灵。第一身首先要吃饱,我今天下午上了新浪网,然后去吃饭,吃饭的时候觉得特别好吃,为什么? 因为孟子说"饥者宜为食,渴者宜为饮",肚子饿了吃什么都好吃,口渴了喝什么都好喝。我吃饭都想到孟子,孟子给我很大的启发,的确是这样,山珍海味不重要,肚子饿了就是最好的吃饭条件,吃什么都好吃。孟子很强调人的经济生活,首先我们看"身",人有身体需要吃饭,这是经济条件。

孟子说"仁政必自经界始",一定要把界限弄清楚,你不要大的欺负小的,强的欺负弱的,让每个人有自己的田,收成之后自己可以过日子,孟子要求的标准非常低。仁政怎么开始呢?他说五十者,年纪50岁的人,可以穿上丝做的衣服,年纪70岁的人可以吃到肉,这就是仁政的开始。我现在已经够资格穿丝的衣服了,但是古时候很可怜,要肉不容易,肉都被那些所谓的贵族,封建制度里面的统治阶层给吃掉了。孟子强调说你要设法发展农业,让每一个人都有经济的条件。孟子说,有恒产,才有恒心。我家里有田产,有固定收入,我才有恒心做好人,做好事。那我如果没有恒产的话,你叫我做好人,怎么做到呢?肚子没有吃饱,让我守规矩,是强人所难。

孟子是一位非常真实的哲学家,从来不会离开经验说一些抽象的话。所有的哲学都从经验反省开始,哲学就是对人生经验做全面的反省,反省之后得到一些重要的规则,就要引导你将来的生活。人的生命包括过去、现在、未来,你不能反省,就没有未来可言,未来只是过去的重复而已,人生只是重复乏味而已。所以孟子的思想首先告诉我们注意经济条件,让大家都吃饱喝足。古代老百姓很可怜,没有受教育的机会。一个人没有受教育的机会,他人生希望何在?希望活下去,希望活的时候尽量快乐一点。但是你光是吃饭吃不饱怎么办呢?我看到古代的资料非常痛心,孟子说这些老百姓收成好的时候,一年到头还是很辛苦,收成不好的时候就难免家破人亡,最后辗转于沟壑之中,有很多人死在河沟里。贵族不一样,"庖有肥肉,厩有肥马",这些统治阶级的厨房里面有肥肉。猪肉不是本来很肥的,是因为饲料很肥才有肥肉,你把饲料去养猪了,人都吃不到。

既然我学哲学,我偶尔会提一下西方的哲学。柏拉图也一样,柏拉图有一次很好心,到外国当顾问,希望帮助别人的国家上轨道,结果别人国家发生内斗,把他变卖为奴隶,他就变成奴隶了。之后想吃那些垃圾食物都吃不到,还好朋友救他回去。哲学家千万不要幻想从政,不要幻想改变政治。孟子后来很有学问,天下人都知道孟子,所以很多国君喜欢和他交往,因为政治人物很喜欢跟你交换名片,跟你来往一下。这是古时候很好的一点。我念《孟子》有一个人我很喜欢,这个人叫齐宣王,齐国的国王。我为什么喜欢他呢?因为他很诚实,一个人诚实就值得我们欣赏。他为什么诚实呢?各位对《论语》很熟吧,子曰:"君子有三戒:少之时,血气未定,戒之在色;及其壮也,血气方刚,戒之在斗;及其老也,血气既衰,戒之在得。"孔子认为一个人活在世界上从年轻到老年,因为他有身体,有身体就有欲望,就有冲动、有本能的需要,这就是血气,所以你要小心年轻不要好色,中年不要好斗,老年不要好得。孔子真的很客气,因为很多人不管什么年龄、身份三者同时具备。是谁这样子呢?孟子的时代有一个人叫做齐宣王,我刚才说了,齐宣王听到孟子的话觉得很感动。他跟孟子说:"寡人有疾。"寡人就是帝王之称,我有病啊!我看到这句话我非常感动。我立刻想到尼采,尼采说哲学家是文化的医生,文化有病的,社会有病的,请哲学家治疗。齐宣王跟孟子说他有病,代表他相信孟子是医生,这个医生不是真正那个郎中,这个医生是治疗心病的,是治疗国家问题的,所以齐宣王很可爱。孟子说:"说来听听看。"他说:"病很重,第一个病,寡人好色;第二病,寡人好勇,喜欢打斗;第三个,寡人好货。"正好是孔子说的3个缺点,齐宣王同时具备。但是他承认之后就觉得他很可爱。同学们什么时候见到过政治领袖,承认自己有这三大毛病的?

　　所以齐宣王了不起,但是孟子更了不起。换了是我们会怎么样呢?你就改过。这句话说太容易了,谁能改过呢?各位知道改过很难,宗教里面的困难在这里。譬如说在巴黎有一座圣母院,后面不远的地方有一个红磨坊。圣母院跟红磨坊有什么关系呢?有一位儒学大师,叫做牟宗三,他很讨厌基督教,他说:"很多人到圣母院教堂去办告解,说我有罪,只要你肯告解,上帝一定宽恕你。上帝太好讲话了,宽恕之后我现在已经没有罪了。不太像我,但是不太习惯,一个人忽然之间没有罪之后变得很不落实,那轻飘飘的就飘到红磨坊去,然后就犯了罪。人生在这两个地方跑来跑去,看你什么时候死掉,如果你死掉的时候办完告解就升天堂,死掉来不及告解那很抱歉,下地狱。这实在是太冒险了。"

　　问题来了。孟子他不谈宗教,孟子真是聪明,他引经据典如数家珍。为什么我们喜欢孟子?以前念《论语》有压力,有一句没一句的,上气不接下气,不知道谁说的,也不知道为什么这么说。孟子有一个特色,如果你问一句话,他讲一段;如果你问一段,他讲好几页。孟子好像专门准备来考试的,他学问太好了,你千万不要出题,一出题就不能走了,听他慢慢讲。他跟齐宣王说,你好色嘛,那让天下人都好色,男有份,女有归,各个都有感情的归宿,这不是很好吗?齐宣王想说,我一个人把天下佳丽藏在后宫,自己也用不完,用不完自己也没命了。孟子说,设法推广,你一个人希望有美女,让天下人都有他的美女,这不是很好吗? 第二个,你喜欢好斗,孟子说勇敢有很多种,真正的勇敢是一生气天下就安定,走在街上有人一瞪眼你就打一架,那是匹夫之勇,那个恐怕也不容易活很久。第三个,你贪财好货吗?我们现在讲四个字很好,"藏富于民",让老百姓有钱就不要担心了。老百姓有钱,税收一下就来了,如果你一个人有钱,老百姓很穷,你能用多少呢? 孟子把三大毛病转变为三个方向给你去努力,但是齐宣王做得到吗? 各位都知道,你要儒家当帝王的话,叫我做我也不做,因为做了半天跟那个大禹一样,8 年在外治水,三过家门而不入。庄子就笑他了,大禹小腿没有毛,大腿没有肉。所以儒家来说的话,会告诉你要做这些,但是你不要那么极端。我来北京这几天很多人提问题,他们的思考模式都是一刀切,请问傅教授我要做好人,还是做坏人,这个怎么去分呢? 我说你怎么这样做呢? 他说:"因为做好人好累,做坏人好得意。"哪里有这么简单二分法呢? 好人不是生下来是好人,坏人也不是如此,人生本来就是好坏之间挣扎,有好多灰色地带,今天做好人,明天做坏人,后天再改一改。

孟子就讲一个故事,有一个人每天偷邻居一只鸡,别人说你这个偷鸡是坏的行为,那好吧,我改成每个月偷一只。这已经了不起了,以前一天偷一只,现在一个月偷一只。那孟子说知道错就应该立刻改,怎么可以说渐渐改过。如果这样下一步就每年偷一只,每年偷一只干什么也不够吃。孟子讲出这样的比喻,讲出来你一定觉得很有道理。为什么? 因为古代该念的书都念了,古时候的人常常喜欢拿别的国家开玩笑,那最可怜是哪一国呢?宋国人,因为宋国是商朝的后裔,商朝被周朝灭亡,所以后裔变成宋国人,所以宋国人常常被嘲笑。

孟子讲两个故事。有一个农夫在田里耕田, 有一天一只兔子不小心撞到树干,昏倒了。这个农夫说:"太好了,每天等着兔子来撞树吧。"这个叫"守株待兔"。我们现在念哲学念半天,是建立在别人的痛苦上面的。宋国人被嘲笑了,敢怒而不敢言。另外一个故事叫揠苗助长。孟子为什么拿宋国的农夫开玩笑呢? 只有讲宋国的农夫不会有人抗议,因为宋国很弱。孟子很喜欢讲这样的故事,这样的故事来自于丰富的学问和犀利的口才。我念古代哲学作家的书,讲辩才没有胜过孟子的,讲想象力丰富没有胜过庄子的。孟子怎么能够辩论辩得那么好呢? 你一定要念书,你不念书你不会有辩论的材料,因为你能够立刻说《诗经》里面说、《书经》里面说,别人也来不及查,那当然是你赢,因为你背下来了。这是第一步。第二步你要能够了解人情世故,你说话的时候要能够注意到,实际上大家一般的心理怎么去想的。所以在孟子来说,就有一段很有趣的事了。刚才我们提到孟子跟齐宣王的对话,齐宣王对孟子还是很尊重的,给他很高的待遇,当国家顾问。孟子带了几十个学生一起吃,以至于还被嘲笑说"传食于诸侯"。有人说,这怎么像是一个学者呢?学者怎么可以老是想到吃东西呢?孟子生气了,他说,好,现在我问你,你给一个人钱看什么?是看功劳还是看志向?那个人说,当然看功劳,你不能说立志当学者应该拿薪水,你要真正去工作才有薪水的。孟子说:"有一个人替你修理屋顶,他是很辛苦工作,他随便弄,屋顶也弄坏了,你会给他钱吧? 不给,为什么?

工作没有做好。"事实上以这个来分,工作是一个效果,不见得每个人工作都做好的,事实上很多时候你要问心智是什么,不能分开。孟子后来说一句话,所有的老师都要感谢他的,因为有很多人说,教书的人是白吃饭的。孟子说教书的人怎么是白吃饭的呢? 一个国家任用教书的人国家就太平,年轻的学生尊敬长辈,友爱同学,整个社会就走上轨道,所以教书最应该拿到高的薪水的。

我们来看孟子是怎么样跟齐宣王来往的。有一天他见到齐宣王,说:"报告大王,听说前几天发生一件事。"齐宣王坐在堂上,堂下有人牵了一头牛走过去。齐宣王看到这只牛哀叫,说牵这个牛干什么? 牵牛人回答说:"我们新铸了一个钟,钟筑完毕之后,就要杀牛来祭钟。"齐宣王说放了它吧,这个牛叫得那么惨,好像它没有犯什么错就被判罪一样。牵牛的人就说:"请问大王难道废除这个祭钟的典礼吗?"大王说:"怎么那么笨呢? 当然要继续做,换一头羊不会吗?"把牛换成一头羊,然后牵牛的人是小工人,大王这么说只好换了,换了谣言传出去了,全国人都知道大王很小气,那么大的牛他舍不得,就换一头羊。这个话又传到大王的耳朵里,大王派了很多情报员搜集很多资讯,发现觉得自己被冤枉很难过,心情不好。孟子来了,说有这种事吗? 大王说有。孟子说,你是好心,你是不忍心那个牛被杀。齐宣王说:"与我心有戚戚焉。"孟子居然成为齐宣王的知己了。他这样一说之后,大王说你真了解我,总算有人了解我的好心了。孟子得到大王的信任之后,开始要给他上课了。

他说:"你不要怪老百姓,老百姓看到你把牛换成羊,当然是牛比较贵一点。那你要知道你的好心在什么地方,不忍心看到这个牛被杀,那你怎么没有看到羊呢?"这个叫做见牛未见羊,你没有看到羊所以你不同情羊,假设他牵一头羊,羊的叫声比牛叫声更凄惨,不要杀羊了,那最后杀一头鸡吧,到最后越来越便宜了。所以孟子说:"你不要怪老百姓,你这个大王厨房里有肥肉,马厩有肥马,老百姓路上有饿死的人。这叫做野有饿莩,这个叫做率兽食人。带着野兽来吃人,把人的食物吃光,人饿死了,这些马很肥,只是供养几个统治阶级。"这话说得多好,取得你帝王的信任,然后接着请你思考多一点。人活在世界上就是要学会思考,如果你不思考,只能看到身边的经验,忽略去推,推到天下的话,你才知道做人处事一辈子应该有什么原则。孟子的学问跟辩才不是天生的,你如果经常念书思考,把书上的道理掌握住之后,叫做过去的经验变成你现在的智慧,然后你面对现在的情况提出你的思考,到底有什么内容,有什么答案。这种辩才来自通情达理,能够了解一般人生活想什么,人跟人之间彼此心里有什么需求、互动,都要能掌握住。

今天我们谈孟子怎么样培养人才。三点:第一点智慧,第二点仁义,第三点勇敢,智、仁、勇三达德。一个真正的人才,一定是脑袋聪明的,脑袋不聪明你跟别人竞争怎么比得上?聪明没有侥幸的,他来自于学问,来自于人情世故,来自于自己替别人设想来加以思考,这是第一步孟子的学问。他的学问有什么特色?古代有学问的人很多,今天也一样,为什么不是每个人都成为哲学家呢? 作为哲学家需要有一贯的思想。什么叫一贯的思想?譬如我们现在讲儒家主张什么?或者先说什么是儒家? 我简单做三点外在的规定,所谓儒家,第一尊重传统,第二重视教育,第三关怀社会。三点讲完毕,你看到一个人尊重传统,重视教育,关怀社会他就是儒家。但是这样不够,因为这只是外在的表现,还需要有内在的条件。第一,只要是儒家,一定肯定都可以成为君子;第二,人都应该成为君子;第三,一个人成为君子一定会帮助别人也成为君子。这三点,就是儒家内在的理由。外面三点、里面三点配合起来,就知道谁是儒家。那孟子思想最精彩的部分讲到人性论,很多人问,人性是本善的吗?因为孟子曾经说过两个字"性善"。性善是性本善吗?不是的。是什么意思呢?我的理解是"向善",一个字的差别,就知道我们对孟子熟悉到什么程度。我们在这里简单说明一下,人是宇宙万物里面唯一可能不真诚的,各位同意吗?对呀,你什么时候看到猫学狗叫,你看到别的动物拼命在学变脸吗?所以人是最聪明的,但是人会不真诚,事实上大多数人一辈子都不是很真诚,都在扮演各种角色。所以做人首先要真诚,真诚之后就会发现有一种力量由内而发,要求自己做该做的事情,这种力量叫做"向",该做的事叫"善",所以叫做人性向善。

所以孟子说得很清楚,"诚者天之道也,思诚者人之道也"。自觉让自己真诚是人生的正路,这种思想绝对不可称做本善,而可以称做是向善。如果你了解我这一段话,今天没有浪费时间了,因为这是我们对孟子最深刻的认识。孟子说的符合不符合我们的经验? 符合。因为我们也可以从自己是不是真诚,真诚是不是有自我要求的力量来自我反省。所以我教书有时候压力很大,因为常常有人跟我抱怨,老师早知道不要听你课,听你课之后发现回家应该孝顺。意思是如果不听课就不用孝顺,谁听课谁倒霉。但是我要问他什么呢,你快乐吗?你孝顺的时候有没有感觉到符合内心的自我要求,看到父母开心我更开心,这个行善带来的正面的效应就是快乐。

如果一个人行善不快乐的话,那他就要问了,为什么我行善不快乐? 恐怕是他不够真诚,没有了解快乐的各种层次。我看到我们很多年轻人坐公车,上车之后抢位置,这是本能,生物也一样,抢位置坐下来当然很得意,接着下一站上来一个老太太,老太太上来之后,就发生很奇妙的变化,很多年轻学生闭上眼睛养神,有的学生头转向窗外欣赏风景,有的人拿起书赶快看书,都不愿意看到老太太站在前面,结果一站下车老太太摔一跤。终于有人站起来了,因为他可以忍受汽车的颠簸,不能忍受良心的煎熬。然后站起来,发现站起来比坐着快乐,这就是人性。这个老太太上来,你可以装着没看到,也没有人怪你,如果老太太不摔跤,谁怪谁?一旦有人摔跤,有人不好意思,不是我推倒,但是好像我做一样,人的伟大就在这里。但是有一个人看到老太太摔跤,毫无感觉,孟子就会说:"非人也。"问题来了,同学说:"我也做过不是人的事情。"那怎么办呢?我还有希望吗?你放心,如果讲人性向善,一定有希望,孟子说得很清楚,孟子说过了一天晚上,这座光秃秃的山上,更新的芽会长出来,有平淡之气。同学们早上起床的时候有没有感觉到平淡之气,觉得要力争上游,努力行善?你知道为什么?因为你睡了一觉起来,这个时候你从梦中醒来跟世界还没有接触。很少人做坏事是早上的,都是下午才开始做,尤其傍晚,黄昏的昏,头昏的昏,所以很多罪犯都是月黑风高的时候出现了。很少有人8点钟起来杀人放火,还有平淡之气。

孟子对所谓人性怎么说呢?你虽然曾经不像一个人,但是没有关系,你只要给自己机会,那个力量就发出来,叫做人性向善。这就是孟子一贯的思想,他的智慧一定要到这一步才可以达成基本的要求,所以我们今天学习孟子,第一步不要光看他别的表现,要问他对人有什么基本观念,叫做人性向善,以真诚做前提,你把这个学会,慢慢就发现的确道德价值由内而发,人的尊严由此肯定。

第二步我们要学什么呢?第一步讲"智",接着就要讲"仁"。什么是仁义呢?一般讲仁义很容易,满口仁义道德,谁不会说呢?问题是你为什么要行仁义,因为行仁义很不容易。我们以前念《孟子》实在看不太懂,他说每个人都有行仁义的可能性,"今人乍见孺子将入于井,皆有怵惕恻隐之心",现在很多人看到一个小朋友一两岁慢慢爬上水井边,都会觉得心里很紧张,很恐惧。这个有时候跟学生讲不容易,因为现在找不到水井了,你也不能做实验,也不能改写,说我们看到小朋友慢慢爬向水龙头,这个有什么好怕呢?我们再回到古代,我们看到一个小朋友慢慢爬到水井边很紧张、害怕,不是想跟他父母做朋友,好像救他之后他父母感谢我,也不是想得到别人的称赞,也不是不喜欢听小朋友的哭声。内心对别人不忍心是自然的事情,但是有一个前提,要真诚。你如果没有真诚的话,当然是把自己的快乐建立在别人的痛苦之上。

我们讲到孟子对人性的了解,提到说你要行仁义,事实上你要问的问题是:"你行仁义会快乐吗?"答案是"会的",因为行仁义是由内而发。看到小孩快掉水井里面,自己心里就不忍心,这个发出来希望每个人都快乐。所以孟子会主张仁政,碰到当时的政府领袖实在是毫无希望。梁惠王的儿子梁襄王继位之后也跟孟子见面了,孟子出来怎么说:"望之不是人君。"说这个国君看过去根本没有国君的样子。做国王你要有威严,要有风度,看这个人畏畏缩缩、獐头鼠目,怎么也算是一个王呢?接近之后忽然问,天下怎么样才能安定?孟子吓一跳,说长这个德性,怎么问让天下怎么安定呢?孟子说,天下只有统一才会安定。他就问怎么样才可以统一,谁可以统一。孟子说:"只要不喜欢杀人的就可以统一了。"孟子就不理他了,把他调侃一顿,这样的人当政治领袖是没有希望的。这个不喜欢杀人一听到就很心痛,在战国时代只要不喜欢杀人就可以统一天下。因为谁不喜欢活着呢?你喜欢杀人的话,那谁会支持你,支持你都被杀光了。所以为什么人的社会有基本的道德,什么是基本的道德,第一不能伤害人,第二不能欺骗人。如果你说社会可以杀人,谁凶就杀人,将来不是杀一半还要继续杀。第二个比较会得到大家同意,我们不要撒谎,如果大家都撒谎的话,那你信谁的话?你说没有关系,我知道他撒谎。我反过来想,如果每个人讲假话,这个怎么生存呢?所以人人撒谎就没有人可以被相信,那你说话意义何在?既然我说话不会被相信,我说话等于失去说话的作用,那人的社会不是瓦解了?这是人类共同的规范。但是在中国战国时代,居然是一个国君只要不喜欢杀人,就可以统一天下,可见当时的杀人多严重啊!

各位同学,人生有没有轮回暂时不知道,人死不能复生这是一个事实。即使我可以轮回,今天的我也不记得过去的我,那过去的我有什么意义呢?即使可以轮回,今天的我所接触的人群,并不是前几辈子接触的人群,那这个我又有什么意义呢?这两个问题任何主张轮回的人都无法回答。任何宗教里面都无法回答。这个时候我们就要问儒家为什么重视人的生命。你活在世界上,不要羡慕以前怎么样,哪里有以前、以后呢?我们中国人常常被嘲笑,说我们很相信算命。我研究之后才发现,老百姓喜欢算命是有道理的。外国人不好意思算命,他看心理医生,那我们的算命就有心理医生的功能。

譬如今天心情不好,去哪里?找人帮我占一卦、算命。算命的时候我就觉得很幸福,他居然把我的出生八字那么重视,从来有谁注意我的八字呢?年、月、日、时辰,变成讨论的核心,受到重视。譬如他说:"你先生对你不好,你知道吗?"为什么?因为你前辈子对他不好。这个怎么证明呢?但是你不要问证明,很多人听了就说,既然我前辈子虐待他,他现在虐待我,算是一报还一报。很有用,很多人继续忍耐维持一个家庭。各位知道外国人离婚率很高,因为他们不谈前世、来世,当下解决,当然就离婚了。我在美国念书看到实际的情况。我在耶鲁大学,第二年来了一个同学,他是美国人。我们住同一个宿舍,有各自的卧房,但是有共同的客厅可以使用,所以常常聊天。我很羡慕他,因为每一次有亲友来访,就会公布谁谁有家人来访问了。他每个礼拜都有人找他。我说你真好命,每个礼拜有人看你,我从台湾来了3年也没有人理我。他说我有什么好,这礼拜是我爸爸跟他新的妻子,上礼拜是我妈妈跟她新的丈夫。我问他:"你们美国人离婚真的很严重吗?"他说:"真的很严重。我从小学念大学,同学里面没有一个人的父母是不曾离过婚的。"我说这个太可怕了。他讲的有没有那么夸张呢?我当时看了美国的统计62%离婚率,所以同学们父母都离过婚。那如果父母都离过婚占了一半也没有什么关系,大家都习惯就好,最怕是你居少数,然后被人家用不同眼光来看,这对小朋友太不公平了。

后来我从美国念完书,发现离婚率下降了。我以为美国改善了道德水平,问了之后才知道,因为结婚的人少了。所以在《孟子》里面提到仁义的时候,人跟人一样的,每个人有情感,都希望建立一种适当的关系。我研究儒家找出来一个最好的实践的方法,今天同学们来这边听演讲,学到这三句话,走出这个教室生命就不一样了。人性向善还不够,你需要择善固执。择善方法是三点,你跟任何人来往,要记得第一个内心感受要真诚;第二对方期许要沟通,你跟他来往当然要知道他对你期许是什么;第三社会规范要遵守,你们的校规、你们的社会规范要设法遵守。三者合起来思考,就可以知道你该怎么做。问题来了,三个发生冲突怎么办?三个经常冲突,你要以真诚为主,这个观念得到孟子的启发很大。孟子说:"有一个人跟别人聊天的时候,发现他的哥哥拿箭要射他,他马上痛哭流涕。"下一次他跟别人聊天的时候,提到一个敌人拿箭射他毫不在乎。请问:同样一个人拿箭射你,为什么你的哥哥拿箭射你,你痛哭流涕;而敌人拿箭射你毫不在乎?因为你对哥哥的期许不一样,因为手足相残。敌人打仗就是为了赢你,只是希望他没有射准;我哥哥拿箭即使没有射中我也痛苦不堪,期许不一样。我在台大教书30年,经常发生这个事,越来越严重。对面走过两个同学,左边这个我教过,右边这个我不认识,他们两个都不理我。我教过的学生不理我,我痛苦得不得了;不认识的学生不理我不在乎,我没有教过他,他不用跟我点头。但是我教过的同学过来不跟我点头,我觉得自己教学失败。后来我讲了这句话之后,以后学生看到我就转弯了。

所以我们从《孟子》里面可以得到很多启发,尤其是很好的故事。念书的时候,我们就要问他这样讲用意何在。他经常强调自我反省。经常有人问我说:"我对别人很好,别人对我不好怎么办?"我提这一点是避免同学们提这类问题。我再说一次,我对别人很好,别人对我不好怎么办?不要怪别人,反省三点,第一别人对我这么没有礼貌,这么凶,一定是我自己不仁,我没有做好人好事,我一定是没有守礼;反省之后发现我是在努力做好事,礼貌也很周到了,他还这样对我凶,是不是我做事不是真诚负责任呢?再想想看我实在是很真诚负责了,他还是对我这么凶,那这个人一定是禽兽。这是孟子,他先自我反省,反省几点之后发现自己没错,你干嘛对我那么凶呢?那你就是禽兽,这样对于禽兽何必介意呢?就是不要理他。你念《孟子》真的是冬天也会满身大汗,跟我一样,这就是孟子的伟大,非常可爱的一个人,但是他得意吗?他不得意,一个人得意倒不是为了自己考虑,而是他为老百姓考虑。他说过什么呢?"民为贵,社稷次之,君为轻。"你这句话说出来,国君谁会喜欢你,老百姓也没有资讯,也没有网络可以看,他怎么知道你对老百姓这么好,要头牌选你,都没有机会。所以孟子说这种话很真诚,以至于后来他死了之后还有人对付他。

我们先说一下孟子说了什么话,有一段话念起来就觉得正气凛然。孟子说,你看到政治人物,就要把他看轻,叫做"说大人,则藐之"。但是你不能随便这样讲,它是有条件的,有三个条件,原文写得太好了:"堂高数仞,榱题数尺,我得志,弗为也。"堂高几十尺,屋檐伸出来好几尺长,住大房子,我得志,当大官之后,我不这样做。第二个,吃饭的时候桌子几丈长,侍候服务员好几百人,我当大官的时候我不这样做。第三,每天吃喝玩乐去打猎的时候,后边的马车几千辆,我得志的时候我不这样做。最后下结论了,你们所做的事都是我不屑于做的,我所做的事都是古代圣王所定的制度。结论是谁怕谁?我何必怕他们呢?孟子要求自己,是先要求自己后要求别人。如果我自己做不到,我凭什么要求别人呢?所以我们刚刚谈到说,你如何择善固执,把择善的方法记下来,知道从真诚到人与人互相沟通,才可以落实到行动上。孟子讲到仁义的时候一定是由内而发,这个没有任何问题。

第三讲勇敢。孟子讲勇敢很有意思,他在讨论勇敢的时候举勇士,第一种是我们很熟悉的,你看过《刺客列传》说到的这些人,真是很勇敢,完全不在乎生死,你说让他刺杀一个国君,一定会死,但是他不在乎,他讲他所谓的侠客的这种义气,这样人是一种勇敢。举一个例子,有一个人叫专诸,这个人最喜欢打架,每天早上起来就等着别人叫他打架。有一天门外聚了20人,人数少于10人他不打,打得不过瘾,专诸出来打架,一看20人,他一个人打20个,往外走,后面有一个娇弱的声音叫他,"专诸",他立刻回头,为什么?他太太叫他。别人笑他,你看看太太一叫就回头,他就回答说:"唯其在一人之下,才能在万人之上。"我看这个鼓掌最大声都是女同学,觉得是大丈夫应该如此,要服从小女子的话。这句话讲得真好,唯在一人之下才能在万人之上,正好符合了老子说的"柔弱胜刚强"。

所以这个时候我们就要问了,孟子怎么描写勇士呢?北宫黝是很勇敢,你听几句话就知道是武侠里的人，这个人叫做"不肤挠，不目逃"，就是皮肤被刺他不避开，拿针戳他眼睛他让你戳。这种人到最后简直是太可怕了。这种本事不是只有他有，西方也发生过。罗马时代两军作战，这一边派一个代表，跟那边说我们不要打仗了，那边说我为什么不打仗？那个代表过去了，把手放在火炉上烧，烧成炭了，别人受不了了，就和平了。一个手当然就废了，这种勇气是多么可怕的勇气。北宫黝怎么做，他说只要有一点没有面子，好像公开在市场上鞭打我一样。你跟这种人来往，要小心你千万不要让他觉得丢脸，丢脸他觉得一点点都不能丢的，他很在乎面子的。他根本不在乎大国的诸侯，他去刺杀万乘之军，就像刺杀路边的老百姓一样。这个叫做第一种勇敢，没有人挡得住。但是孟子认为这种勇敢不是很理想，你要真的很高大，练武功一辈子，怎么来得及。

还有第二种勇敢，第二种勇敢的人如孟施舍，这种人的勇敢很奇怪，他说我明明打不过你，但是我相信我打得过你，叫做心理建设，有点像我们的阿Q。如果我打得过你才打，那算什么好汉。真正的勇敢是我打不过你，但是我相信我打得过你，这种气势是自我要求胜过别人。第一种需要条件比较多，比较人高马大、武功高强你才能做第一种。像我们这种身体、这种武功，想说第一种也没有人理你，我们只能做第二种心理建设，但是这样还不够。

还有第三种。说到第三种勇敢，我们就要提一下，现在考各位了。"自反而不缩，虽褐宽博，吾不惴焉？自反而缩，虽千万人，吾往矣。"这句话是谁说的？大家都说孟子说的，不对，这句话是曾子说的，曾子引述孔子说的话，标准答案是孔子说的。孔子说，我自我反省发现自己有错，虽然是一个路边的小老百姓，但是我不害怕吗？我自己反省之后发现自己没有错，虽然是千万人跟我不一样，我照样往前走，这才是真正的勇敢。要以有没有道理来判断，而不是以你武功高不高、自我心理建设强不强。人活在世界上一定有做人的道理，你只要循着道理做，天下人都支持你。也许你一时受委屈，但是一定有平反的一天，这是人的世界。如果没有的话，那是一种委屈，这种委屈千古下来是不合理的。将来后代的人写历史，还是会翻案的，这是人的社会伟大的地方。很多人说，能不能有一个合理的社会呢？其实合理的社会是一个目标，我们不管怎么样，在现实的情况永远不可能达到理想。也因为这样，人活着才有更多奋斗的动力，否则怎么办呢？最近常常有人问我，为什么先进国家自杀率很高，很多国家的国民所得超过25000美金，真的很有钱，但是他们自杀率高。因为他们活着感受不到生命的动力，什么都有了，不知道自己活着到底为什么。当然我们也反对什么都没有，活着太辛苦。

最后做一个总结，如果你想做一个人才，要记得《孟子》最后一段话，在讲义上特别提到,这段话很特别,很有趣,很丰富,分6段:"可欲之谓善,有诸己之谓信,充实之谓美,充实而有光辉之谓大,大而化之之谓圣,圣而不可知之谓神。"我们翻成白话文才会懂,如果白话文还不懂要翻译成英文,英文白话比我们白话更清楚。第一句是什么意思呢?你如果说可以被我欲望就是善的,那我想吃牛排,牛排就是善的吗? 这不是很荒谬吗? 孟子把人分为两半,一半是小体,另一半是大体,大小不以胖瘦论,大小要以重要来看,我有这样的身体,很抱歉,动物也有。动物也有我也有叫做不重要,称为小体。但是我的心动物没有叫做大体。这是孟子伟大的地方,把人的生命分成两半,大体是我的心,小体是我的身体,譬如我坐在车上,我的小体很舒服,上来一个老太太,我的大体不舒服,我就让大体来支配小体,赶快让座,老人家坐下去,我很快乐,大体很快乐,小体还要撑着,这是君子。一般人是小人,小体很舒服,大体不快乐。孟子的思想里面,把人分成大体代表心,小体是身体。请问"可欲之谓善"代表什么? 我的心看到很喜欢的就是善。我讲具体的例子,我在街上看到一个大学生,扶着一个老人家过马路,这个行为我一看很喜欢;我在车上看到一个中学生,把座位让给一个残障者,我一看这个事喜欢;我一看到年轻人孝顺父母我就喜欢,这些事都叫做善。没有说跟我有什么牵涉,我看到就喜欢是我大体,我的心看到就喜欢就是"善"的行为,代表人性向善,这个善到处都可能出现。这是第一步而已,有6个境界。第二个"有诸己之谓信",信者真也,你要做一个真正的人只有一个办法,"有诸己",把那个善在自己身上加以实现。因为你前面第一步是看到别人行善,你觉得很快乐,第二步自己来行善你才是一个真正的人。说到真正的人实在很尴尬,古代人常常发现假人很多,庄子很喜欢说真人,他越说得多越发现假人,都是假人,所以你要做真人怎么办呢? 把握向善的要求真的去行善,你行善的时候是一个真的人。第三,"充实之谓美"。一般人讲美不喜欢谈这个,说艺术有艺术的价值,我们这边讲不一样,儒家讲人文之美,人格之美。这种人格之美怎么会充实呢? 任何地方都可以行善就是充实,充实就是没有任何缺陷,没有任何遗漏。我从早上到晚上在任何地方行善,叫做"充实之谓美"。我在北师大演讲的时候,有一个学生提问题非常好,他其实已经工作很多年了,他说每天早上上班的时候坐地铁,那个时候我精神很好我让座没有问题,但是6点下班的时候坐在地铁上,我看到老人家我实在站不起来了,请问这个时候我就有问题吗?我说越是站不起来越要站起来,代表你有志向,可以让自己的大体发挥作用。真正的检验就是你很累很累的时候做该做的事,德行跟修养就在这种地方产生的,这是人生修养的问题。《孟子》里面说"充实之谓美",假设你现在看到一个人,白天也好、晚上也好,在任何地方、任何时候该行善的时候就行善,这样才有一个效果。下一步"充实而有光辉之谓大"。各位知道什么是光辉吗?到庙里拜一拜,菩萨不是有光圈吗?不是因为秃头发出的光,是修养产生一种内在的光明,这是第四步。然后"大而化之之谓圣",什么叫"大而化之"呢?他能够充实有光辉,还可以化,"化"代表可以感动群众,真正伟大的人能够感动群众。

我今天跟同学分享这种观念,同学们会觉得现在我们还年轻,谁能感动谁呢?你要知道次序,可欲之谓善,有诸己之谓信,充实之谓美,充实而有光辉之谓大,大而化之之谓圣。最后一步最难,我就是看到最后一步,对孟子佩服得心悦诚服了,最后一步"圣而不可知之谓神"。人生的境界最高的地方"不可知",任何宗教都一样,就好像佛教说"不可思议境界",好像基督教讲到上帝的时候"神秘莫测的神"。任何一种宗教,或者哲学最高境界都是"不可知",代表理性不可掌握。哪一天你到那个地方就知道,确实有一种伟大的可能,这种伟大是每个人到接近的时候像孔子说的"从心所欲不逾矩",我们实在是不能了解,因为我们是"从心所欲必然逾矩"。所以看到孔子这样讲很难了解,人生一定有不可思议境界,因为人的生命真的伟大。古人对这方面了解很多,他说人本来和天地一样大,只是人把自己看小了。孟子说每个人身上都有可贵的地方,这样对于我们人格号召,让我们人格去发展都是最好的一些建议。他们讲的不是假话、虚话,他们自己做到了,我们自己做到就会很快乐。我们今天讲这些,不是因为谈孟子所以来教各位,说实在我对孟子有一个特别的印象。我们今天在清华大学,各位都知道有一位重要的物理学家杨振宁先生就在清华,他的传记我看一遍就记得了,杨振宁先生说他从 30 岁以后,做人处事都靠《孟子》。因为一个物理学家,如果做人处事要成功,需要有哲学做根据,他就是一个例子,活生生现成的例子。当然每个人的例子代表某种特别的成就,这是别的问题,我只是说他老人家也说了这句话,因为他小时候父母强迫他去背《孟子》,当时也是一面背一面心里很难过的,但是后来发现人不能靠物理做人处事,那是科学怪人,怎么可能有天下掉下来的礼物呢?

最后我们就说一下孟子特别提到圣人。圣人有 4 种,我们每个人都可以变成圣人,同学不要误会,不是剩下的人,圣人代表完美的人格。第一种叫做"圣之清者也",非常清高的,伯夷,他应该是处女座吧,他非常清高,他当官的时候旁边有一个坏人一起做官,他立刻辞职,他说这个是坏人,我怎么可能跟他一起呢?其实我们做官的时候,也常常碰到这种情况,我在台大教书,有时候也碰到不好的同事,在系里面大家都是同事,也不能多说,把他赶走,几十年同事见面很尴尬,有时候因为都是知识分子见面打招呼,我说你好吗,心里想怎么还活着呢?所以伯夷就是这种人,他说到我做不到。他说到做到非常清高,最后只好饿死了。我为什么不愿意那么清高,各位知道了吧。

第二种"圣之和者也","和"就是很随和,这种人叫做柳下惠,柳下惠这个人非常随和。朝廷里有好人也有坏人,无所谓,你好你坏关我什么事呢?这个人口碑不错,只是他有一个很坏的弟弟,他弟弟很麻烦,念《庄子》才知道他弟弟是一个大强盗。说到这个大强盗,有很多故事,今天不是说《庄子》的故事,以后再说。柳下惠坐怀不乱大家都知道吧,晚上进城的时候,城门关了,在城外好冷,来了一位小姐,只有抱在一起取暖,其实这一招在电影里面常常看到。但是抱了一晚上没有发生任何事,很了不起。我看到这个故事就知道我的绰号叫做"柳上惠",所以不要轻易尝试。

第三个"圣之任者也",这个人叫伊尹,伊尹这个人5次叫他当宰相他上台,让他下台他就下台。随时叫他随时出来承担责任,很有责任感的。这三种圣人有的清,有的和,有的任,但是最伟大的是孔子。孔子是圣人里面的"圣之时者也"。时代表什么呢?该做官就做官,该辞职就辞职,该走得快就走得快,该走得慢就要走得慢。走快跟走慢也需要看时机吗? 孔子离开鲁国的时候迟迟其行,因为鲁国是孔子的祖国,孔子离开鲁国的时候,他走几步就要停下来,希望鲁国的国君把他请回去,停停走走,怎么没有人来追呢?所以停下来好几次。但是孔子离开齐国的时候,叫做"接淅而行",那个米已经洗了,洗了来不及煮,就捞起来走,宁可过了国境再来吃饭。为什么? 这个齐国不是我的祖国,离开的时候很快,毫不留恋,这是很特别的,表现人的情感适当的一种情况。所以孟子推崇孔子"时者也"。最后拿射箭作比喻,可以作为我们的结束。射箭的时候好远好远,能够射中箭靶都是了不起的圣人,都要靠力量够,修养够,要有智慧,所以孔子胜过别人。另外三种人都有个性,都有性格的特质:我很清高,清高到底成为圣人;我很随和,随和到底成为圣人;我有责任感,有责任感到底成为圣人。但是只能把箭射到箭靶那一带,不能射中到靶心,但是孔子一射就中。光靠天生气质、才华、性格不够,还需要智慧。

结论就是,整个儒家的思想绝不是只谈道德,道德也不能离开智慧的判断。在《孟子》里面我们谈到修养的方法,就是从"智、仁、勇"所谓三达德培养一个人。最后送给各位一句话。我的女儿在念初三的时候有一天跟我回家说,我今天才知道我崇拜谁。我一听到这种话心里就很紧张,因为以前常常说崇拜谁,一问是谁?歌星。很麻烦,因为我想跟那个歌星做朋友,爸你帮我介绍一下。我怎么跟歌星介绍你呢?歌星看到我也不理,所以我很怕她崇拜新的偶像,结果我弄错了。就是初三那一年,她说我今天发现我崇拜谁了,我吓一跳说崇拜谁呢?我崇拜孟子,因为很多艺人,台湾有一个人叫做顺子。我就问她说:"你崇拜孟子是哪一个孟子?"就是你常常讲那个孔子、孟子的孟子。我放心了,因为孔子、孟子就有一个。我就变成很好奇,我说你怎么崇拜孟子呢?一个15岁的小女孩,崇拜孟子一定是很奇怪的事。她说:"因为今天上国文课,国文老师教到孟子我很感动。"我说哪一句话呢?念来听听。她就背给我听了,孟子曰:"天将降大任于斯人也,必先苦其心智,劳其筋骨,饿其体肤,空乏其身,行拂乱其所为,所以动心忍性,增益其所不能。"一个15岁的小女孩把这段话念完毕,脸上正气凛然。我觉得真佩服。我还特别问她,你最喜欢哪几个字?她说:"动心忍性。"她还把它写下来,当做座右铭。什么是座右铭?做不到的事就是座右铭。所以学习孟子,从初中生15岁到我现在五十几岁,都会受到感动。《孟子》是一部太少被我们开发的宝典,我在任何地方演讲,很多人都指定我讲《孔子》、《庄子》、《易经》,很少有人提到《孟子》。今天我来清华讲《孟子》,一方面是我们最后才联络上,别的都已经排满了,只剩《孟子》了;另一方面我记得梁先生在清华园,他对《孟子》有特别的心得,并且孟子是我非常喜欢的哲学家。人的生命结构有"身、心、灵"三个层次,你要注意到身体的需求是必要的,同时要发展人的心智、基本的潜能,好好去追求智慧、仁义以及勇敢,然后才可以走向灵的生命,展现一个人生命的价值,培养浩然之气,让自己这一生可以享受到真正的快乐。以上是我今天所谈的主题,谢谢各位!

◎现场提问

问:台湾学者是跟您一样喜欢《孟子》吗?

傅佩荣:有一些学者教学教到《孟子》,当然会设法多做探讨。但是喜欢孟子,把他当做生活的楷模,长期加以研究的,其实也不是很多。因为《孟子》始终没有成为显学,就是并没有引起社会的关注。一般人想学儒家,当然学孔子的《论语》,《论语》的东西很简单,说出来大家都懂一些,感觉符合一般的需要。但是念《孟子》你一开始念,那些都是历史故事,谁在乎谁是梁惠王呢?当时很得意,现在谁在乎他们呢?这些人一看,他们的问题跟我无关。但是重要在于后面,我念《孟子》心得很多,因为孟子制造了很多成语,现在我们都还在用,譬如"乔迁之喜",搬家乔迁,守望相助,这么简单的词语都是孟子发明的,至少这样的成语50、60个我们都在用。

问:台湾的人会认为有老子、孟子、庄子这样的家,会不会觉得很骄傲呢?

傅佩荣：当然，这是文化的祖先。

问：那您会不会支持两岸统一呢？

傅佩荣：很好的问题，意思就是说，赞成不赞成两岸统一。如果不统一，我们骄傲什么？这个说法把政治和文化完全混在一起，我觉得有商榷的余地。因为自古以来中国历代里面，都有分分合合的过程，你可以政治上占据大部分的地方，但是并不代表文化上你有垄断的权利，这是很简单的道理。

问：莎士比亚是美国人的祖先，还是法国人的祖先呢？

傅佩荣：莎士比亚是所有使用英文的人共同的资产。甚至再进一步说，所有的文化上的资产将来是全人类共同的资产。你一定要把它落实在政治现实来看，我认为是非常幼稚的事情，在大学校园不需要谈这些。

问：在您的整场讲座当中，将中华民族古今成大事者概括为三点，智慧、仁义、勇气。而在民国时期有一个学者是李宗吾先生，他反其道而行之，把古今成大事者概括为"厚黑"。那今天借机会请教一下，您如何看待您提出的"智、仁、勇"和李宗吾先生"厚黑"的关系？

傅佩荣：这个问题比较有趣了，李宗吾的"厚黑学"先是厚如城墙、黑到煤炭，到最高境界时候厚而无形、黑而无色，我们早就念过这些书了，你说一样不一样呢？李宗吾这样人不是哲学家，是社会观察家，了解社会现象，最后归纳人心是负面的，我们不能怪他，因为每个人的遭遇不能重复。如果我是他，说不定比他还要偏激。不能说他错，但是研究学问先要保持心态平和，不能把个人经验作为基础。我学习这些哲学，我尽量不要把个人的经验投射进去，我先花几十年的功夫去了解西方的哲学、中国的哲学。所以我现在做几本经典解读的时候，我才比较有自信说，我还不至于有明显的偏差。如果有人指出来，我发现是事实，立刻改过，这是学习的态度。如果问儒家这种所谓的"智、仁、勇"跟李宗吾有没有相通的地方，我觉得没有直接的关系。李宗吾也不是要靠儒家，在他心目中把儒家说成是封建制度的守护神、酱缸文化的祭奠都可能，但我们都尊重他发言的权利，因为他不能替自己辩护，我也不加以明确地批判。

【讲演点评】

这是一堂关于孟子智慧的全本，一堂细讲经典的巨作。

《孟子》是一部记载孟子周游列国与君主论政的对话录，继承发扬孔子思想，也是儒家思想的代表性经典。孟子身处乱世，当时天下七国争雄，盛行合纵连横之权谋；而孟子却知其不可而为之，与君主对谈仁者王道，论辩滔滔，宏大深刻。

傅佩荣解读《孟子》，以现代白话译解，并综合与融会历代注家与当代学者的研究成果，引领读者跨越文字的隔阂，去探究孟子的政治理想与人生价值。其中特别凸显孟子的思想基础——人性论，将它视做儒家思想大厦的基石，对于现世人生也颇有指导意义。

此次演讲中，傅佩荣讲到了孟子思想的三大精髓——智慧、仁义与勇敢；讲到了人分成三大层次——身、心、灵；讲到了"性本善"原来是"性向善"；讲到了何谓儒家的三大因素——尊重传统、重视教育、关怀社会；讲到了择善方法分为三个方面——内心感受要真诚、对方期许要沟通、社会规范要遵守；讲到了要成为人才应具备的六大条件——善、信、美、大、圣、神；讲到了圣人分成四种——清、和、任、时。掌握了孟子的这些思想，那就是成功之道，那就能够成功。

傅佩荣积数十年研习国学，潜心品读，对儒道学说孔孟老庄当中的知识、案例、原理、意思非常熟稔，分析得非常透彻，概括得非常准确，表达得非常清楚，运用得非常恰当。而且深入浅出，通俗易懂；生动形象，充满趣味；借古寓今，时代感强；哲理丰富，发人深省。

生活在今天这个充满巨变与喧嚣的时代，我们更需要一股安定身心的坚强力量。而汲取孟子的智慧，即可获得此一力量。傅佩荣通过自己广博的学识与主观的努力，让一般读者均能毫无文字的障碍，借以欣赏他谈古说今、中西贯通的文风。

有人说，傅佩荣身上有着在国学里浸泡久了的人拥有的某种气息。而这种气息，在大陆，在年轻人中，现在是很少看到的。他对待采访和演讲，表现出一种高度重视的庄严和认真。那天他要去一个网站做访谈，一路上烈日炎炎，但他一直坚持穿着西服；直到临上场前不久，得知没有录像的要求，才把厚厚的西服脱了下来。访谈下来，汗水在他的脸上流淌，他连说嗓子好累。"因为没有麦克风，底下有这么多听众，我不大声他们就会听不清。"

据说傅佩荣演讲的时候，总是在很多细节上考虑听众的感受，而这与他小时候口吃的经历有关。因为受尽嘲弄，所以他在说话时总能想到对方的感受，因而倍加细致和周全。傅佩荣回答问题简洁、全面、条理清晰，但不失个性，甚至情绪。而当采访结束大家一起闲聊的时候，他似乎并不是一个谈笑自如的人。显然，他只是专注地做事，然后又回到自己的世界里去。

朱棣文

应对能源与气候变化的挑战：
两个国家的故事

朱棣文,1948 年生于美国密苏里州圣路易斯,祖籍中国江苏太仓。美籍华裔物理学家。1970 年毕业于罗切斯特大学,1976 年获加利福尼亚大学伯克利分校物理学博士学位,1978 年到贝尔电话实验室工作, 1987 年任斯坦福大学物理学教授(是该校

朱棣文

第一位华裔教授),1993 年被选为美国国家科学院院士,1997 年因"发明了用激光冷却和俘获原子的方法"而荣获诺贝尔物理学奖, 2008 年获得美国第五十六届当选总统奥巴马提名出任能源部长。他从事的是目前世界上最尖端的激光制冷捕捉技术研究,有着非常广泛的实际用途。这项研究为帮助人类了解放射线与物质之间的相互作用,特别是深入理解气体在低温下的量子物理特性,开辟了道路。

2008 年 7 月,美国现任总统奥巴马属下的两位华人部长——能源部长朱棣文与商务部长骆家辉联袂访华。这是中美两国关系史上第一次有两位华裔部长同时访华。7 月 15 日 11 时,朱棣文在清华大学主楼二楼报告厅就全球变暖和

能源利用发表演讲。

今天我想谈一谈应对能源和气候变化挑战的问题,同时我也想谈一谈中、美这两个伟大国家之间的一些相似点。

中美两国在能源需求方面有共同点

什么是能源挑战?不同的人有不同的解读。首先是(各国)对油气资源为代表的自然资源的竞争加剧和忧虑加重。随着世界进步和发展中国家的经济发展,对油气资源的需求必然会增加。任何一国的长远发展,都与以可持续方式利用能源息息相关。最后,还有关于气候变化的争论,有支持的也有反对的。正是因为这个原因,10 年前我作为一个科学家开始接触关于气候变化的资料时,我是有所怀疑的。但大概是在 6 年前,我终于确定,气候变化是真的存在。也正是因此,我改变了自己的职业:我决定放弃自己钟爱的物理学和生物物理学研究工作,转向气候变化这个问题。这也是我离开斯坦福去伯克利国家实验室的原因。

从中美两国与石油的关系来看

美国石油生产量在 20 世纪 70 年代达到顶峰。1950 年前,美国还是一个石油净出口国。但 50 年代后,美国成了一个石油净进口国。目前美国 60%的石油消耗依靠进口,国际油价有高有低,美国花在进口石油上的资金是每年在两三千亿美元到六七千亿美元之间,基本是以千亿计的。

中国也曾经是一个石油出口稍微高于进口的国家。但自 1994 年起,中国成为一个净进口国,而且进出口缺口日益增大。今天,中国的石油大概有一半要依赖进口。因此,中国走的是美国走过的同一条道路,只是速度更快。当然,石油也属于大宗国际商品,所以各国都为此耗资巨大。

全球气候变暖的威胁

除了石油和天然气需求增长,我们还面临着另一个前所未有的挑战。这是政府间气候变化专门委员会(IPCC)自 1970 年开始的气温观测数据。自 1850 年到现在,全球平均气温在上升。北半球的升温快于南半球。我们可以理解其中的原因:北半球有更多的陆地,在我们释放温室气体的同时,南半球的海洋导致其升温缓慢,地球需要一定的时间进行对流。

我们知道,这些数据模型很多是由计算机模拟推演出来的,甚至有很多我们无法理解。其中一个例子是北极冰盖。9 月份一般是北极冰盖融化最多的时候,通过比较 2007 年和 1979~2005 年的北极冰盖外缘,我们发现它融化的速度超过 IPCC 在 1995 年作出的推算。这十分令人费解,但如此快的融化速度足以引起我们的警觉。

人类对海平面上升的速度也进行了观测和记录。地质数据间接证明，在过去2000年间，海平面相对于地面的距离大致是稳定的。当然由于板块作用，海平面也有起伏，但是我们这里讲的是全球平均水平。自1970年起，全世界都对海平面上升进行了测量，在最初20年中，海平面每年上涨0.6毫米，可以说是轻微涨幅。然而现在的上涨幅度已经达到了原来的5倍，也就是每年3毫米。最新的观测数据，远远超过我们原来的气候变化数据模型的预测。我们正努力理解其中的原因，但或许全球变暖的进程加快是答案之一。

我们会作出什么样的预测？当对某一地的发展前景作出预测时，不确定性就比较大。所以我们需要将其看做是不那么准确的预测。但是不管怎样，我们的最新模型对加利福尼亚2020~2049年和2070~2099年的变化进行了预测。有两种情境，分别是温室气体高排放和低排放下的不同情境。低排放情境指的是各国领导人就《京都议定书》达成协议；高排放情境是一切照旧，不做任何事。根据这两个情境，我们会得出2050年的二氧化碳排放值。

在低排放情境中，加利福尼亚的山脉积雪，同时也是该地区的主要可饮用水源，本世纪上半叶会减少26%。而在悲观的高排放情境下，该处水源将只剩下60%。到本世纪末，加利福尼亚的这些饮用水资源在乐观情境下将仅存27%，而在悲观情境下将仅存11%。

这对加州来说意味着什么？我曾经在加州生活过多年，当加州的积雪连续两年低于正常值25%的时候，就得施行饮用水定量供应制度。而我们的预测中，最乐观的预计也是到本世纪末也将仍然如此。可见气候变化的后果是相当令人震惊的。

在悲观情境下，到本世纪末加州将不再有雪。在加州，冬季是下雨和下雪的季节，然后就有6至8个月的时间不再降水。这将是最糟糕的水系统。因为当山中下雪时，山脉以山顶积雪的形式把水储存下来，并让其慢慢融化直至7月份。然后水库大坝又可以储存融化的水。因此，如果没有积雪保存水资源，下雪季节将只有雨，夏、秋季节则迎来的是干旱。这一情景将不仅发生在加州，美国西部和中西部的情况将是同样的严峻。

当我们讲到积雪和冰川时，情况更让我们担忧。从喜马拉雅山脉的冰川图来看，在过去50年中，中国西部地区的冰川体积已经缩减了21%，减少速度大概是每年10~15米。可见中国和美国面临的问题是一样的，区别只是中国的问题要更严重。喜马拉雅山脉和青藏高原为长江、黄河等大河的源头提供了水源，这些大河养育了全世界1/3的人口。如果这些山地中没有雪来保存水资源，我们将面临同样的问题——冬季水多成灾,夏季缺水干旱。

我们再看看更大范围内的问题。全世界的冰川都在融化,而且在加速融化。在过去45年间,我们已经失去了大约9000平方公里的冰川面积。这看上去似乎没什么,相反我们有了更多的融水,事实上我们看到的是更多水灾,一旦所有的冰川融化殆尽,真正严重的问题就来了。

全球变暖和人类活动密不可分

全球正在变暖,而事实证明这是人类导致的。我们利用数据模型,来比较有人类活动参与和没有人类活动参与的纯自然环境下的地球气温变化。200年前,大气中的二氧化碳和二氧化硫的含量开始变化,这是因为工业革命恰好在那个时候兴起。在宇宙射线作用下,碳14的生命周期很短。我们从地下提取的石化燃料所含的碳14,大多都是已经耗尽的。我们发现碳14正在大规模减少,这是人类活动造成温室气体增加的有力证据。

通过比较历史不同时期重水中的氢分子的质量,我们可以看到,二氧化碳和地球气温之间有着联系。当然在2000万年前,地球上的二氧化碳浓度比现在还要高,但那时候地球是另一个样子。

我们可以想象,不同温度对地球造成的影响。在冰河时代,地球的平均气温只是低了6摄氏度。然而正是这6摄氏度的区别,使当时奥尔良以北的美国和加拿大领土终年被冰层覆盖着。由此我们可见,6摄氏度的平均温差给地球带来的变化是巨大而深刻的。同样的道理,如果地球温度上升6摄氏度呢?我相信带来的同样也是巨大的变化。

事实上,二氧化碳在大气中的增长过于迅速,地球气温的变化还没有跟上这一速度。就算我们现在完全停止全球的所有二氧化碳排放,也需要100年的时间才能使地球温度稳定下来。按照《京都议定书》规定的目标,我们应将大气中的二氧化碳当量控制在550ppm。人们认为,假如大气中二氧化碳含量控制在450—500ppm,我们就能避免气候变化带来的一些极端恶果。如果我们什么都不做,一切照旧,那么后果将不堪设想。

科学家告诉我们,地球正在变暖,而这与人类排放的温室气体有很大关系。中国和美国今天的二氧化碳排放量占到了世界总量的42%,中、美两国在未来几十年的作为将决定世界的命运。因此,美国必须小心行动,减少二氧化碳排放,我希望中国也作出同样的努力。

中方说,我们仍是一个发展中国家,我们的总排放量超过美国,但是我们有13亿人口,而美国只有3亿,我们的人均排放量低。另一个理由是,美国自工业革命以来,已经排放了多于中国排放的二氧化碳。但是按照中国碳排放量的增长速度,如果中方继续高能耗的发展老路,不开发新能源,在不久的30年内,中国的排放总量将会和美国自工业革命以来的历史排放总量一样多。因为中国人口众多,中国、印度和墨西哥等发展中国家在未来30年的排放量,将使得所有其他排放国相形见绌。因此,我们不能这样讲:发达国家,是你们制造了气候变化这一问题,应该由你们来解决。我们都生活在同一个世界上,发达国家确实造成了问题——我承认这一点;但是如果发展中国家不采取行动,就会使这一问题恶化。所以我们必须协同解决它。这也是为什么奥巴马总统已经承诺:美国将在本世纪中叶前减排80%。

除非发展中国家承诺在本世纪中叶之前减排,不然,世界就会面临很大的危机。中国之所以有如此高的排放,很大程度上是因为其高度工业化。中国正进行大量的基础设施建设,需要大量的水泥、玻璃和铝材等等。在接下来的30年内,如果按照目前的速度发展,其排放量将严重超出现有水平。

不减排的后果

我们现有的数据模型告诉我们,随着全球变暖,芝加哥一年内将有1/3的温度在华氏90度以上。1995年,芝加哥曾有100多人因为类似的高温而死亡。全球变暖的后果,将使芝加哥每年有10倍于此的死亡人数。如果我们采取了行动,在乐观情境下,这一数字将减少为每年400人。

我今天为诸位带来的信息,不是"将会不会发生不幸的事",而是将会发生不幸,或者将会发生更不幸的事。

按照我的中国同事们的研究,中国在过去每20年发生一次热浪袭击。而现在,每两三年就会发生一次。海平面也会上升,美国一些地区将被淹没。按照IPCC的预测,海平面如果上升30厘米,将淹没8万多平方公里的沿海低地。不仅如此,风暴发生的频率也会增加。我们还没有掌握飓风、台风和热带风暴的机理,但是我们可以肯定,随着海水温度的升高,飓风和台风的力量会增大。

由于中国沿海人口密集,特别容易受到海平面上升的威胁。中国由于海平面上升而被迫迁移的受灾人口,有可能超过孟加拉国。

世界各地的气温也会上升。很多雨水将以瓢泼的形式从天而降,造成严重水灾。而到了夏天,则会更加干旱少雨。尽管从总体平均值上来看我们有了更多的水资源,但却不是以我们所希望的形式增加的。

中国的粮食生产能力也将受到打击。IPCC的报告和美国与中国科技部合作研究的结果都显示,在高排放情境下,到2030年,中国的作物产量可能减少

5%~10%。到2010年,稻米、小麦和玉米产量可能下降37%。

最后,还有一个更可怕的危险——我们称其为"倾点"。举例来说,在世界北部,尤其是俄罗斯,有广大的冻土带,冻结了数百万年以来积累的植物残骸。据测算,冻土带里储存的碳,是现在全球大气中含量的两倍。一旦全球变暖达到特定的温度,冻土带开始融化,细菌就将开始分解其中的有机质,大量的二氧化碳和甲烷就会释放到大气中,全球变暖就会进入恶性循环,冻土带将会加速融化。

格陵兰岛的冰盖有3000米厚,现在已经开始融化,正变得越来越薄。地面会比冰层更容易吸收热量,一旦冰盖下的地面暴露,冰盖就更加难以恢复。用物理学的术语讲,冰盖的恢复有滞后效应,需要很长的时间完成。而假如格陵兰冰盖融化,海平面将上升7米。如果西南极洲的冰层融化,则全球海平面将再上升30英寸。这样的上涨数字是惊人的,并且海水的流动也没有国界之分。

科学家现在已经有了充足证据,证实地球变暖是由人类活动引起的温室气体造成的。一旦温室效应气体(GHG)达到一定水平,地球将被太阳加热,直到地球升温到一定程度,地球对外辐射热和吸收太阳能达到一个新的平衡点为止。我们还没有达到该平衡点,因为海洋的升温比较缓慢——深海部分温度更低。在深海的温度达到一定高度之前,地球将继续变暖。这一过程的后果,将会是我们花100年也不一定能弥补的。也就是说,如果我们直到完全确认这一后果之后再采取行动,那就太晚了。

如何应对气候变化

科学技术与正确的政策相结合,就可以帮助我们解决问题,而且我们有解决这些问题的能力。1960年,世界人口达到了30亿,今天全球人口有65亿。在上世纪60年代末,由于发展中国家的人口爆炸,曾经有人预言数百万人将会面临饥饿威胁。一位研究人口模型的斯坦福教授作出了同样的预言。但事实上,没有出现数百万人饿死的情况。

1970年,摩根·波洛克获得诺贝尔和平奖,因为他培养的杂交种子使墨西哥小麦的产量增加了5~7倍。在世界各地,谷物产量都增加了3~7倍。杂交良种、化肥和灌溉的应用,使得谷物产量的提高实际上超过了人口增长的速度。与此同时,全球耕地总面积没有变化。

类似的情况还发生在20世纪初的时候,欧洲面临饥饿威胁,然后开始利用来自南美的海鸟粪和智利的硝石作为农业肥料,这最终导致了化肥的产生。哈伯和博世发明了人工合成氨的方法,使人工肥料生产成为可能。在上述两个例子中,科学都(至少是临时的)拯救了人类。

我们今天面临气候变化危机，而科学又将扮演拯救者的角色。在能源强度（创造单位财富消耗的能量）方面，中国一直做得很好，能源利用效率逐年提高；但到了 2000 年，中国的能源强度也开始增加。美国消耗了大量能源，但因为其财富也同样巨大，所以能源强度更低，而且还在继续降低。能源强度的变化是令人担忧的问题。中国 2005 年宣布，要采取切实有效的措施改变能源强度提高的趋势，并将中国的能源强度在 5 年内降低 20%。要实现较低的能源强度，各种基础设施就得按照高效、节能的方式设计和建造。美国的基础设施，一度是在资源丰富和人们对气候变化并不知情的情况下建设的。到了 2005 年后，我们认识到，不节能的基础设施带来了严重后果。奥巴马总统要求加强这方面的投资和科学研究，美国国会也通过了一项关于二氧化碳减排的法案，目标是到 2020 年减少 17% 的排放量，到 2050 年减少 80%。这项法案还需参议院通过，但至少它显示了本届美国政府正努力在这方面扮演领导角色。

奥巴马总统在捷克首都布拉格的演讲中有一段话："现在是我们改变能源使用方式的时候了。我们必须一起应对气候变化的挑战，通过发展风能和太阳能的利用，减少对化石燃料的依赖。我向各位保证，美国将在这一努力中承担起领导角色。"现在我在这里也向诸位作出同样的保证。

● ● ● ● ● 【讲演点评】 ● ● ● ● ●

2008 年 7 月 15 日，诺贝尔物理学奖得主、美国现任能源部长朱棣文，在清华大学发表主题为《应对能源与气候变化的挑战：两个国家的故事》的演讲。报告厅里座无虚席，人头攒动，鸦雀无声。华裔科学家杨振宁也低调出席，坐在前排全程聆听。

身材清瘦、头发花白的朱棣文准时到场。尽管天气炎热，但他仍正装穿扮，白色衬衫、深色西装、深色领带。他迈着稳健的步伐，走到演讲台中心，一落座即向人们展现儒雅的笑容。

"我的父母都毕业于这所大学！今天我能在这里演讲，感到骄傲和自豪。"演讲一开始，朱棣文第一句开场白就提到毕业于清华大学的自己的父母，似乎有意拉近与台下清华师生的关系。(朱棣文父亲朱汝瑾和母亲李静贞，早年都毕业于清华，后到美国麻省理工留学。)

在幻灯机的配合下，朱棣文结合自己过硬的专业物理知识，通过自己精心准备的统计数据、图表等资料，开始用纯正美国口音的英语，用大量的科学事实，内容翔实、条理清晰地介绍了气候变化与人类活动的关系，以及利用可再生能源等应对之道。全程 80 分钟，朱棣文几乎一气呵成。他的讲座与科学家的特质相适，严谨、用数据和事实说话。在整个演讲过程中，他很少使用手势和身体语言，偶尔的一个细小手势，便会引起台下记者的一阵狂拍。

"你们都知道小鸟怎么飞吧？就像这样……"朱棣文突然伸开双臂，微笑着模仿扇动翅膀飞行的动作,解释如何在应对气候变化中运用仿生原理,以制造发明新能源飞机,显示他在学术之外幽默的一面,引发演讲大厅内 500 多名师生略感诧异的笑声。

能源危机、气候变暖、海平面上升、建筑节能设计、能源作物种植……这位科学家部长的演讲,带着浓浓的科学气息。演讲中,朱棣文的表情并不多,所展示的幻灯片大都是数据和图表,科学家用数据与事实说话的特性展露无遗。

朱棣文在演讲中特意提到,2008 年是《中美政府间科学技术合作协定》签定 30 周年。这项合作是中美之间持续时间最长的协议,它开启了政府之间合作的典范。

朱棣文指出,中美两国二氧化碳排放量占世界总量的 42%,中国现在已成为仅次于美国和日本的世界第三大石油进口国,"这已经超越了发达国家和发展中国家之间责任区分的问题。""我们正在改变我们这个星球的命运。""我们今天正在做的事情的后果,要到至少 100 年之后才能被完全了解。"不过朱棣文仍乐观地认为,尽管面临的形势比较严峻,但"我们依旧可以解决问题,可以修正问题"。

朱棣文还提到了不少节能减排的新技术和新观点。例如,为解决全球变暖,各国应尽可能将建筑物屋顶漆成白色。他说,如果所有屋顶漆成白色,路面和汽车也使用浅色,就可以大量反射太阳辐射热量,在降低温室效应作用上,相当于世界上所有汽车停止行驶 11 年减少的碳排放。他引用研究报告声称,白色屋顶可使一座建筑节能 20%。白色屋顶还可帮助降低建筑物温度,进而减少空调的使用,达到节能减排目的。(但这个观点在科学界也有不少异议。)

最后,朱棣文引用了美国民权运动领袖马丁·路德·金的一句名言,强调应对气候变化的紧迫性:"我的朋友们,我们现在面对着这样的事实——明天就是今天。当今形势异常紧迫,人类的历史长河中反复上演着这样一个悲剧,这就是太迟了。"

朱棣文称,他来中国访问的目的,不仅是要与中国政府、企业,就全球变暖、清洁能源、技术利用等进行谈判和合作;他还要就他对全球变暖和能源利用的观点,来影响中国大众,使人人都能为阻止全球变暖行动起来,作出贡献。

美国能源部在一份公告中表示,朱棣文这次堪称是"绿色外交"。他访问的主题,将是寻求中、美两国在发展清洁能源方面的共同利益,呼吁两国共同展开拥有知识产权的国际合作,共同应对能源与气候变化的挑战。

清华大学建筑系大三学生小毛说,朱棣文的讲演感觉更像科学讲座,引用大量数据和图表,论据、观点都十分严谨,逻辑清晰,而趣味性相对差一些。

"他讲演的时间大大超过我们的预期。"清华大学建筑学院研究生韩福桂说,"环境问题是个老问题,但他的讲演立意很高,并不乏味。"

"朱棣文为科学研究作出了重大贡献,如今又处于重要的领导位置,这就是我对他的评价。"杨振宁在听完讲演后这样对记者说。

赵小兰

21 世纪的美国和中国

赵小兰,1953 年生于台湾台北,祖籍上海嘉定,1963 年随父母移居美国。2001 年美国当选总统乔治·布什提名其出任劳工部长。她是美国历史上第一位进入内阁的华裔,也是内阁中第一位亚裔妇女,还是二战以来服务得最久的劳工部长。

2008 年秋,赵小兰来到北京,出席第四届中国国际安全生产论坛,并参加第五次中美经济战略对话。11 月 18 日,她接受中国大学生国际讲坛的

赵小兰

邀请,在清华大学主楼报告厅作题为《21 世纪的美国和中国》的讲演。

在即将于 12 月 4 日和 5 日举行的中美经济战略对话之前,很高兴有机会访问清华大学。上次到北京是今年 8 月,参加奥运会闭幕仪式。中国做了出色的准备工作,举办了一届令人难忘的奥运会。2008 年 7 月 29 日,我出席了在美国首都华盛顿举行的中国驻美大使馆启动仪式。我也曾参观过在北京的美国驻华大使新馆,两位布什总统都出席了这座新馆的启动仪式。这些事情,都是中国在世界上影响力日益增长的象征。

现在,美中文化和经济关系,比过去任何时期都要密切。中国已是美国第二大贸易伙伴,仅在今年度的前8个月,双边贸易就达到2670亿美元。

我们两国之间有着生机勃勃的关系,但我们有更多能分享及相互学习之处。所以,今天晚上,我希望能就美国经济、美国劳工,以及劳工部在推动我国经济方面的作用,和各位分享我的心得,还想和各位分享我对美中两国文化的一些观感。

众所周知,因为房屋市场的问题,以及金融市场和信贷市场的停顿,美国经济正经历困难的短期性挑战。过去两个月以来,这些挑战变得特别严重。不过,这些问题影响美国几乎已有一年,特别是影响了就业市场。美国的就业机会经过52个月的连续增长之后,于2008年1月开始流失。在2008年的前10个月,美国净流失了120万个就业机会。这和消费者大幅减少开支,以及金融市场的停顿有着直接的关系。中国的出口业,也感受着美国消费者减少开支的影响。

美国政府采取了积极、果断的措施来处理这些问题。造成这些问题的根本原因,是房屋市场的回落,并因此形成金融与信贷市场的停顿。所以我们要采取一系列具体措施来解决这些问题,这些措施包括拨发拯救经济的紧急纾困金7000亿美元的一系列计划,以便使银行资金重新周转、金融市场重新运转。此外,政府还提高了对所有银行中有利息或无利息支票的保险金额。这只是无数措施中的几项。11月15日,即刚刚过去的周末,布什总统在华盛顿主持了二十国集团领导人金融市场和世界经济峰会。中国是出席高峰会的国家之一,这从另外一个方面体现出中国在世界上日益增长的影响力。

我们需要一段时间,才能使这些措施发挥作用。不过,我们有充分的理由相信,这些措施将是有效的,美国经济将恢复增长,并创造就业机会。

所有这一切,都反映了一个事实:美国超过14.4兆亿美元的经济规模是庞大、多元并富有活力的。在美国,没有任何一个经济领域居主导地位。所以,某个经济领域的损失,经常可以从另外一个经济领域获得弥补。就业机会的增减就表现出这一点:整体而言,我们的经济正失去就业机会,但有些经济领域却不断增加就业机会,如医疗保健业,这是因为美国人口的老龄化;还有与能源有关的产业,特别是采矿业,也在增加就业机会。

设立"中美经济战略对话"框架,使两国政府可以进行部长级的高层次对话。随着本届政府任期的结束以及新政府的过渡,希望这个对话框架能够在美国新一届政府执政期间继续向前推进。美国总统当选人交接团队也派员出席对话,以便了解这一对话的好处。

现在,请允许我和大家分享有关美国劳工的讯息。

和中国 8 亿 300 万劳动力相比,美国的劳动力很少,大约 1 亿 5500 万人。美国的劳动力有三个特点:生产力高,并具有灵活性和机动性。

去年即是 2007 年的 9 月,联合国下属的国际劳工组织,把美国劳工的生产力评为世界第一。高生产力是美国劳工的关键之处,因为高生产力代表高工资。事实上,甚至在目前经济发展缓慢的时期,美国劳工的生产力依旧很稳定。过去 4 个季度以来,美国劳工的生产力提高了 2%。在美国,40 余岁的工人,都曾做过十多份不同的工作。一般而言,转换工作是为了寻求更好的机会。所以,在美国,更换工作是很平常的事情,这也是人民随着经济发展而追求自身发展的方式。

美国劳工的灵活性和机动性也鼓励企业家精神,创业精神继续成为推动我们国家经济成长的重要成分。事实上,在过去 15 年中,美国新增就业机会的 2/3 都是来自中小企业。在美国的公司中,99% 都是中小企业;私营企业提供的就业机会中,83% 来自中小企业。

和中国一样,美国是一个有着不同地区的国家。不同地区的民众,有着许多不同的经验。但是,本届政府认为,私营企业是提供就业机会和推动经济成长的主要动力,而非政府。政府的作用是创造环境、提供条件,以推动经济成长并创造就业机会。

在上述的政府宗旨中,劳工部扮演着重要的角色。这是因为,劳工部颁发并执行的法规,影响着几乎每一位美国劳工。这些法规涉及多个层面,主要有:保证劳工拥有健康安全的工作环境;保证全时劳工获得全时薪酬;保证劳工退休之后的长期福利。

劳工部的年度预算为 500 亿美元,聘用了 17000 名雇员;劳工部为失业保险制度提供经费,因此根据经济情形的好坏,每年预算会出现数十亿美元的波动。甚至如美国这样一个国家,都永远没有足够的资金,以派出检查员前往检查每一家企业。所以,培养职场安全的文化气氛以及把职场安全列为首要工作,十分重要。

美国联邦劳工部也通过劳工统计署,收集与美国劳工及就业有关的统计资料。精确的统计数字,是追踪劳工状态以及帮助美国劳工指定成功策略的关键。欢迎各位造访提供无数资料数据的劳工统计署网站。也可以直接到劳工部网站,然后再点击劳工统计署。

◎现场提问

讲演结束后,赵小兰还回答了现场听众的一系列提问。现综合问答内容,整理如下：

一、自信是跨越歧视的法宝

从一个出生在中国台湾的女孩，到进入美国主流社会，学生很关心她在异国他乡是如何跨越种种障碍取得如此高的政治成就的。她说，当我来到华盛顿时，三大门槛等着我：一、我很年轻；二、我是一位女性；三、我是少数族裔。人们可以从其中任一方面对我形成歧视。跨越歧视关键还是看你自己。你必须拿出自信，为一个伟大的目标去奋斗。实现这个目标不仅为你自己，更是为了这个国家。除此以外，你还需要努力工作证明你的能力。

她认为，当今的美国更像是世界上其他国家的一面镜子，因为美国非常多元化。丰富而多元是美国的一大优点，奥巴马能当选总统也恰恰证明这一点，奥巴马班子的华裔面孔也说明这一点。

她还鼓励在座的学生们："你们年轻、聪明，赶上了中国经济发展的好时候。你们要自信和努力，成功在你们面前。"

二、东西方文化需要更多沟通

赵小兰是美国首位华裔内阁成员，因此常常被问到东西方文化的异同之处。赵小兰说，中美文化有很多共同之处，比如都重视家庭，都重视教育，都认为努力工作是通往成功的道路。但两国文化也有很多不同之处：

"在亚洲社会，强调为集体做好工作；在西方社会，往往奖励、提倡、强调个人的成就。亚洲文化强调不要宣传个人，强调个人的牺牲；在西方，个人需要的是最佳的自我宣传。我们有两种不同观察世界的方法，不能说一种方法比另一种好。但是两种文化通过不同的途径沟通时，可能发生误解和误传，这就是两种文化之间需要更多的互动和沟通的重要原因。"

赵小兰通过自己的经验举了实例："中国人喜欢意会。但在美国你不确切说出你想要的，别人不会猜出来。在中国会议上，往往是一个接一个发言，打断别人是被视做不礼貌的。但一位美国朋友参加中国会议后发现，因为没人打断他，这个会议就由他滔滔不绝说了很长时间。"

她认为中美关系也需要更多沟通，"我们有两种不同的观察世界的方法，但不能说一种方法比另外一种更好。在当今世界经济背景下，每一种观察方法都有其优点。"她说："中国是世界上最大的发展中国家，美国是世界上最大的发达国家，美、中两国的关系只会发扬光大。两国关系无法避免地会有起伏，这也是我们为何需要互相沟通、学习并理解对方、分享我们各自经验的原因，这样两国的人民才可以迈向成长和繁荣。"

三、布什"保护了美国人民"

当学生问及她对布什的看法时,受到布什提拔的赵小兰不忘为"老板"辩护。她说:"人们看到的只是媒体所表现出来的布什形象。"实际上"布什是个很不错的人",他不太看重媒体对他的看法。

她说,媒体在美国的权力是非常大的。媒体本应该是客观的,但也不完全是这样,因此和媒体交流的能力是非常重要的。其实布什在上任之时已经做好与媒体打交道的准备,在父亲老布什任总统的时候他就在学习与媒体相处。而他面对的现实却是:总统90%的工作是对各种各样的突发事件作出反应。

赵小兰强调说:"布什担任总统之时有很多发展计划,但'9·11'事件的发生改变了一切,改变了我们这一届政府的工作导向。"她说自此之后,布什的精力完全投入到保护这个国家上,他将因保护人民载入史册。但在伊拉克和阿富汗的反恐战略,也造成了他在美国民众中支持率的大幅度下降。美国的民主制度决定了如果总统不能在民众中保持一定的支持率,那么这个总统就无力影响国家的变化。她说:"这是本届总统布什的悲剧,但他的功过自有历史去评说。"

赵小兰也认为这是布什"信念坚定"的原因。她援引布什的话说:"我知道现在我不太有威望,但我不在乎现在世人对我的看法。我对公众支持率的竞争没有兴趣,我的第一任务是保护美国人民。即便有人对我保护国民的方式并不认同,但我知道等我卸任的时候,美国人民是安全的。"布什每天早晚都会听取对世界各地恐怖主义动向的报告,以确保国家不受安全威胁。

赵小兰说:"我认为他保护了美国人民。事实如此,'9·11'之后,美国人民没有再被攻击过。他的功过将会有后来人作客观评价。布什是一个风趣的人,他对家庭忠诚,也很敬重他的父亲,他说最大的幸福就是他的父母能活着看到他的成就。"

● ● ● ● ●【讲演点评】● ● ● ● ●

2001年,美国总统小布什力邀赵小兰出任劳工部部长。小布什称赞她有很强的行政能力、很高的工作热情和为民众谋福利的责任感。但出人意料的是,他遭到了赵小兰的再三婉拒。她认为时机还没有成熟。直到老布什出面说话,她才欣然接受。1月29日,美国参议院一致通过布什的提名。1月31日,赵小兰宣誓就职,成为美国历史上首位华裔部长。赵小兰不但为美国华人参政树立了新的丰碑,也圆了好几代人的"美国梦"。她竭尽自己的才华和实力,以勤奋工作和勇于献身的精神,走出了一条通向理想境界的道路。

就在赵小兰出任美国劳工部部长的听证会上，一位国会议员语带双关地试探她："你当了劳工部部长，是否将成为美中两国的桥梁？"赵小兰不卑不亢地回答："布什家庭本身与中国领导人有着极佳的关系，我是美籍华人，当然希望能成为美中交往的桥梁，为两国的友谊和发展贡献力量。"她是这么说的，也是这么做的，此后就一直在为中美两国的交往和交流而努力。此次演讲，亦是其中表现之一。

而此次在北京清华大学的演讲，是赵小兰卸任前在中国学府的最后一次演讲。她谈到了美国大选、金融危机等热点问题，谈到了美国经济、美国劳工，以及美国劳工部在推动美国经济方面的作用，谈到了她自己对美中两国文化的一些观感。大学生们还向她提出了各样问题，赵小兰不仅一一回答了问题，还鼓励学生们抓住机会努力实现梦想。

有人评价，赵小兰聪慧、勤奋、坚强，同时又不失温婉与孝顺。在她的身上，既具备了中华民族谦虚、勤奋的美德，又有美国人竞争、宽容和诚实的优点。一些苛刻的媒体谈及赵小兰的成功时，也无不赞扬"她那种不亢不卑、带有适度的矜持与华裔尊荣的气质"。在这篇演讲中，也体现了她为人处事的这些优点与特点：风格平实、亲切、严谨、细致；言语简要，毫不啰嗦；积极努力，解决问题；充满情义，诚恳坦率。

刘兆玄

21 世纪是谁的世纪

刘兆玄,1943 年生于湖南衡阳,台湾空军司令刘国运上将五子。台湾政坛风云人物,教育家,化学家,文化学者,武侠小说家。毕业于台湾大学化学系,后赴加拿大雪布克大学化学系、多伦多大学化学系深造,先后获得硕士、博士学位。1971 年返台,任教于新竹清华大学化学系。1987 年至 1993 年任新竹清华大学校长。2000 年任东吴大学校长。2008 年任"行政院长",2009 年辞职。2010 年任台湾文化总会会长。

刘兆玄

2010 年 5 月 16 日,作为台湾文化总会会长的刘兆玄,在北京清华大学主楼报告厅发表讲演《21 世纪是谁的世纪》。本文是经台湾文化总会审查后确定的公开发表稿,对原稿大有删节。

《纽约时报》专栏作家、《世界是平的》作者托马斯·弗里德曼到台湾访问时曾找我聊天,他说美国人之中,对中国会不会崛起存有一些歧见。有人认为中国背负着很多问题,是泡沫经济,只是昙花一现。我们就这个问题聊了很多,意见都挺一致。我们都认同中国崛起,而且在未来还会有更大预期。这和台湾过去的步调非常像,先从教育与经济发展入手,再发展民主。然而这样还是不够的,它还需要文化思想。

著名经济历史学家汤恩比曾说19世纪是英国人的世纪,20世纪是美国人的世纪,21世纪是中国人的世纪。我们确信,中国大陆会变成或者已经是全球最大的制造中心、消费市场,而且还会持续增长。那它会不会变成20世纪的美国或19世纪的英国?我要说"No!"除非它能对人类文化有重要贡献,不然它只是一个最大的制造者或消费者。19世纪的英国,不仅是殖民帝国和船坚炮利,它同时带来工业文明和科学的兴起,还有人权精神、教育体系、工业建设。这是它带给世界文明的贡献。20世纪的美国也不只是好莱坞与华尔街,其创新科技的发展与贡献、平民式的民主,还有活泼、进取的精神,让更多有才干、有潜力、愿意努力的人都愿意跑到美国去圆他们的美国梦,这是它的贡献。这种文明不是自私的文明。

有一些理想,我们讲了两千年了,但却没有机会实现,就是王道。孟子去看梁惠王的时候,梁惠王说,老先生,你不远千里而来,对我们国家有什么好处?孟子说:"王!何必曰利?亦有仁义而已矣。"后面孟子就谈了王道。讲得是非常之好,可是从来没有实现过。历史上的国家变强后都很霸道,会不会接下来第一次在历史上出现一个大国,变强了以后实行王道?这才是最重要的崛起。

这个王道有什么内涵?它就是"己所不欲,勿施于人"。现在的西方文明,主要是"己所欲,而施于人",是一种把宗教、文化强加于其他国家和文明的精神,因此有文明冲突论。但中华文明是不一样的。它是"我不把自己不要的,强加到他人的身上"。这是一种对其他国家和文明的尊重。王道精神对内是善待所有弱者,包括弱势民族,或是国家;在国际上,用王道的精神,协助弱小国家,解决各种纷争。这是中华文化可以为这个世界奉献的精神。

就台湾来看,它可以起到很大的作用。台湾有很深的中华文化底蕴。当大陆在进行"文革"的时候,台湾仍在进行传统文化的教育。同时,它也是移民文化与海洋文化的总合。它在一直不断地变化,天生具有包容性、多元性,而多元文化往往会有更多创新性。因此,如果我们给予它更多的自由空间,会有很多发展。

以饮食为例,台湾有一样东西很吸引人,就是小吃,它就是融合创新的结果,不同时节会有不同创意的新小吃。假设不是以中华文化为根基,和其他文化结合,也不会有像李安这样的导演,也很难有余光中这样的作家。民间信仰中,源之于大陆的妈祖在台湾已经演变成一种文化。很难想象,5天的妈祖出游会吸引十多万人相随。

民间信仰还有一个特殊的产物,就是公益。慈济功德会的志工有100万人以上。每当灾难发生,最先到达的,常常是慈济的人。从早期的华南水灾,到汶川地震,都有他们的身影。我们不是常说"百万雄师"吗?而实际上,台湾的"慈济"是"百万雌师",它遍布在每一个地方,成为台湾文化的一部分。每年还有 45 万到 50 万的年轻人,愿意投入到志工的行列里。

最近有一个人,叫陈树菊,每天在菜市场卖菜,卖了 20 年,一个月大概赚 2000 多块钱人民币,自己只花 1/10,9/10 捐出去,20 年来共捐了 200 多万人民币,最近被《时代》杂志评选为"25 个全球之英雄"。她到美国去领了奖,曝光之后还是回来卖菜。这样的文化理念,让我想到《礼运·大同篇》讲的,"力恶其不出于身也,不必为己"。

展望未来,我希望崛起的不只是两岸华人,而是全球华人,甚至外国人,一起共同为中华文化作贡献。

2003 年,我到黄山去旅游,看到黄山上有些夹在千年名松、神木当中的小松,长得毫不逊色,顾盼生姿,它知道再过 1000 年它也是这个样子。我特别喜欢这些小松,写了一首诗,后来送给了台湾大学,今天也送给我们清华大学——"既生黄山巨石上,敢傲妙笔方是松"。

清华园就是黄山的巨石,在座各位就是那些长着顾盼生姿的小松,未来就是你们的。

● ● ● ● ● 【讲演点评】 ● ● ● ● ●

作为湖南人的刘兆玄,深受湖湘文化浸渍,历来推崇经世致用和以天下为己任,是典型的性情中人。但他此次大陆之行,只突出文化交流,绝口不谈政治,低调而谨慎。清华方面也未做大张旗鼓的宣传。他本人的演讲持续了大约 40 分钟,提问环节 20 分钟,整个过程衔接紧密,也很简洁。但依然言辞精美,内容丰富,意味隽永。

演讲开场,曾于 1982~1984 年任台湾新竹清华大学理学院院长、1987~1993 年任新竹清华大学校长,并从 1971 年开始就长年任教于新竹清华大学的刘兆玄,向北京清华大学的学生讲述了 1991 年清华大学 80 周年校庆时,两岸清华在隔绝 40 多年后首次以传真和电话接触的小故事,赢得满场的感动和掌声。

那是 1991 年,新竹清华请了 4 位杰出校友代表——杨振宁、李政道、李远哲和陈省身莅校进行讲演和研讨。就在校庆前几天,刘兆玄在与 4 人共进早餐时,陈省身提议:"我们要不要发一份电传到北京,表示一下同庆 80 周年啊?"于是 4 人就发了贺电给北京清华大学。"陈省身那时候 80 多岁了,还记得自己的学号。他们 4 人都在传真上写了学号。"

刘兆玄回忆道,"这时候,陈省身冒出了一句:'刘校长,你敢不敢也写一封?'我回道:'有什么不敢呢?'"于是,在陈省身的提议下,刘兆玄爽快地给北京清华大学发去了80周年校庆的贺电。过了十几分钟,主任秘书李教授告诉刘兆玄,北京清华校长室罗女士打电话来询问:"刚才收到的一份署名'刘兆玄'的贺电,是真的还是假的?"李教授回答说是真的,当时他就在电话里听到一片掌声。"就在那一片掌声当中,两岸清华展开断了40多年的重新联系。"

"一笔写不出两个清华。"刘兆玄说,在海外,两岸的清华学生有同一个校友会,一样的校歌、校训、校徽,一样使用紫色。现在两校正在谈双联学位、共同实验室等合作,希望能尽快实现。

其实,两岸之间,一笔写不出两个的又何止清华? 同文同种、同根同源的熟语后面,支撑着的是同姓张、王、李、赵,同讲礼、义、廉、耻,同写方块字,同过清明、春节。而历经离散、敌对,终能相逢一笑泯恩仇的,是血缘,是文化,是共同的历史记忆。政治的力量是强大的,但再强大的力量也改变不了血脉和历史。

在两岸之间喜欢设计"两个国家"戏码的人,先要正视"一笔写不出两个"的血缘、历史、文化的现实。罔顾常识的口号是可笑的,罔顾事实的目标是自欺的,"做不到,就是做不到",这话已经说到家了!

谈及两岸交流,刘兆玄指出,自从2006年连战的"破冰之旅"以来,两岸之间的互动进展迅速;尤其是在经贸方面,大陆和台湾都从中受益。他用了"big and hot"来形容两岸的经贸关系。他强调,以中华文化为根基的文化交流,才是两岸真正的最大公约数。2009年大陆到台湾的旅客超过100万,其中约一成是文教人员。两岸的出版交流和文艺交流频繁,且还有非常大的发展空间。

刘兆玄说,此次参访期间,参观了北京、上海和杭州的文化创意产业发展基地,令他印象深刻;而对中华文化的传承和对外来文化的融合,也使台湾的文化具有多元性。两岸的合作可以使中华文化的深度和广度结合创新的自由度,加之市场与资金的投入,推动文化创意产业蓬勃发展。

针对两岸文化交流,刘兆玄发表了独到见解。他指出,中华文化中有很多了不起的元素,两岸应加强交流,在传统元素中融入新观念。以中华文化为根基的文化交流,是两岸的最大公约数。他说:"我期待,两岸通过文化交流创造中华文化的复兴,找到新的普世价值,可以改变这个世界,为世界文化作出更大的贡献。"

"我们有很多的语言表达是相近的,例如'地道'和'道地'。但也有一些相差比较大,例如'脱产'在台湾是一种犯罪行为,表示故意规避财务责任;而在大陆这里是个中性词,表示离开主业。'窝心'在大陆是受到委屈或侮辱后,不能表白或发泄而心中苦闷的意思;而在台湾则是贴心、开心的意思。"刘兆玄说,"我们这次来,也与大陆的词学协会取得了联系,建议两岸合作编写一本《中华词语大辞典》。"

讲演最后,刘兆玄将自己多年前在黄山游览时,看到岩石上蓬勃生长的小松树有感所作的短诗——"既生黄山巨石上,敢傲妙笔方是松",赠送给清华的学子,以示勉励他们茁壮成长。

刘兆玄的演讲和问答,巧妙地隐藏了台湾人的观点;而台下学生的配合,也使得他此行顺利成功,不会回去挨骂。作为前"行政院长"能把话说到这样,也算是真正难得。

骆家辉

就清洁能源问题发表讲演

　　骆家辉,1950 年出生于美国华盛顿州西雅图市,母亲来自香港,父亲来自广东台山。美国民主党党员,政治人物。1997 年至 2005 年任华盛顿州州长,是美国第一个华裔州长。2009 年任美国商务部长,成为继劳工部长赵小兰、能源部长朱棣文之后美国政府第三位华裔部长。2011 年 3 月 9 日,美国总统奥巴马正式提名骆家辉出任新一任美国驻华大使。

　　2010 年 5 月 16 日,由美国商务部长骆家辉率领的贸易代表团开始访华之行。5 月 21 日上午,这位华裔部长来到清华大学,就清洁能源问题发表演讲,并现场回答学生与网友提问。

骆家辉

　　感谢大家邀请我今天来到美丽而充满历史氛围的清华校园。对于亲临现场和通过网络参与这场对话的各位师生,我深表感谢。

　　清华大学是中国最负盛名的高等学府之一,为中国培养了一大批最具威望和影响力的学者。今天能够在这里与各位交流对话,我感到非常荣幸。作为出类拔萃的国家文化和学术中心,清华拥有悠久而厚重的历史底蕴,更有着对科学和数理发现孜孜不倦的追求。正因为如此,清华大学目前已成为中国清洁能源研究的重要智库,在清洁能源研发规划领域发挥着核心作用。清华大学低碳能源实验室对于中国制定清洁能源政策具有重要影响力。我很高兴地了解到,美中科研人员一直都在通力合作,共同开发新的能源技术。

在清华,学术合作的精神处处可见。这对于美中政商界领袖而言,无疑有着重要的启迪。因为他们试图解决的,或许是当今世界面临的最大难题:如何才能满足 21 世纪的能源需求? 同时避免对环境造成灾难性破坏? 已故的诺贝尔化学奖得主 Richard Smalley 几年前曾奔波于世界各地举办讲座,阐述未来 50 年人类面临的 10 大全球性问题。Richard Smalley 博士重点提出的问题包括:获得饮用水、食品的权利和受教育权;贫困、人口过剩、恐怖主义和疾病问题;教育与民主问题。然而有一个问题,其重要性远远超出其他问题,这就是:能源。

Smalley 博士曾说过:"想象一下,如果世界能源问题能够得到解决,那么清单上剩下的 9 个问题,至少有 5 个将迎刃而解。如果能源问题得不到解决,其余问题能否找到可行的解决方案,尚是一个未知数。"那么,我们所谓的"能源问题"具体是指什么呢? 首先,我们需要更多能源,比现在多得多的能源。到本世纪中期,全球的能源消费有望翻一番。为了说明问题的严峻性,我们不妨做这样的设想:为了满足未来的能源需求,本周我们必须要启动两座新的 1000 兆瓦发电厂。然后在接下来将近 30 年的时间里,每周都要陆续建造两座新电厂。即使这样,现实情况仍然远比我所描述的更为复杂……这是因为,我们所寻找的并非是传统意义上的能源。我们需要的是清洁的新能源,以避免发生灾难性的气候变化。同时,这种能源还必须价格低廉,以便保障我们的经济发展。

我坚信,美中两国必将在解决这一问题方面发挥带头作用。一方面,在导致气候变化的温室气体问题上,两国同为世界上最主要的排放国。仅仅出于这个原因,我们就对防止海平面上升、旱灾和气候突变加剧负有道义上的责任。如果不能减少化石燃料消耗,未来这些灾难无疑会成为现实。这就是摆在我们面前的能源和气候挑战极其真实、同时又极其可怕的一面。不过,机遇总是与挑战并存。能源问题也不例外。为了控制温室气体排放,我们需要开发清洁能源和能效技术。我相信,这将是 21 世纪最为重要的经济契机之一。全球能源市场价值 6 万亿美元,而其中增长最快的当属清洁能源和绿色能源领域。正因为如此,我于本周访问中国,并带来了 20 多家美国企业。他们代表了美国在清洁能源、能效以及电力存储、输配电领域的最高水平。这些企业拥有的尖端技术,能够帮助中国实现雄心勃勃的能效目标,同时为中美两国创造更多的就业机会。但我们也要记住,成功应对气候变化所需的很多技术目前还并不存在。这有可能是新一代生物燃料、模块化核反应堆、智能电网充电的电动汽车,或者足以改变全球能源利用方式的碳捕获和储存技术。也可能是上述所有这些技术。或者可能是我们目前无法想象的革新发明。这正是清华的学子和科研人员大有可为的领域。美国、中国和全世界都寄希望于像在座诸位这样充满智慧和激情的一批人,去发现这些新的能源技术。虽然能源问题令人生畏,但并非没有解决之道。

你们每天在这里所学习的数理知识和工程技术,正是解决其中很多问题的工具。凭借你们的天赋、创造力和聪明才智,你们完全有能力改变这一切,我衷心希望各位能够把握机遇。大家可能还有很多问题,我非常乐意在此一并解答。

◎ 现场提问

问:骆家辉先生,非常感谢您的讲话。我是清华大学工程物理系的学生,非常欢迎您来清华大学。第一个问题,您会如何实现美国出口量的增加,请举一些具体的例子。清洁能源能不能解决我们面临的问题?

骆家辉:我非常荣幸能够回答你的问题。美国总统宣布一个雄心勃勃的目标,未来 5 年让美国出口翻一番、创造 200 万新的就业机会,因为美国失业问题很严重,就像中国问题也很严重。但美国企业有非常好的产品和服务,他们在全球都有市场,在未来 10 年我们估计会新增 10 个亿。他们本来是贫困人口,他们会升级到中产阶级,会需要家电和汽车、交通工具以及更好的医疗服务,他们要旅游等等。所以,美国的企业在这方面可以发挥作用,满足全球各地的需求,改善他们的生活质量。在美国,我们生产的产品和提供的服务,以及在清洁能源、设计、工程和能效方面都有,再有电力、传输、风能、水能、潮汐能技术,这些都可以出口。所以我们相信有很多的商业机会,帮助中国的政府和民众,实现中国雄心勃勃的目标,这也会创造更多的美国就业机会。

问:我们知道您的讲演非常精彩,能不能分享您成功最重要的因素?

骆家辉:一个好的教育是成功的基础。我觉得,教育是社会最大的平等话题。不管你的家庭收入、性别,你的种族或民族,如果我们都有一样的教育机会,都有一样的平台,有教育我们才能实现我们的目标。要鼓励人们有很大的理想和梦想,让他们获得教育机会,使得这些梦想得以实现。所以,我把我的成功归功于教育以及我的家庭情况。我的祖父是在中国出生的,他移民到美国,在华盛顿州工作,后来他回到中国成家生子。我爸爸是在广东省出生的,后来我的祖父和爸爸移民到美国(在1930年左右),我爸爸在美国参军,在二战服役,后来回到美国跟我妈妈结婚,后来在华盛顿州成家了。我们家庭的基本理念是教育,他们非常重视教育,所以我觉得这是我成功的一个重要原因。我认为你们在清华所获得的教育,也会为你们未来的成功铺路。你们在未来会做很多事情,所以你需要独立思考的能力以及广泛的知识。不管你选择什么样的职业,都会发挥重要的作用。

问:骆家辉先生您好,我是清华大学建筑学院的学生。我想问,美国对华的高科技出口控制问题,美国政府会不会出台更灵活的政策?

骆家辉:这是一个很好的问题。有些人不了解,其实对华出口产品大部分不会受到出口控制,少数受到控制的产品,大部分都是获批,只有很少的产品无法出口,这些极为少数的产品是涉及敏感的安全和军事技术。这些是我们不得不保护,没有任何国家可以进口。但是总统下令让我们重新思考我们出口控制政策,要进行改革,要认定哪些产品对我们国家安全是最为重要的,保护那些极为少数的产品,其他都要放松我们的控制政策,让我们的产品可以出口到世界各地,我们正在向这个目标努力。

当然,针对不同的国家有不同的政策。如果有紧密的联盟关系,或安全方面有密切的合作,我们可以把这些敏感的产品出口到那里。

问:美国有没有摆脱金融危机? 您对中国在危机中的表现如何评价?

骆家辉:美国正努力解决创造这个危机的基本问题。美国国会马上要通过一项重要的立法,这仅仅是一部分,我们参议院和众议院要达成妥协。不管怎样,我们会通过立法防止这些不良的做法。过去几年不良的做法导致了金融危机,现在欧洲正在发生危机,有一些国家有主权国债的危机,所以我们要保证自己的经济是强劲的,可以为我们公民提供更充足的就业机会。所以胡锦涛等世界领导号召我们重新组织全球体系。其他的国家包括中国在内,不要高度依赖出口,因为欧洲的危机可能会使中国的出口下降,虽然出口还是中国经济重要的组成部分,但是占的比例可能会有所减少。要发展国内的企业,要重视内需,年轻人当然有很多的东西需要消费,你们在成长的过程中的消费会有助于国内企业。

问:我们个人能做什么促进清洁能源?

骆家辉:第一个是回收再利用。我们不要不断开采自然资源。如果我们可以回收再利用,可以节约很多资源,比如木材,这样就可以保护环境。不要老喝塑料瓶装的矿泉水,如果能喝自来水就很好。看你买的产品有没有太多塑料的包装,最好买那些可以持久一些的产品。要更多走路,少打一些车,多乘坐公交车。我觉得最关键的是环保意识,我们在日常生活中所做的都会影响我们的环境。

问:早上好,我来自清华大学汽车工程学院。我想问的是,我们都知道,混合动力车早晚都会取代传统的柴油或汽油为动力的汽车。各国政府都努力开发这方面的技术。我想问一下美国采取的措施,中美在这方面有什么样的合作?

骆家辉:这个合作非常重要,我们高度重视这个问题。奥巴马总统以及国会各个议员都要减少化学燃料的消费,要转移到清洁能源,用混合动力车,或电力车。奥巴马要斥资 800 亿美元研发清洁能源,研发电池,以及给生产商提供补贴,或者经济刺激。所以我们大力支持混合动力和电力车。

问:部长先生您提到中美两国在应对气候变化和清洁能源起到带头作用,但是现在气候方案在美国国会暂时无法获得通过,您如何评价?

骆家辉:我们相信奥巴马总统会尽快通过这个立法。如果我们在国会无法通过这个法案,还有其他的法案来减排。我们联邦政府有一个环保总署,它可以坚持制订温室气体排放的目标。我们希望国会采取行动,但是如果它们不采取行动,我们还有其他的做法。

问:我想问一下,什么时候有华裔做美国总统?

骆家辉:现在关键有没有亚裔和华裔的人来参选总统。奥巴马有这个意愿和坚持,受到美国广泛的支持,所以奥巴马总统打破了玻璃天花板,消除了种族和民族的障碍,担任了我们国家最高的领导职位。有很多华裔做州长、国会议员、有名的科学家。还有能源部长朱棣文去年(更正:应该是前年)在清华大学发表演讲,他也是我们部长。所以我们有这些优秀的人才,关键他们要不要利用优势去担任职务。

问:我是来自清华大学汽车工程学院的。您带领 25 个美国企业,您有没有具体的措施能够让中国和美国成为技术方面的合作伙伴,不仅仅是经济方面的合作伙伴。

骆家辉:参加代表团的企业,在中国可能有经营基地,或者在中国研发,可以拿美国的技术为中国具体国情来具体设计,可能会把技术出口中国,而原材料在中国组建,给中国带来更多的就业机会。这些美国企业会在中国组建产品,之后这些产品会出口到美国。很多企业是合资企业,共享研发资源,中国方面也可以从中获益。

问:骆家辉先生,我来自清华大学国际关系学院。我想问中国的收购在美国受到什么样的反馈?

骆家辉:美国是全球最开放的国家之一,我们欢迎外来投资,来自欧洲、中东、俄罗斯、日本甚至中国,有很多投资。只有很少的案例,我们不会让外资进入美国,这可能是涉及国家安全问题,大部分情况下需要批准,但一般情况下都会批准这些投资项目,只是很少的项目被拒绝了。不仅是中国,全世界各地的大部分投资项目都可以获批。

问:作为一个中国人,我对美国的国债感到担忧,您能不能担保我们对于美国的国债?

骆家辉:我知道我们面临很大的债务,很多是过去 8 年里累计起来的。当克林顿总统离开职位的时候,我们财政是有盈余的,后来才有赤字。奥巴马总统上任以后接手的财政状况是不好的,但是现在在改善,现在对联邦机构其他的支撑已经冻结了,除了国防和社保等,还进行了医疗改革。随着时间的推移,可以节省开支近 1 万亿美元。我们知道需要改进财政政策,我们需要更多的储蓄,经济不能由贷款来驱动,我们要控制支出,才能控制财政赤字。回到外资的话题,我们对于外资是非常开放的,这就是为什么坚持美国去所有国家投资,我们总是希望在其他的国家,美国的公司可以在公平的场所竞争,我们可以跟别的国家签订贸易协议,确保公正的待遇对待美国的公司,不管是清洁能源还是其他项目。

问:骆家辉部长早上好,我是这个大学国际关系学院的研究生。您刚才提到一个事实,美国和中国可以说是温室气体最大的两个排放国,另外中国的人口比美国多 4 倍,那意味着美国人均排放水平是中国人均排放水平的 3 倍或 4 倍。作为美国的商务部长,您重点不是改变美国人民的生活方式。您觉得用什么方式才可以改变美国公民的生活习惯?

骆家辉:我们美国人承认人均单位水平来讲,我们排放的温室气体比任何国家都要高。我们知道,中国尽管人口比我们多 4 倍,但你们产生的温室气体比其他国家都要多。所以美国和中国要成为降低温室气体排放的“火车头”。消费者要改变消费能源的习惯,这也是奥巴马总统注重清洁能源的研发,要改变汽车能效的标准。对于消费电器的标准,我们正在大力推动降低温室气体排放的标准,用新的清洁能源替代。麦肯锡的报告说,我们不需要建更多的电厂,就可以实现对能源的需求,不管是天然气还是清洁煤或核电等,这些对于环境还是有影响的。比如要做风力涡轮,还是要用化石燃料,我们能源的需求当中很大一部分还是可以通过提高能效,比如电机、家庭供热或建筑材料等等,通过增加能效还是可以节省很多能源的消耗。所以,商务部在美国家庭、企业界都做到提高能效,我们完全认识到这一点。我们人均产生温室气体是世界第一位,所以奥巴马比美国任何一位总统都关注气候变化。

问:谢谢,我是国际关系学院的。美国出口管制的法律是在 40 多年前,上世纪 70 年代制定的,应该要更新了。对于新出口法的方向是怎样的?如何反映现在中美贸易的现实?

骆家辉:我们现在着手改变出口管制的体系,奥巴马总统已经作了这样的指示,要加强敏感技术的保护,这样不会落到恐怖分子的手中。这些人是想要伤害热爱和平的全球人士。而同时我们对很多技术有不必要的限制,这些技术其他国家公司都可以购买销售的,所以这个审查正在进行当中,我们希望夏季可以推出新的政策。

问:您好,我是建筑师,我是美国人,我在这儿已经工作 3 年了。我有一些朋友也是律师,在全世界各个地方工作。可能因为金融危机,我们现在没办法回家。在美国有什么样的就业机会,我们想回家有没有就业机会呢?

骆家辉:我想你父母是要欢迎你回家的。你提了一个很好的问题,失业率在美国是很高的,大学毕业生找工作很难。美国很多人只是在兼职,因为公司裁员降低产量,有些人工作都还没有。所以这是美国总统工作最大的重点。要解决美国的就业,使每个想要工作的人都可以得到薪金丰厚的职业,当然清洁能源领域在未来会产生很多高薪酬的工作。这也是为什么去年美国总统致力于清洁能源的研发上面有 800 亿美元,还有税务等方面的激励,让私营部门研究,提出下一代汽车电池,有点混合车、电动汽车,甚至智能电网。如果有高效电动汽车,没有电网支撑是不行的。另外要鼓励节能,要让汽车储存多余的电力可以输回电网,所以需要的是智能的电网,所以价格在高峰时期和白天不一样。比如要用电子的烘干机,或家里用电脑设定在凌晨 3 点电价比较低。打开烘干机,电价在下午 3 点最高的,你烘干机就不要在下午 3 点用,也不要在这个时间用电炉或其他的电器。下午 3 点电价高,我就把电动汽车产生的电卖给电网,因为这时候电价最高,这就是很好地利用智能电网。这需要设计人员,你的电脑可以跟洗碗机沟通交流,可以自动地设置,这样可以把电卖给电网。我们需要的清洁的能源和高能效的大楼,我们很多的能源消耗是来自大楼的建筑,以及大楼的维护和运营。如果设计不好,夏天热气进来需要空调,冬天热气会跑。你需要很多化石燃料加热大楼,这样能效是很低的。我们设计下一代的电动汽车,或下一代油电混合车、风能和太阳能电池,以及潮汐发电和海洋能发电等,这些是很多的说不完的。所以奥巴马说,如果我们在清洁能源发挥领头作用,那么我们在全球经济也是领导的。美国和中国可以通过合作研发、生产制造等方面共同合作,实现高能效,并且降低碳排放。

最后总结一下，我对自己是华裔的身份非常自豪，也很自豪过去几千年来中国对于人类文明的贡献，我们发明四大发明、地动仪、哲学、建筑、中药等。但是100 年以后，如果中国和世界其他国家不严肃认真对待气候变化的问题，清洁能源以及提高能效的，以后历史教科书会不会忽略中国悠久传统文明，以及对人类文明的贡献，而被其他的国家责怪把世界推向不可逆转的气候变化灾难性的影响？我希望100 多年以后的教科书会说，美国和中国共同领导世界挽救了地球，逆转了气候变化带来的影响。我们有很好的机会，现在要做的就是让这两个国家联手合作。我们要抓住这个机会。谢谢！再见！

●　●　●　●　●【讲演点评】●　●　●　●　●

"思维敏捷、善于言辞"，这是美国首位华裔商务部部长骆家辉给清华众多学子留下的最深印象。

与别的演讲者不同，骆家辉具有自己的特征，其个人演说非常简洁、短促，而回答提问却非常多，解答也非常详尽，说明他更喜欢对话这种互动的方式。从中美经贸热点至全球气候变化，自成功秘诀到个人理想……短短 40 分钟，身着黑色西装、白色衬衣的骆家辉竟接连回答了 19 个问题，仍意犹未尽。

在对话过程中，位于环形讲坛中央、始终保持笔直站姿的骆家辉，面对任何问题，皆不假思索就侃侃作答，表达流利，思路清晰，且用语幽默。语速极快的他，更熟稔以目光与幽默感同听众进行良性互动，现场时常会迸发出一片轻松的笑声。

骆家辉说，全球能源市场价值 6 万亿美元，其中增长最快的当属清洁能源和绿色能源领域。到本世纪中期，全球能源消费有望翻一番。为满足未来的能源需求，同时控制温室气体排放以避免灾难性的气候变化，我们需要开发清洁能源和能效技术。

推销清洁能源技术是骆家辉此次中国之行的重中之重。他说，开发清洁能源和能效技术将是 21 世纪最重要的经济契机之一，相信美、中两国必将在这方面发挥带头作用。

骆家辉亲自出马推销美国清洁能源技术，一个重要的背景，是落实奥巴马政府的"国家出口倡议"战略。按照这一战略，在未来 5 年内，美国出口额要翻一番，并为美国创造200 万个就业岗位。在金融危机导致各国购买力下降的情况下，美国出口最大的指望无疑就是中国。

中美双方均认为，清洁能源是中美经贸合作中的新亮点，符合双方需求。但中国商务部有关负责人强调，在看到这一领域广阔合作前景的同时，美方需要在放宽对华出口管制方面做出实质性举动。清洁能源项目投资额比较大，而且相关投资决策具有长期性，如果美方在放宽对华出口管制方面没有实质性动作，未来可能成为双方合作的障碍。

"我相信有很多的商业机会,帮助中国的政府和民众,实现中国雄心勃勃的目标,这也会创造更多的美国就业机会。"这是骆家辉对中美清洁能源合作前景的评价。

"我觉得教育是最大的社会平等话题……我的家庭非常重视教育……我认为你们在清华获得的教育将为你们未来成功铺路。"这是骆家辉对个人成功秘诀的揭秘。

"我希望100多年后的教科书会说,美国和中国共同领导世界挽救了地球……我们有很好的机会,现在要做的就是让这两个国家联手合作。"这是骆家辉对于应对全球气候变化挑战的寄望。

他还不断鼓励大家少用塑料包装、少喝塑料瓶装的矿泉水、少打车、多坐公交,增强环保意识。

对于某网友关于"什么时候会有华裔人士做美国总统"的提问,"对华裔身份深感自豪"的骆家辉称赞奥巴马"打破了玻璃天花板,消除了种族和民族的障碍",但他称个人从未想过竞选美国总统。

清华大学经管学院学生张林军说,他对骆家辉的这席话最有感触。他介绍说,来听讲的同学来自多个学院,大家都想目睹这位华裔部长的风采,"他的演讲也让我们感触良多,以后会更加注意节能环保。"

清华大学汽车系新生刘洋说,他是第一次见到骆家辉本人,很欣赏其个人魅力。虽然今天活动收获良多,但让刘洋略感遗憾的是,自己没能就未来新能源汽车问题向骆家辉请教。

在全部提问中,没有出现与人民币汇率相关的问题。"美国对华高科技产品出口限制"成为热点话题之一。面对学生们连续"发难",骆家辉多次强调美国正着手修正放宽相关陈旧政策,并透露此年夏季有望推出实施。但他同时表示,"美国要确保对敏感技术的保护,这样才不会落到恐怖分子手中,他们是想要伤害热爱和平的全球人士。"

演讲与提问结束后,即将赶赴美国商会与美中贸易全国委员会午宴的骆家辉,仍不忘同前排就座的20多名学生及工作人员致谢告别,表现出良好的修养。

第三辑

大江健三郎

致北京的年轻人

　　大江健三郎,1935 年生于日本四国岛的爱媛县喜多郡大濑村。日本著名作家,诺贝尔文学奖获得者。1994 年,他凭着《个人的体验》与《万延元年的足球队》两部作品获得诺贝尔奖,而成为 26 年来第二位获得诺奖的日本作家。他在斯德哥尔摩发表题为《暧昧的日本的我》的获奖感言,比较全面、系统地论述了自己的文艺理念和文学主张。他还认为:"所谓文学的责任,就是对 20 世纪所发生过的事和所做过的事进行总清算。关于奥斯威辛集中营、南京大屠杀、原子弹爆炸等对人类的文化和文明带来的影响,应给予明确的回答,并由

大江健三郎

此引导青年走向 21 世纪。"同年拒绝接受日本政府拟议颁发的文化勋章。

　　2000 年 9 月,大江健三郎在北京清华大学图书馆发表演讲《致北京年轻人》。翻译是当时的清华大学中文系副教授王中忱。后此演讲稿全文发表于《中国青年报》(2000 年 9 月 28 日)。

1

　　能够和中国的青年学生们直接谈话,对于我来说,是最大的喜悦。在为这次

谈话做准备的阶段,我听说大家对我从一个"学生作家"起步的生活历程颇为关心。我想,关于这个问题,在我发言之后,回答大家提问的时候,可以具体地、轻松愉快地展开。在这里,我首先想谈的是,在我这样一个作家的生活里最为根本的,以及我对我所意识到的培育自己成长的文学与社会的思考。

回顾成为作家之前孩提时代的生活,首先不能不谈到日本对中国所进行的侵略战争,以及由此发展而成的太平洋战争。在这一过程中,国家主义的意识形态成了日本社会的基础。

但是,在那个时代,在我生长的山村里,还有另外一种和国家主义意识形态对立的思想,以地方历史或口头传说、民俗神话等形式存在着。在我的孩提时代,把这些讲给我的,是我的祖母、母亲等民间的女性。我通过她们的故事,知道了自己的村子,以及自己的近世的祖先们,面对从东京来的国家派出机构,用武力进行抵抗,曾经举行过两次暴动,特别是后一次暴动,还获得了胜利。那次暴动,是从 1867 年到"明治维新"前后之间举行的。并且,是在明治近代国家体制起步之后——在那开始的混乱时期——包括我们村子在内的地方农民势力战胜了国家势力。

关于这两次暴动的记忆,都从官方的记录里删除掉了。在学校的教育里,对此完全置若罔闻。但是,这些在山村妇女们的故事里,通过土地、风景以及和故事中的人物血脉相连的家族,生动地传承了下来。

一方面,在自己的家庭生活里,是女性们讲述的土地的历史、传说;另一方面,则是在学校里学习的社会统一的意识形态——以天皇为中心的历史和传说。我徘徊于两者之间,度过了自己的少年时代。现在,回顾这段经历,特别感到有意思的是,少年时代的我,既相信国家主义的意识形态,又从没有怀疑过山村的历史和传说。我终于发觉,那时,自己是非常自然地生活于二重性和多义性之中。我想,这是因为我们家里的女性们的讲述方式非常巧妙的缘故。

我母亲所讲述的,是早在日本成为近代国家之前,在我们这片土地上流传、与民俗的宗教感情密切相连的故事。并且,这些故事,在国家把奉天皇为神明的信仰作为日本的意识形态之后,仍然生动地存留在民众生活的层面上。

就这样,在具有二重性、多义性的民众意识和国家主义意识形态共存的环境中成长起来的我,在还是孩子的时候经历了日本的战败。并且,那是天皇用人(而非神)的声音宣布的具有打击性的经历。从那以后,在战后 10 年左右民主主义和和平思想最为高涨的时代,我从少年成长为青年。战后 10 年的后半阶段,在日本,兴起了认为作为宪法原则的民主主义和和平思想未必需要认真地推行这样一种社会风潮。但我认为，我是通过在战后民主主义时期接受的中等和高等教育，培养了自己的社会感觉。

在小说创作的同时，我所写作的时事性的随笔、评论，始终是把经历了从奉天皇为神明的国家主义的社会，向以独立的个人横向连接为基础的社会的大转变，最后自觉地选择了民主主义——这样一条轨迹作为一贯的主题。现在，在日本的传媒上，所谓公大于个人，并且把这个公等同于国家的公，诸如此类的国家主义意识形态再次成为一种强势。在这样的时候，我必须坚定地坚持贯穿自己人生经验的思想。

2

另外一个话题，我想谈一谈有一个身患残疾的儿子对作为小说家的我的决定性影响。我的大儿子大江光，出生的时候就患有智力障碍，这是一个偶然的事件。但是，作为年轻的父母，我和妻子决心为这个婴儿的生命负起责任的时候，这个孩子就成了我们人生中的一个必然的要素。

特别是，当我想通过和这个孩子共同生存而重新塑造自己作为小说家的生存方式的时候，渐渐地，我认识到，自己的家庭里有这样一位智力有障碍的孩子，对我来说，是意义极为深刻的必然。

在这个孩子出生的时候，我通过自己有过的动摇和痛苦，以及自己把握现实的能力的丧失，不得不重新检讨了两件事情。其一，像刚才已经说过的那样，我经历了那样的少年和青年时代，进入大学学习法国文学。在我的精神形成过程中，法国文学作为坐标轴发挥了作用。其中，萨特是最为有力的指针。但是，身患残疾的儿子诞生的几个月里，我终于明白，迄今为止我坚信已经在自己内心里积累起来的精神训练，实际上毫无用处。我必须重塑自己的精神。

虽然那时还不是结构主义的时代，但是，由于现实生活中发生的事件，我的内心世界、精神生活被解构了。我必须重新建构，以自己的力量，重新检讨塑造了自己的法国文学和法国哲学所导致的东西。并且，我重新学习法国的人道主义传统。我大学时代的老师、一位拉伯雷研究专家，拉伯雷时代的法国人道主义的形成，是他毕生研究的主题。我也从中感受到了某种和偶然相缠绕的必然。

另一件我必须重新检讨的事情，就是作为一个青年作家，我一直写作的小说，在当时，对于因为残疾儿诞生而动摇和痛苦的我，究竟有效还是无效？我想重建如此动摇、痛苦几乎绝望的自我。激励自己——需要从根本上恢复的作业。

于是，我想把这样的作业和新的小说写作重合起来，我写出了《个人的体验》。当我写出对自己来说意味着新生的小说的时候,我已经能够从积极的意义上认识和残疾的孩子共同生存这一事实了。

同时我也认识到,如此获得恢复的我,面对自己国家的社会状况,也必须采用新的视点。因为我热衷于个人家庭发生的事件,已经看不见作为社会存在的自己的积极意义。

我调查广岛原子弹爆炸的受害者,开始就是出于这样的动机。由此我也很自然地投身于原子弹受害者们的社会运动。关于广岛,我写了一本书,并把在那里的学习所得和发现,反馈到了自己的小说中。

和身患残疾的孩子共同生活了 6 年以后,也似乎是偶然的,发现孩子对野鸟的叫声很感兴趣。我和妻子创造了和孩子沟通交流的语言。不久,孩子的关注点从野鸟的歌声转向人工的音乐,我们的家庭也迎来了新的局面。

而作为作家,我也把我和发生如此变化的残疾儿子的生活写进了小说。尽管如此,在《万延元年的足球队》这部作品里,残疾儿的存在还是退到了小说的背后。这部小说,是把日本近代化开端时期最初向美国派遣外交使节的年份,和从那时起百年以后围绕反对《日美安全保障条约》改订而掀起的市民运动对照起来描写的,表现了这样一个大主题。这并不能以此说明残疾儿的存在退到了小说背后的原因。在写作这部小说的过程中,我的关心也常常在怎样推进和残疾儿共同生活上。

在这部小说里, 我主要刻画了没有和残疾儿共同生活下去的勇气的年轻夫妇是怎样颓废的。从消极的侧面,观照自己的家庭问题。所以对我来说,这部小说也仍然是从和儿子共同生活中生长出来的。

3

但是,把和自己家里的残疾儿子共同生活这样的事情作为所有小说的主题,对于一个作家来说,这是真正的文学创作行为吗？ 我想,大家可能会产生这样的疑问,我自己也常常直接面对这样的问题。我以为,我正是通过克服这个疑问的具体行动,从而积极地向前推进了自己的文学创作。

当我还是法国文学系学生的时候,我最初写作日语小说是出于以下动机:第一,我想创造出和已有的日本小说的一般文体不同的东西。关于这一点,迄今为止,我仍然在继续最初的想法。当然,从事小说家的工作已经 40 年,在实践过程中,我对文章、文体的认识也发生了变化。变化之一,是设定明确的意图,破坏作家已经创作出来的文体,这是有意识引导的变化;还有一种,则是可以称为自然成熟的变化。

但是,我并没有偏离在 22 岁的时候确立的创造日本小说迄今未有的文体这一根本的方针,也没有产生把这一方针改换得更为稳健的消极想法。

我的小说创作的动机之二,是想描述自己战争时代的童年和战后民主主义时期的青年时代。我的作品,无论是小说还是随笔,都反映了一个在日本的偏远地区、森林深处出生、长大的孩子所经验的边缘地区的社会状况和文化。在作家生涯的基础上,我想重新给自己的文学进行理论定位。日本的文学,无论是创作还是批评、研究,一个明显可见的缺点,是缺少提出方法论的意识。我从阅读拉伯雷出发,最后归结到米歇尔·巴赫金的方法论研究。以三岛由纪夫为代表的观点,把东京视为日本的中心,把天皇视为日本文化的中心,针对这种观点,巴赫金的荒诞写实主义的意象体系理论,是我把自己的文学定位到边缘、发现作为背景的文化里的民俗传说和神话的支柱。巴赫金的理论,是植根于法国文学、俄国文学基础上的欧洲文化的产物,但却帮助我重新发现了中国、韩国和冲绳等亚洲文学的特质。

作为一个小说家,我想要创造出和日本文学传统不同的文学。但自从自己的家庭出生了一个智力有障碍的孩子,和这个孩子共同生存,就成了我的小说世界的主线。对此,出现了批评的声音。因为在日本文学里,特别是近现代日本文学里,有所谓"私小说"这样一种特殊的文类。这是一种用第一人称"我"来描写作家个人的日常生活的小说。在作为一个作家开始创作的时候,我当然是和"私小说"这种文类对立的。我也曾经批判说,在日本文学中根深蒂固的"私小说"文类和这种文学传统,阻碍了日本文学的普遍化和世界化。那么,我以残疾儿童的家庭为舞台写作"私小说",这不是一种根本上的转向吗?这是贯穿许多对我所进行的批判的一个共同论点。

可是,其实我是想通过颠覆"私小说"的题材和"私小说"的叙述方法,探索带有普遍性的小说。从刚才我所谈到的巴赫金的理论向前追溯,我把俄国形式主义作为这些小说的方法论。我还认为,通过布莱克、叶芝,特别是但丁——通过对他们的实质性引用——我把由于和残疾儿童共生而给我和我的家庭带来的神秘性的或者说是灵的体验普遍化了。

同时,我把写作这些小说期间日本和世界的现实性课题,作为具体落到一个以残疾儿童为中心的日本知识分子家庭生活的投影来理解和把握,持续不断地把这样的理解写成随笔。再重复一遍,我认为,残疾孩子的诞生和与其共生这样一个偶然事件,和对此的有意识的接受,在那以后经过了 37 年,到现在,塑造了我作为一个小说家的现实。

4

最后，我想谈谈现在正在写作的小说。首先，这部作品使用了极其私人性的题材，这和刚才我所谈到的内容重合，可能会成为让大家感兴趣的一个条件吧。

二战结束后不久，我在我所出生的岛屿——四国岛上最大的一个城市的高中读书。在这个地方城市里，有 CIE、美国情报文化教育局设立的图书馆。在那里，我第一次接触到了《哈克贝利·费恩历险记》的原版书。在这以前，我曾读过译本，非常喜爱，并终生受到它的影响。

在读高中时候的一个朋友，也给年轻的我以影响。我曾经和他一起接触过美国兵。这位朋友，后来成了电影导演，创作了获得世界性好评的《蒲公英》等作品。他就是伊丹十三。我和他的妹妹结了婚，刚才说过的残疾孩子，就出生在我们这个家庭里。我们的儿子大江光，现在还遗留着智力障碍病症，但已经用对他而言唯一可以自由表现自己的语言——音乐，创作了表达他内心世界的作品。伊丹十三根据我的小说，原样使用大江光的音乐，导演、摄制了电影《安静的生活》。在这以前，伊丹摄制过正面批判日本暴力团的电影，获得了很大的成功；同时，也受到暴力团的行刺报复。这不仅给他的肉体造成创伤，也给他的心理造成了创伤。在那以后，伊丹突然自杀。

我想重新认识、理解伊丹和既是妹夫又是朋友的我，和他的妹妹我的妻子，还有我们的儿子大江光四者之间的长久的关系。在不断思索的过程中，我逐渐认识到，战争失败后不久，和占领军美国兵的关系，也是我们的经历中一个重要的事件。

可是，我一直没有找到把这个事件写成小说的线索。直到去年，在加利福尼亚大学伯克利校区停留期间，好像是偶然的，我读到了森达克的日常谈话记录和以此为主题的卡通《在那地方的外边》。这些书使我获得了写作自己小说的方法。

我的妻子，看到少年时代非常美好、善良的哥哥突然发生变化所受到的冲击，并成为永远的心灵创伤。还有，生了一个和正常人不同的孩子，为了把存在于遥远的地方的那个正常孩子抢救回来，发现了不正常的孩子和自己之间的共同语言——音乐。森达克的书，启示我深入理解这些事情的意义。

森达克的卡通，以欧洲的传说故事中的变形为主题。故事内容是：一个婴儿被可朴林盗走了，作为他的替身，留下一个奇怪的生物。为了救回被盗走的婴儿，姐姐不断努力，最后终于救出了妹妹。我把这个故事里的姐姐阿答，一位勇敢而美丽的少女,和我的妻子的孩提时代重叠,由此找到了自己小说的根本的叙述方式。在战后混乱时期生活过来的年轻人,无论是我还是伊丹,还有头部畸形的光,不都是被可朴林偷盗走的真正美丽的孩子的替身的变形吗?

同样,正是由于一位既是妹妹、又是妻子和母亲的女性的勇敢的劳动,创造了我们的家庭。而就在这个美满故事进行的中途,她的哥哥突然自杀了。

我一边写作自己的变形小说,一边思考这样的问题。可以认为,这不只是伊丹十三个人的问题,同时也是在战后的混乱时期度过青春、生活在经济繁荣和繁荣以后长久持续的不景气时期、现在面临老年的我们这一代日本人的现实性课题。

现在,回答大家的提问,进行自由对话吧。我在准备这次讲演的时候,中国方面曾提议让我谈谈中国、日本的年轻人如何开拓出共生的道路。在这次讲演的结尾,如果能让我就这样一个主题,谈谈看法,我感到非常荣幸。

为什么这样说呢? 因为对于我这样步入老年的人来说,谈论这样的主题,只能谈谈"应该这样做"一类的希望了。而像大家这样的年轻人,则要提出具体的构想,并努力使之实现。所以,我想听听大家对此的决心。我自己也要发言,我想把在此基础上进行的对话,都传达给日本的年轻人。

如果能够起到这样的作用, 那对于一个对日本和中国的人们共生的亚洲和世界的 21 世纪寄托着希望而写作至今的日本知识分子来说,该是多么幸福的事情啊!

谢谢!

● ● ● ● ● **【讲演点评】** ● ● ● ● ●

"好!"2000 年 9 月的一天,诺贝尔文学奖获得者、日本著名作家大江健三郎,在清华大学向清华、北大师生发表正式演讲以前,模仿中国著名剧作家曹禺的神态,用夹生的汉语说。

1960 年,大江健三郎随同日本作家访华团第一次访问中国,曾专程拜访曹禺。大江对曹禺说:"你写《雷雨》时在读大学,我也是在大学开始小说创作的。"大江年轻时非常喜爱的话剧作品《雷雨》,是曹禺在清华读书时创作的。而创作地点正是大江演讲的地方——清华图书馆。大江说,在曹禺当年创作《雷雨》的地方,"与中国的青年学生们直接谈话,这对于我来说,是最大的喜悦。"

与其他文学或别的大师、其他诺贝尔奖获得者明显不同的是,在这场演讲里,大江健三郎鲜明地体现了他的风格——质朴、谦逊、善良、随和、直率、诚恳,毫无架子,毫无派头。(可是,他的小说风格却远不是如此。)这绝对不仅仅是因为他出身于偏远乡下的贫寒农家的缘故。

大江健三郎是一名"知识分子作家",他正关心着三个问题:一是核武器问题,二是环境问题,三是日本与包括中国在内的亚洲国家"共存共生"的问题。他对日本"国家主义"倾向,二战期间对包括中国在内的亚洲国家的侵略屠杀罪行不忏悔,抱有警惕和严厉的批判态度。他说:"石原慎太郎当选东京都知事,是东京都市民的耻辱。"

大江健三郎在演讲中介绍了他当年作为"学生作家起步的生活历程",以及"一个作家的生活里最为根本的,以及我对我所意识到的培育自己成长的文学与社会的思考方法"。他概括自己的"文学上的最基本的风格,就是从个人的具体性出发,力图将它们与社会、国家和世界连接起来"。

这篇演讲稿虽然篇幅有限,不过数千字而已,但内容广博,语言流畅,思想深刻,理论性强,显示作者高超的文学造诣与丰富经验。作者谈到了自己的少儿经历、家乡社会、民族情结、国家背景、大学教育、西方文学、儿子残疾、家庭关系——尤其是后两点等方面对他的文学思想与文学创作的巨大影响,以及他在这些影响下的反思、挣扎与突破,还有完善、升华与提高。对于爱好文学艺术或立志从事文学创作的人们来说,这具有很大的启发和教益。

布　什

在清华大学的讲演

布什(George Walker Bush)，俗称小布什，1946 年生于美国康涅狄格州纽黑文市，后在德克萨斯州米德兰市和休斯敦市长大。共和党人，基督教卫理宗教会成员，美国第四十三任总统，其父乔治·赫伯特·沃克·布什(老布什)是美国第四十一任总统。小布什于 2001 年就职总统，2005 年连任。

2002 年 2 月 22 日上午 10 时 30 分，正在中国进行国事访问的美国总统布什，在时任中国国家副主席胡锦涛的陪同下，来到北京清华大学发表演讲，并接受清华学子的提问。胡锦涛致欢迎辞。

布　什

非常感谢胡锦涛副主席的欢迎致辞。非常感谢您在这里接待我和我的夫人劳拉。我发现她与鲍威尔先生相处得很好，今天很高兴看到国务卿先生。同时我也看到我的事务助理赖斯女士，她曾经是斯坦福大学的校长，因此她回到校园是最适合不过了。我非常感谢各位对我热情的接待，很荣幸能够来到中国，来到清华大学这所世界最伟大的学府之一，这所大学恰好是在美国的支持下成立的，目标是为了推动我们两国的关系。我也知道清华大学对于副主席先生有着十分重要的意义,他不仅在这里获得了学位,而且在这里与他优雅的夫人相识。我想同时也感谢在座的各位同学给我这个机会,跟大家见面谈一谈我自己的国家,并且回答大家的一些问题。

清华大学的治学标准和声望闻名于世,我也知道能考入这所大学也是一个成就,祝贺你们。我不知道大家是不是知道这一点,我和我的太太有两个女儿,她们像你们一样正在上大学,有一个女儿上的是得州大学,有一个女儿上的是耶鲁大学。她们是双胞胎。我对我们的两个女儿倍感骄傲,我想你们的父母对你们的成就同样也是引以为荣的。

我这次访华恰逢重要的周年纪念日,副主席刚才也谈到了,30年前的这一周,一个美国总统来到中国,他的访华之旅目的是为了结束两国长达数十年的隔阂和数百年的相互猜疑。尼克松总统向世界显示了两个迥然不同的政府能够本着相互的利益、相互的尊重来到一起。那天他们离开机场的时候,周恩来总理对尼克松总统说了这样一番话,他说你与我的握手越过了世界上最辽阔的海洋,这个海洋就是互不交往的25年。自那时以来,美国和中国已经握过多次的友谊之手和商业之手。

随着我们两国间接触日益频繁,我们两国的国民也逐渐加深了对彼此的了解,这是非常非常重要的。曾经一度美国人只知道中国是历史悠久的、伟大的国家,今天我们仍然看到中国奉行着重视家庭、学业和荣誉的优良传统。同时,我们也看到中国也日益成为世界上最富有活力和创造力的国家之一,这一点最佳的验证是在座诸位所具有的知识和潜力。

中国正走在一个兴起的道路上,而美国欢迎强大、和平与繁荣的中国出现。美国人在更进一步了解中国的同时,我却担心中国人不一定总是能够很清楚地看到我的国家的真实面貌,这里面有多种原因,其中有一些是我们自己造成的。我们的电影,还有电视节目,往往并没有全面反映出美国。

我们成功的企业显示了美国商业的力量。但是我们的精神,我们的社区精神,还有我们相互对彼此的贡献,往往并不像我们在金钱方面的成功那么显而易见。

有一些关于美国错误的描述是他们做出的,我的朋友——美国驻华大使告诉我,中国的教科书讲到美国人欺负弱者,压制穷人。另外有一本中国的教科书是去年出版的,书里说联邦调查局的特工们被用来压制劳动人民。这两种说法都是不真实的。这种措辞很可能是过去时代遗留的产物,不过它确实是误人子弟的,而且是有害的。美国人对于保护穷人或者弱者有着特殊的责任感,我们政府每年花费数十亿美元来提供医疗、食品和住房给那些无法自助的人们。

更为重要的是,我们许多的公民主动捐出自己的时间、金钱帮助有需要的人士。美国人的同情心同时也远远地超越了我们自己的国界。在人道主义援助方面,我们居世界首位,援助世界各地的人民。至于我们的联邦调查局和执法界的人们,他们本身就是劳动人民,他们从事限制打击腐败。我们国家毫无疑问有自己的问题和缺陷,像大部分的国家一样,我们正走在一个漫长的道路上,走向自己理想中的平等和正义。但是我们国家成为一个希望的灯塔是有原因的,世界各地很多人梦寐以求地来到美国也是有原因的,是因为我们是自由的国度。在美国,无论男女都有机会实现自己的梦想,不论你的背景、家境如何,在美国都可以得到很好的教育,可以创办企业,可以养育子女,可以自由地从事宗教活动,并且可以推选出你自己社区和国家的领导人。在美国,你可以支持我们政府的政策,同时你也可以公开、毫不掩饰地表示不同的观点。有些人害怕自由,他们会说自由可能会导致混乱,但是实际上并不会这样。因为自由的含义远远超越了人人为己,自由赋予了我们很多的权利,同时要求他们履行重大的责任。

我们的自由因为有道德,所以是一种有方向、有目的的自由。我们的自由在社区中、在宗教中得到熏陶,同时也有法律监督。我的国家最伟大的象征就是自由女神像,我不知道大家是不是看过她,她是经过精心设计的,她手里拿的是两件东西,而不是一件,其中一件拿的是大家比较熟悉的火炬,是自由之光,另一个手里拿的是法典。我们美国是一个自由的国家,每一个法律都是独立的。我是总统也无法告诉你是怎样判案的,根据我们的法律每一个人都是平等的,没有任何一个人是凌驾于法律之上的。

我们有着一部宪法,它现在已经有 200 年的历史,它限制并且平衡 3 个部门之间的权利,我是行政机构的一员。指导我们美国生活的很多价值观,首先都是在家庭中陶冶形成的,就像在中国一样。美国的妈妈、爸爸们疼爱他们的孩子,为他们辛勤劳动,做出牺牲,因为我们相信下一代的生活总会更好。

在我们的家庭中,我们可以找到关爱,可以学习如何负起责任,如何陶冶人格。很多美国人都主动地抽出时间为其他人提供服务。有很多人,成年人中几乎一半人,每周都拿出时间使得他们的社区办得更好,他们辅导儿童、探访病人、照顾老人,并且做许许多多数不胜数的事情,这就是我的国家的一大优点。人们主动地承担起责任,帮助他人,他们的原动力就是善良的心,还有他们的信仰。

美国是一个受信仰指导的国度。曾经有人称呼我们是教会制衡的国度,有95%的人说他们信神,我便是其中之一。几个月之前,我在上海见到江泽民主席的时候，我感到非常荣幸地跟他分享我的经历，就是信仰是如何影响了我的一生，信仰是如何充实了我们国家的生活，信仰为我们指出一种道德的规范，这超越人们的法律，也号召我们承担比物质利益更为崇高的使命。宗教自由不仅不可怕，而且应当受到欢迎，因为信仰给我们道德的追溯，它教我们如何用高标准要求自己，如何爱其他人，如何为其他人服务，如何有责任地过我们的生活。如果你到美国旅行的话，你会见到来自不同种族背景、有不同信仰的人，我们是多元化多姿多彩的国家，在那里有 230 万华人繁衍生息。在我们大公司的办公室里有华人工作，在美国政府内阁里有华人工作，在奥运会有代表美国参加比赛的华人。在美国只要宣誓效忠美国，就会成为不折不扣的美国公民。在美国的生活是多姿多彩的，但仍然是一个国家。美国的所有这些特征，都在一天之中生动、有力地显示出来，这就是 9 月 11 日，那天恐怖分子攻击了我的国家，美国警察们和救火队员们，成百上千的人冲进燃烧的大楼，他们带着一线希望来拯救他们的同胞。志愿者来自各地，来帮助救援工作，美国人中有的献血、有的捐钱来帮助受难者的家庭。美国各地都举行祈祷会，人们升起他们的国旗，表明他们作为美国人的荣誉和团结。这些都不是政府下令做的，都是自由地、自发地、主动地做出的。

美国的生活表明，在一个自由的生活中多样化不是混乱，辩论不是争斗。一个自由的社会，信任其公民，会在其自身和国家的身上找到一个伟大的境界。我在 1975 年有幸访问过中国，在座有些人可能还没有出生，这也表明我是多么老了。从那时以来，贵国发生了很多变化，中国取得了举世闻名的进步，在开放方面、在企业方面、在经济自由方面都是如此。从所有的进步中，人们可以看到中国有着巨大的潜力，中国已经加入了世界贸易组织。在诸位履行新的义务的同时，这些新的义务将对贵国的法律制度带来变化，一个现代化的中国将有着法制规范他们的商业生活。物质利益的诱惑在我们的国家给我们的社会造成了挑战，在很多成功的国家也造成了挑战。

诸位，重视个人和家庭责任的古老道德传统将使各位受益匪浅。在中国，如今经济成功的背后有着有活力的人才。在不久的将来，这些人无论是男是女，将在政府中发挥积极和全面的作用。清华大学她不仅在培养专家，她也是在培育公民，公民在他们国家的事务中不是袖手旁观者，而是建设未来的参与者。变化正在到来，中国已经在地方一级进行不记名投票和地方选举。在 32 年以前，中国伟大的领导人邓小平说"中国最后将把这种民主选举推广到中央一级"，我期待着这一天的到来。上千万中国人如今都在重温佛教、道教和一些地方信仰的传统，还有信仰耶稣、伊斯兰和其他的宗教。不管怎样,他们都不会对公共造成威胁,他们是很好的公民。中国在包容各种宗教方面有古老的传统,我为一切迫害的终结祈祷,让所有的中国人都有从事宗教的自由。所有的这些将导致中国更加强大、更有自信,这个中国将使世界瞩目,也使世界更加丰富,这个中国就是诸位这一代帮助创建的中国。现在是非常令人振奋的时刻,此时此刻就连最宏伟的梦想也似乎唾手可得。我的国度为中国表示尊敬和友谊。再过6年,来自美国和世界的运动员将到贵国参加奥林匹克运动会。我坚信,他们能够见到的中国将是正在变成大国的中国,一个走在世界前沿的国家,一个与其他人民无争的中国。

◎现场提问

问:昨天,我也参加了您和江主席联合记者招待会。我注意到,当有人问美国的TMD(战区导弹防御系统)是否包括台湾时,您并没有直接回答。此外,在谈到台湾问题时,您为什么总使用"peaceful settlement",而不用"peaceful reunification"这个词呢? 这两个词有什么不同呢?

布什:非常好的问题,首先你的英文非常好。讲到台湾问题,很重要的一点就是美国的政府在讲到如何和平解决台湾问题的时候,总会说到和平对话。我们强调和平这个字,我们指的是双方都要以和平的方式来解决,任何一方都不应有挑衅的行为。我跟中国领导人多次的谈话,每一次我都强调我们是支持一个中国的政策,而且这是我们长期、一贯的政策,到目前为止没有改变。

至于有关导弹防御系统,我已经说得非常清楚,这是一个防御性的系统,是要帮助我们的盟友和其他的国家来保护他们免受无赖国家的攻击,而这些国家他们是希望能够发展大规模杀伤性武器的。我想制定这个系统对和平是非常重要的,这也是我要说明的,这是事实。发展导弹防御系统,目前我们还不知道可行不可行,但是它会对全世界带来贡献。

还有一点,我觉得对中国、美国来说都是有必要知道的,就是美国政府希望和平解决发生在全世界的问题,美国要处理的问题非常多,比如中东问题。你们从新闻上也知道,这是非常危险的时代,我们希望克什米尔的问题能够解决,这对中国也是非常重要的。我到中国之前到了韩国,我明确表明了,我们需要和平地解决朝鲜半岛的问题。

问:刚才您的回答还是没有给我们清晰的答案:为什么总用"和平解决",而不用"和平统一"? 3天前您在日本访问时,在议会发表演讲说,美国将牢记对台湾的承诺。我想问总统先生这样一个问题,美国是否还记得它对 13 亿中国人民的承诺呢? 这就是遵守"中美三个联合公报"和"三不政策"。

布什:我想台湾问题是大家一直都关心的问题。我希望台湾问题能够得到和解,这就是我为什么说到和平对话的原因。我也希望这件事情能够在我有生之年,或者你有生之年能够成就。美国政府也是。如果我们签署了什么协议,我们都会遵守,我们美国有《与台湾关系法》,我们曾经承诺要保护台湾,但是我们一再说明任何一方都不能有挑衅的行为。

问:欢迎您这次来访! 感谢您刚才精彩的演讲。我们可以预见到中美两国的学术文化交流活动的前景是非常广阔的。刚才在您精彩的演讲当中,我也看得出来您对我们清华大学给予了很高的评价。我的问题是,如果将来您的两个宝贝女儿有机会继续深造的话,您愿意让您的女儿来我们清华大学吗?

布什:但是她们已经不再听话了,我想你知道我的意思吧? 首先我希望她们能够来清华,因为中国是一个非常奇妙的国家。我第一次来中国的时候是 1975 年,跟现在相比,我实在很难用言语来形容中国发生的翻天覆地的变化。我当了总统以后第一次来中国是到上海。我想她们跟很多美国的学生一样,她们都希望能够到中国来看一看。

所以,我觉得我们两国之间进行学生交流是非常重要的,而且我也觉得美国也欢迎中国的学生到美国去学习。因为我觉得这样对中国的留学生来说是有好处的,对美国的学生本身也是非常有好处的。

我想很重要的一点,就是我们两国人民必须彼此了解,就是我们都是人,我们都有七情六欲,我们都是有烦恼和快乐的。连年纪比较大的公民,像我和我们的副总统也是一样的。因为我们如果一起交流,有时间在一起的话,双方就能够更加了解,这是对我们有利的。因为在我们双边的关系中,我们的的确确有一些问题是不能够百分之百地达成一致的意见。但是,当你能够跟一个人相互之间有更多的理解和了解的话,你就可能就这些分歧和问题进行更好地讨论,毕竟我们是人,是有血有肉的人。

我觉得非常重要的就是,我们毕竟是血肉之躯,我们毕竟是人。所以有一些事情,像我的演讲中说到,我觉得家庭是任何社会中不可分割,也是非常重要的组成部分。所以我觉得中国在历史文化上都有敬老尊贤、尊重家人的传统,我希望美国也有这样的传统。所以当两国的学生一起学习的时候,我们能够有共同的价值观,这样才能贡献于世界的和平。

问:在去年圣诞节前,您的弟弟曾经访问过我们清华大学。他来的时候讲,在美国很多人特别是政界对我们中国有误解。刚才我们的副主席胡锦涛先生也提到,两国都想促进两国关系健康的发展和人员之间的交流。我的问题是,您作为美国总统,打算采取哪些具体措施,以促进我们人员之间在各个层面上的交流?

布什:美国人现在非常注意我访华的整个行程,我想你应该很有兴趣知道我上回是先到上海,在很短的时间内就来到北京,在很短的时间内两次访华,我想这点能够让你看清我如何看待我们两国的双边关系。

我觉得很重要的,就是让美国的政界领导人来访问中国,我想很多已经来过,但是还有许多还要来,能够来看一看,我们回去向他们形容中国的时候会比较准确。我回到美国之后我会告诉他们,中国是一个伟大的国家,有非常悠久的历史,不仅如此,还有非常美好的未来。很多美国人对中国非常感兴趣,不只是来看非常漂亮的中国,而且要对中国人和中国的文化更进一步了解,我想我们两国都要继续鼓励两国的人民互相访问。

我想可以在很大程度上改变全世界对中国印象的一个机会,就是你们举办奥林匹克运动会,这将是一个太好的机会。因为到时候全世界的人都要来到中国,不只是来看运动会,而且会看到中国现代化的发展。不仅来的人会看到,而且全世界的人通过电视都会看到,让中国获得 2008 年奥运会的主办权我觉得是有道理的。

问:总统先生,您 1975 年来过中国,到现在 20 多年过去了,您刚才也提到中国发生了很多变化,您有没有发现除了经济之外的中国社会的一些进步?

布什:我想我来中国发现最凸显的一个现象,当然主要是跟经济有关的。在1975 年我来的时候每个人的服装都是一样的,现在你们高兴穿什么就穿什么,你看你们第一排全都是不一样的服装。因为你觉得这是我喜欢的,我要这么穿。当你要套上漂亮的羊毛上衣的时候,你会说这是我作的决定。

当你主动地作出这样决定的时候,别的人看了,他们也要作出自己的决定。因此,对一个产品的需求影响了整个的生产,不是由生产来影响产品的需求。如果你能够认识到在市场上每一个人的需要,这个就是自由社会的一个现象之一,这就是自由的定义。所以,我来到这里,我看见的不只是高楼大厦,我觉得最明显的就是每个人现在可以自由地作出他自己的选择了。有了个人选择的自由,你就可以有其他的自由,可以自由地做其他的事情。所以,你就知道为什么1975 年跟今天相比我这么惊叹中国这么大的变化。

但是我觉得,还要加上一句,这个变化是要朝更好的方向发展。我只能再回答一个问题了,然后我要跟你们的主席吃午饭去了。

问:谢谢您给我最后提问题的机会。我以前有幸读过您的自传,您提到美国现在存在的社会问题,比如说校园暴力、贫困儿童等等。据我所知,我们清华的校友在美国学习时被枪杀了,这种现象还在不断地发生,而且愈演愈烈。作为总统,您对美国目前的现状如何打算呢?

布什:我要告诉你的是,美国现在暴力的犯罪已经开始下降了。但是只要有一起犯罪案,就算是太多,只要一个人对他的邻居施行暴力,就是不能够接受的。

在美国的确有很多人还处在贫困当中,美国政府花了很大一笔金钱来帮助这些处在贫困线上的人,希望他们以后能够自力更生。当我们竞选的时候,我们最大的讨论或者辩论的题目,就是如何帮助别人自力更生。当然,对美国总统来说,在选举的时候,外交问题也是重要的课题。但是,美国的选民们更注意的是国内政治的局势,他们比较关注国内的问题。所以,当经济出现疲软的时候,好像美国目前的情形,他们首先要知道你要怎么样来拯救经济,如果经济情况好的话,他们根本不谈经济。

我们常常谈的竞选的两个关键问题,第一个是社会保障制度的结构问题,就是我们如何帮助需要社会福利的人。我们帮助他们有一个条件,就是不能让他们长期、过度地依赖政府。另外一个常常讨论的问题就是教育。这个问题有时候在竞选的时候不那么重要,但是你当选了以后就非常重要。当我还是得克萨斯州州长的时候,我常说的就是如果你能够给一个儿童很好的教育,就能避免他长大以后出去犯罪。当了总统以后,我跟两党的议员们都希望能够制定一个计划,就是帮助学龄前的儿童,能够有一个非常好的开始,还没到学校,他们就已经开始学习了。

现在在美国一个非常令人悲伤的事实,就是美国四年级的小学生,他们没有办法达到那个年级的阅读能力。你想想,如果四年级还不能阅读的话,到了初二的时候更不能阅读了,毕业之后根本没办法继续上大学。如果这种情形继续下去的话,对美国来说是一个死路。所以,在去年的时候,我就向国会呈上了一个议案,我们经过了很多讨论,今年我也希望跟州一级,还有立法机关就这些问题发出倡议,我想我们的重点是放在阅读方面。

今年我和我的夫人还要推行一个计划,就是使学龄前的儿童得到教育。因为我觉得,教育就是反犯罪的一个最好的途径。但是,我们坚持政策的一致也是非常重要的,就是说如果你犯罪了,就必须受惩罚。所以,最符合美国长远利益的,就是让每个人都能够有受教育的机会,我想这对于我们的未来是非常好的。谢谢大家!

● ● ● ● ● **【演讲点评】** ● ● ● ● ●

　　布什的此次演讲,主要包括了下述内容:回避政治经济话题;传扬美国价值信仰的亲善特质;强调与中国古老道德传统的契合;整个讲话针对性强,但又"绵里藏针"。

　　在布什的每次演讲里,都要强调他对于在全世界散播自由和民主的理想和实践。此次在清华演讲亦不例外。布什在这场"虽无一字批评中国,但句句后面都有深意"的演讲中,一直在推销美国的价值观,并十分巧妙地提到一些让中国人听来不舒服的事情。比如,他婉转地批评中国的教科书对美国有歪曲。

　　这是自中美恢复建交以来,美国在任总统第三次在中国学府公开发表演讲。此前,里根曾在复旦演讲,克林顿曾在北大演讲。布什当然也要提到自由女神与三权分立,但他更提到中国自古以来的宽容传统,引用中国已故领导人邓小平的原话,来阐述自由与民主的价值。他似乎希望通过这样的阐述方式来表达:自由与民主,并非美国输出的"软商品",而是人类普适的价值观。

　　但布什巧妙地在演讲中以浅近、清晰、平实的英语大谈亲情,为他赢得了八九次掌声。他将话题集中在家庭、传统和伦理上。他说,自己非常尊崇中国重视家庭、学业和荣誉的传统,现代化的中国需要传统中博大精深的东西。美国的家长也非常疼爱孩子,为孩子的未来勤奋工作。有清华学生认为,布什的表现很出色,诚恳而且开诚布公。

　　虽然中美双方在很多问题上还存在分歧,但布什此次在清华演讲一个非常显著的特点,是气氛较为友好。这与上次克林顿在北大演讲有着明显不同。布什显然把记者招待会和大学演讲区别开来。而克林顿的北大演讲,把记者招待会上对中国西藏、人权、民主自由的指责也搬到了校园,一下触动了北大学子们非常敏感的爱国主义神经,因此与学生形成一个正面的交锋。

　　据说,布什此次来华访问之前,已定下一个"ABC"的基本策略,即 Anything But Clinton——不做克林顿所做、不说克林顿所说。上次克林顿在北大演讲,而此次他就到清华演讲。原本被认为更亲善中国的克林顿政府,却在北大遭到强有力的挑战;而对华政策强硬的布什政府,却得到清华学生们更客气的对待。当然,这与北大与清华两所学校的风格不同也有一定关系。

　　清华大学国际问题研究所所长阎学通教授认为,布什的演讲是非常成功的。从美国角度讲,他向中国传达了一个信息,即布什政府这次访问的目的,确实是希望改善中美两国的关系。布什政府向美国传达了一个信息,即中国是一个有自由的国家,这个国家不仅在经济方面有了很大的变化,社会政治方面的变化都是巨大的。他非常坦率地讲到了这一点,这对两国人民的交流和相互了解起到了促进作用。

　　阎学通认为,布什演讲最成功的地方,是坦率地承认中国的社会是个有自由的社会,坦率地承认在美国还存在着许多问题。此外,布什还反复强调教育的重要性。他指出,在任何国家,教育都是一个国家富强、发展和安定的根本。只有教育才能减少犯罪,只有教育才能使一个国家的人口素质提高,才能够增强国力;只有通过教育,才能使一个国家变得发达。布什成功地阐述了教育是国家的根本的道理。

还有媒体报道说,布什的访华是成功的,但演讲却让人失望。据调查显示:78%的被访者认为布什此次到清华的演讲不够生动,他大肆宣传美国的价值观,但宣传的方式、方法有些让国人无法接受,略显生硬;81%的被访者认为布什在清华虽然大力宣传美国的价值观,但表现出他对目前中国公众和学子的低估和不甚了解。

中美两国人民在文化方面、在社会方面是非常容易沟通的;甚至美国总统和中国的学生沟通起来、交流起来都非常容易。但一涉及到政治问题,如台湾问题,就发现有一个巨大的障碍,几乎是不可逾越的。因此,中美关系今后要发展,就应当加强文化、社会、人民之间的交流。正如清华学生所说:作为总统,应怎样促进人民之间的交流? 这不能光靠总统、高官来访问,只有促进人民之间的交流,才能设法克服政治上的障碍。

美国方面亦有积极表现:布什来访前夕,美国媒体就开始比较全面地报道中国——清华大学国际传播研究中心主任李希光教授称之为"解妖魔化中国";《华盛顿邮报》还友好地报道了清华学生。

布什的清华演说,绝对不是一个单方面的输出,而是双方一个理智的交流。这不仅是布什向中国表现自己的一次机会,更是中国政府、清华学生向美国、向世界表现自己的一次机会。

卢武铉

泡菜、种子和东北亚时代

卢武铉(1946—2009),生于韩国庆尚南道金海市进永邑一个贫民家庭,祖籍中国浙江东阳。大韩民国第十六任、第九位总统。2002年被推举为新千年民主党总统候选人并在年底选举中获胜,翌年2月宣誓就任总统,入主青瓦台官邸,不久退出新千年民主党,2004年加入开放国民党。同年国会通过弹劾其动议案,被中止总统权(成为韩国历史上首位遭弹劾的总统)。两个月后宪法法院作出判决,宣布驳回国会提案,恢复其行使总统权。2007年退出开放国民党。2008年卸去总统职务,返回老家峰下村。不久即被亲友收受财界贿赂的丑闻所困扰,于2009年

卢武铉

5月23日跳崖自杀身亡,留下遗书流露孤独、痛苦和超脱的心情。其座右铭是"严于律己,宽以待人"。

卢武铉任期的主要执政措施,是坚持金大中的阳光政策,大力促进国家统一,以及维护韩国的主体性。他希望将韩国建设成为东北亚的地区枢纽,所以任内一直努力改善与中国的关系,并鼓励学生学习汉语,以投身中韩贸易行列。但

任期最后两年,国内物价飙涨、大学毕业生失业率屡创新高,且受制于北朝鲜的种种要求,以及无法避免自己家属的贪污贿赂行为,是其在职期间的最大缺憾。

2003年7月9日上午10:40,正在中国进行国事访问的大韩民国总统卢武铉来到清华大学,在主楼后厅发表讲演。教育部副部长吴启迪、清华校长顾秉林等人陪同。

尊敬的顾秉林校长先生,尊敬的吴启迪教育部副部长,各位老师和来宾,在座的亲爱的同学们:

大家好,很高兴今天能和各位见面。

一路上我看到校园环境非常优美,清华大学作为中国名牌高等院校的代表当之无愧。

我听说最近中国青年人当中流行一句话,叫做"清华大学的学生值得交往"。对此,我想全世界的年轻人都会表示同感的。

今天,我想和大家交个朋友。因此,非常感谢有这样一次难得的机会同大家进行交流。

今天,令全世界所赞叹的中国的快速发展中,包含着清华校友们的汗水和热情。尊敬的胡锦涛主席是各位值得骄傲的学长,这一点也足以凸显清华人的自豪感。

"自强不息,厚德载物"的清华精神,可谓是学习的基本态度。以这种姿态不断进取,清华大学必将能够实现建设"世界一流大学"的目标。

大学是为未来做准备的地方。此时此刻,我想说的也是关于我们未来的话题。

此次访问是我的首次中国之行。中国伟大的文化遗产、辉煌的经济发展、勤劳而充满活力的百姓们的生活,这一切令我惊讶和深受感动,这种感动我难以一一用语言表达。

在全国人民众志成城的努力下,中国政府终于战胜了非典型性肺炎(SARS)。借此机会我对大家表示慰问,同时高度赞赏中国人民所取得的成果。

中国即将迎接2008年北京奥运会和2010年上海世界博览会。我想,这又是一次实现中国社会全方位崭新飞跃和繁荣的重要契机。我和全体韩国国民也将为这些活动的圆满成功,竭尽全力给予支持和帮助。

一直以来,我非常敬重中国前领导人邓小平先生、江泽民中央军委主席、朱镕基前总理以及胡锦涛主席运筹帷幄的领导能力。

我相信,在他们所设计和领导的改革开放政策的引领下,中国必将实现富足的中产阶级社会、小康社会的目标。

下个月,韩中两国将迎来建交11周年。

建交以来,我们两国在各个领域都发展了"全面的合作伙伴关系"。

每年,韩国人出访最多的国家就是中国。去年,两国互访人数达到了226万人次,比10年前增加了近7倍。

目前,在中国学习的韩国留学生有36000多人。也就是说,每10名外国留学生当中,就有4名韩国学生。在清华大学,也有500多名韩国学生作为自豪的"清华校友"学习和生活。

在经贸领域,我们两国互为第三大贸易伙伴国。去年两国的贸易额超过了410亿美元。最近,中国已经成为韩国企业最热衷的第一大投资对象国。

在新技术领域,两国的合作也非常活跃。下周,清华大学和韩国电子部件研究院共同开设的"韩中电子部件产业技术合作中心"将挂牌。在此,我表示衷心地祝贺。今后,两国间此类未来尖端领域的合作将更加活跃。

韩中两国关系所取得的这种快速发展,并不是一件意料之外的事情。

我们两国具有数千年的睦邻交流史。两国人民互有天然的亲近感,并极大地关注对方的生活和文化。最好的例子,就是"汉风"和"韩流"的盛行。

最近,韩国兴起了学习中文和中国文化的热潮,到处都可以看到中国商品。乘坐汉城的地铁,你还可以听到中文报站广播。在年轻人当中,几乎无人不知晓像张艺谋导演、巩俐、黎明这样的中国艺人。

我听说在中国也掀起了一股"韩流",很多人喜欢韩国的歌曲、电影和电视剧。最近,韩国的泡菜也很受欢迎。有机会的话,请大家也品尝一下泡菜的美味。

如此种种,韩中友好合作的土壤非常肥沃。

问题是在这样一片沃土上撒下什么样的种子?不同的种子将结出不同的果实,它将改变20年、30年以后的未来。

我有一颗保存已久的种子,它是对21世纪东北亚的希望的种子,是对东北亚"和平与繁荣时代"的展望。

在过去的岁月中,东北亚地区重复着对立和矛盾的历史。东北亚因为对大陆和海洋的势力冲突、东西方矛盾、东西阵营的理念对立等原因,长期摆脱不了相互怀疑甚至反目的局面。

这些因素导致的戒备心,像一处未愈的伤疤,至今都留在这一地区人民的心中。

现在,需要改变这种东北亚地区的历史。我们不能重复侵略和统治所造成的痛苦的历史。我们应该治愈对立和冲突的伤痛,走向合作和大同的新秩序。

在我们相互戒备和怀疑的过程中,我们落在了世界发展的后面。我们应该越过本国利益、小我的篱笆,谱写大同的崭新历史。

为此,首要的是我们应该拆除心灵之墙,取而代之要播下和解与合作的种子、和平与繁荣的种子。

在半个世纪前,欧洲各国已经为共同的未来树立目标并播种。今天,欧盟(EU)已经共享着令全世界羡慕的和平和繁荣,国与国的戒备、心中的壁垒也都拆除了。

我相信,我们东北亚地区也能够迎来和平和繁荣的未来。

在80年代初期,韩国和中国互相没有往来。甚至,谁见了对方国家的人,都会受到惩罚。但在之后的十几年间,韩中关系取得了难以想象的发展。

今天我们所创造的一切,是过去所无法想象的。我相信,我们同样有能力开创美好的明天。正因为如此,我们对东北亚的未来充满信心。

今年年初,韩、中两国均选举产生了新一届领导集体。

我认为,两国人民选择本人和胡锦涛主席这样年轻的领导人绝不是偶然,这里包含着深刻的意义。我切实感受到,人民的期待和时代的要求都在不断变化。

东北亚时代即将到来,中国和韩国正处在这一中心。

为迎接这一时代的到来,我们有必要认真探讨。我们应携手共进,以实现东北亚地区的共同和平与繁荣这一远大目标。这正是今天我们所共同肩负的历史使命。

如今,东北亚地区正逐步成为全球经济的发动机。该地区的GDP占全球的20%,再过10年或15年有期望超过30%。这里有着丰富的资源、热情的人民,还有灿烂的文化传统和巨大的发展潜力。

如果我们的共同愿望"和平与繁荣"成为时代主题,东北亚的历史将焕然一新。在不久的将来,我们将会与欧洲和北美洲并肩成为世界经济的三大支柱,并将引领世界的和平与发展。

与此同时,东北亚将成为集生产与投资、金融与贸易、信息与技术一体的世界"繁荣中心"。到那时,北京的学生买一张火车票,就可以经平壤、汉城和釜山到东京旅行。这是一幅和平而富饶的"东北亚时代"蓝图。

"东北亚时代"将从经济发展开启。但只考虑经济因素是远远不够的。我们需要的是,能够把东北亚地区各国人民紧紧联系在一起的一种力量。

庆幸的是,以韩中两国为首的东北亚各国,共同拥有传统的价值观和源自儒家传统的人本位思想、相生与"和为贵"、大同思想,这些世界观都是东北亚人民所共有的珍贵的精神遗产。

我认为,除此之外,我们还需要"面向未来的开放精神"和"着眼于合作的参与精神"。

如果我们继续为共同的未来而敞开胸怀、为谋求合作而积极参与,对立与矛盾将成为历史,我们迎来的将是合作与整合的新秩序。

这一切都不会是一蹴而就的。首先需要不懈地进行对话和交流。从具体的合作事宜开始逐一实践,构筑相互信任的关系,进而扩大共同的利益。

通讯、能源、资源、环保等领域的地区合作及连接朝鲜半岛、中国和欧洲大陆的"铁道丝绸之路"等事业,都可成为很好的范例。

每年,借10+3(东盟和韩、中、日)会议的机会召开的韩、中、日三国领导人会议,将成为共商未来的互利的对话场所。

当前,我们所面临的关键问题,是实现朝鲜半岛和平。

如果没有朝鲜半岛和平这一前提,就谈不上东北亚的和平与繁荣。

怎样使朝鲜当局融入到和平和繁荣的大环境,是韩中两国共同关心的问题。朝鲜通过改革实现经济稳定,并建设性地参与国际事务,将对韩中两国乃至东北亚地区的和平与繁荣作出很大的贡献。

在开启"东北亚时代"的过程中,我们不能忽略任何一个因素。同时,任何一个因素都不能威胁周边国家的安全或东北亚的稳定。

朝鲜应该放弃核武器开发计划,他们应该选择和平和共处的道路。国际社会任何一员都不认为,朝鲜的核开发计划能够保障朝鲜的未来。

我们衷心希望朝鲜加入到和平和繁荣的队伍中来。如果朝鲜放弃核武器开发计划,走向对话和开放之路,国际社会将不惜必要的援助和合作。

为了通过对话和平解决朝鲜核问题,韩国政府将同相关国家一道尽最大的努力。

特别是,中国政府始终为朝鲜核问题的解决和朝鲜半岛的和平积极发挥建设性作用,对此我深表谢意。我希望这种努力能够结出果实,在朝鲜参与的情况下掀开"和平繁荣的东北亚时代"。

古语说,"大鹏逆风飞,生鱼逆水泳"。

我生长在贫苦的农村,因家境贫寒,未能进入大学。但是通过自学,我成为法官、律师并进入了政界。

我始终站在正义一边，努力为人民谋利。其间，我经历了风吹雨打和艰辛，也遭到了许多挫折，但是我并没有放弃原则和信念。

我的梦终于实现了。各位同学只要心里装着远大的抱负，坚持原则和信念，那么你的梦想也终将会得到实现的。

让我们大家一起撒下希望的种子吧。为了东北亚的未来，为了我们的未来，请大家一道献出自己的理想和智慧吧。

我希望有朝一日能和大家重逢，共享收获丰硕果实后的喜悦和成就感。

我相信，不久的将来我们会迎接这一天的。

谢谢大家。

◎现场提问

说起话来慢条斯理的清华大学建设管理系二年级学生王鹏，提出了这次演讲中"最敏感"的一个问题："您是否认为，最终朝鲜半岛会实现统一？如果统一，您认为实现的方式和时间如何？"

翻译的话刚一落地，演讲台上的卢武铉随即肯定地表示："统一是我们的梦想。我说过，梦想一定会成真。但是，比统一更重要的是和平。"

"梦想可以成真"，是2002年韩日世界杯时韩方提出的一个口号。在来华访问的3天里，卢武铉已经是第二次在公开演讲中引用这句话。

卢武铉说，统一如果破坏了和平，远不如和平来得要好一些。所以，当前主要追求的是和平问题。在朝鲜半岛落实和平以后，统一自然而然会跟来。

他坦承，在谈到"统一"两个字的时候，朝鲜半岛南北都会有戒备、警觉的心理。他不希望因为统一的问题，而造成南北之间的不信任。"因此，在处理统一问题上要特别谨慎小心。"

"要达到最终的和平统一，先要落实朝鲜半岛的和平，然后在这个基础上逐步推动统一，我强调这样一个顺序。"卢武铉说。

不过，卢武铉同时指出了另外一个"很重要的因素"——经济。他说："为了不使统一成为韩朝老百姓的沉重负担，应在朝鲜经济发展到韩国经济水平时谋求统一。通过建立互相合作关系，能够使两国国民生活幸福。"而在完全统一之前，良好的合作有益于南北人民。他真心希望朝鲜也参与到开辟和平与繁荣的东北亚时代中来。

对"谁是最尊敬的中国政治人士"的提问，卢武铉说："是已故的毛泽东主席和邓小平总设计师。他们是在两个时代都改变了中国历史的伟人。他们在不同的阶段领导中国走向光明,分工得很好。我想是因为一个人做不来,所以两个人分担了历史使命。"

他还说,他最尊敬的韩国政治家金九和最尊敬的外国政治家——美国前总统林肯有一个共同点,那就是不愿看到同胞、同族的分裂。

当回答学生"成为总统后的行动限制"提问时,卢武铉坦陈自己因当选总统受到重重保卫而感到缺乏行动自由。他说,自己现在最怕的是警护人员,如果没有他们的同意,他的行动将受到很大限制。国民希望总统能够走近他们,也希望总统的安全得到应有的保障。

卢武铉说:"据说,加拿大前首相特鲁多,有一次在晚上偷偷溜出去到夜总会跳舞,被警卫人员'抓'了回来。我本想也这么做,但青瓦台没有丝毫缝隙。"这句话引来在场师生的一片笑声。卢武铉还称:"老百姓希望总统既平易近人,又稳健、谨慎、威严。我认为,身为总统应该同时满足这些要求。"

● ● ● ● ● ●【讲演点评】● ● ● ● ● ●

卢武铉出身于平民家庭,上任总统前的气质、穿着、为人、性情等方面也一直是普通平民形象,追求休闲、随意、自由、朴实。但一上任后,他就注意穿上高级西装和登山装,还两次整容以清除额头皱纹和做成双眼皮,又在网络上开个人网站、写博客,显得非常时尚。多数韩国民众持肯定和欣赏态度,甚至掀起了追随他的潮流。

此次演讲,卢武铉从"推销"韩国泡菜,说到中韩合作,再说到东北亚共同繁荣,语言朴素而简洁,充分展示了他的亲切、平易和浓厚的理想主义色彩。这一点并不难理解。生长在贫苦农村,由于家境贫寒上不起大学,通过自学当上法官、律师并登上政坛顶峰的他,有足够的理由相信"梦想可以成真"。

卢武铉演讲一开场,便拉近了与中国学生的距离。他说:"清华大学的学生是值得交往的,我今天也想与大家交个朋友。"他引用民间流行的说法"汉风"与"韩流",一下子抓住了全体学生的兴奋点。

回忆短短11年来中韩两国关系"超乎想象"的发展,卢武铉说:"韩中两国关系如此突飞猛进的发展,决不是令人感到吃惊的事。因为我们两国有着5000年的交往和友好的历史,两国国民都相互感到亲近,都十分关注对方的生活与文化,最好的事例就是'汉风'和'韩流'。"

他说:韩国青年人没有不知道张艺谋导演、巩俐与黎明等中国当红影星;同样,在中国,"韩流"也正在成为一个巨大的潮流。听说,许多中国青年人都喜欢韩国的歌曲、电影和电视连续剧。此话引得全场中韩两国学生会意的笑声。

趁热打铁，卢武铉说："最近韩国的泡菜也非常受欢迎。我认为，泡菜的确是个好食品，希望大家有机会都尝尝。"在台下学生畅快的笑声中，他又跳出演讲稿，补充道："韩国泡菜的确是好食品，储藏泡菜的冰箱也是韩国货品质较好。韩国制造的冰箱不仅储藏泡菜好，冰镇出的啤酒也非常好。如果冰箱里再冻上啤酒，拿出来一起吃，味道很特别的！"

谈到自己坚信不移的东北亚共同繁荣的理想，在公开演讲中不时引用诗词、俗语的卢武铉，当天又用了一个形象的比喻："我这里有一颗珍藏已久的种子。这就是对21世纪东北亚的希望，是在东北亚开创'和平与繁荣时代'的蓝图。"他充满信心地说，东北亚正在成为世界经济增长的发动机，预计10年或15年后该地区的GDP将超过世界总量的30%。东北亚将会在比预计还要快很多的时间里，发展成为与欧盟、北美比肩的世界经济三大轴心之一，进而主导世界的和平与繁荣。一个"东北亚时代"正在走来。

现在，他的梦想是韩国的美好未来，包括中国、韩国在内的东北亚地区的美好未来。面对这份执著和自信，聆听演讲的人们用热烈掌声表达了对他的支持。

为省下更多的时间留给学生提问题，卢武铉略去了演讲稿中关于他个人的内容。但清华学子们显然并不想放弃这个部分。在提问环节，生物医学工程系四年级学生欧阳明向这位"平民总统"明确提出了对其个人情况很感兴趣的精彩问题。

清华大学教授、国际问题专家阎学通，高度评价了卢武铉清华演讲在他访华之旅中的重要作用：一是他反复强调要推进东北亚地区的区域化合作，目前只有中韩的合作才能够比较有力地推动这种区域化的进程，他的战略眼光是比较远的。二是他给予清华大学高度的赞扬。他非常强调韩国和中国之间的文化关系，非常强调韩国的学生到中国来学习对于韩国的发展、对于中韩之间友谊的作用，他很看重儒家文化对于两国关系发展的重要性。

布莱尔

与中国大学生对话

布莱尔（Tony Blair），1953 生于英国北部苏格兰首府爱丁堡市一个中产阶级家庭。英国前首相，政治家。1975 年毕业于牛津大学圣约翰学院法律系，并加入工党。1983 年进入下议院，开始政治生涯。1994 年成为工党首领，是工党历史上最年轻的领袖。1997 年入主唐宁街官邸，取得英国历史上首相最高的支持率，也是 1812 年以来英国最年轻的首相（44 岁）。2001 年连任首相，成为英国历史上首位连任的工党

布莱尔

首相。帮助美国巩固国际反恐联盟，并坚决支持小布什有关进攻伊拉克的计划。2007 年辞去首相与工党领袖职务。

2003 年 7 月，是布莱尔在英国首相任内第二次访华，这同时也是他人生第四次踏上中国的领土。访华期间，他接受中国中央电视台国际频道（第四频道）《对话》栏目的邀请，在北京清华大学与中国的大学生们进行对话，交流思想。央视《对话》栏目主持是陈伟鸿。清华现场主持是董关鹏。

主持人：观众朋友，大家好！欢迎各位收看我们的《对话》节目。这里是我们设

在清华大学的对话现场,稍候将有一位国际政坛的风云人物,要在这里和近百位清华学子展开对话。这位对话嘉宾,就是英国现任首相托尼·布莱尔。阔别5年,布莱尔再度访华,将会收到怎样的效果? 他的这次中国之行,将会为中英关系的发展带来哪些新的信息? 尤其令人关注的是, 面对英国国内最新爆发的政治风波,作为首相的布莱尔将会作出怎样的选择呢?当然, 还有更多更精彩的问题,都在我们今天的《对话》节目当中。好了,稍后我们一块来关注布莱尔和清华学生的圆桌对话。

布莱尔:谢谢清华大学给我这次珍贵的机会,我想说一些话,你们可以提问,什么问题都可以问,或者是一些很尖锐的问题。令人振奋的是,英国是中国留学生最多的国家,在英的中国留学生是中国人在美国留学人数的两倍。我很高兴,可以想象中国大学比如清华跟英国大学之间的合作有多么紧密。英国最主要的大学有伦敦经济学院,我的太太就在那里,她就是从这所学校毕业的。她毕业于伦敦经济学院,她的学历比我还高。这次我再次来到北京,给我最深刻的印象是看到中国巨大的变化。将来英国发展与中国的关系将会非常重要。非常令人振奋的是,尽管中国有 SARS,还有其他的问题,上半年的经济增长率仍然达到 8%。在未来的两个世纪,中国将会成为世界第一经济大国。中国有 13 亿人口,中国在经济、政治上的发展,将对全世界有着深刻的影响。我们也要保证中国和英国、中国和美国紧密的合作,我们有很多事情可以合作。你们学生是中国的未来,你们作的决定、执行的方式,即将对整个世界产生影响。你们是这个国家未来的领导人,你们的领导方式和你们的价值取向,对英国人民也会产生影响! 我的讲话完毕,请你们发问,谢谢。

清华现场主持:谢谢布莱尔首相。现在我们就来开始提问,每提出三个问题我们请布莱尔先生回答。现在请我们的同学发问,同学们请提三个问题。

学生:布莱尔先生,早上好,欢迎您到清华大学来。谢谢您的演说。我的名字是陆娅楠,我来自新闻传播学院。现在当我们想到英国,我们会想起伊拉克战争,会想到凯利的悲剧,我很不情愿提到这些。到目前为止,还没有足够的证据能证明伊拉克有大规模杀伤性武器。您觉得这个时期,是不是您政治生涯中最严峻的时候? 您是怎么想的? 您对发动战争有没有后悔过? 谢谢。

学生:话早上好,首相先生。我是杨伟,来自经管学院。我今天能够在这里感到非常的荣幸。您曾在美国国会上说,英国会参与改变欧盟的活动。我的问题是,如果欧盟拒绝按照英国提倡的方式来做,英国还会是欧盟的一部分吗? 谢谢。

学生:早上好,布莱尔先生。我的名字是何凡,来自电子工程系。前几天你们对有关的媒体进行监管,这是事实吗?您不觉得这是违反新闻自由的行为吗?谢谢。

布莱尔:谢谢。我们可以看到英国的媒体就在那里,他们也许在想这个问题对我来说是非常简单的。但我觉得前面三个问题非常有挑战性,所以如果我想控制媒体的话,那我肯定失败了。这上面的就是英国的媒体,有时候他们提的一些问题让人很难过,有时候你会对一些问题感到非常气愤或者很伤心。但我仍然认为无论多么困难,你们能够对政治家提出政治的难题让他们回答,这是非常不错的。我并不希望控制媒体,我只想以我的方式表达我的观点。

你们刚才提到的两个问题,关于伊拉克战争和大规模杀伤性武器,以及欧洲这些问题,无论对英国还是世界都是比较难的。对于大规模杀伤性武器,我可以毫无疑问地告诉你们,伊拉克是在发展大规模杀伤性武器。现在我们在伊拉克有一个专门的调查小组,他们正在做有关的取证工作,这组人刚刚开始他们的调查工作。当他们递交他们的调查结果的时候,我们才能知道他们的发现,然后人们才能知道事实的真相。所以这个调查小组正在那里,我们称之为伊拉克调查小组,他们将会采访有关的专家和目击者,而且他们会到现场去采集有关杀伤性武器的证据。如果杀伤性武器的证据成立的话,关于这个话题也许我们会有更多更为正式的讨论。你问到我对于伊拉克战争会不会感到后悔,我会说,不,我不会感到后悔。我相信无论有多么的困难,这是正确的决定。同时我也觉得,这不仅是对世界安全的考虑,同时也是为了伊拉克苦难的人民。推翻萨达姆政权对伊拉克人民是有好处的,因为萨达姆是一个非常残酷的统治者,他残杀了无数无辜的人民。我觉得这个问题对当今国际社会来说也是很难的,我作出那样的决定,因为我觉得这无论对于我的国家还是世界来说都是正确的。到现在为止,我仍然认为是正确的决定。所以作为国家的领导人,我作出了这样的决定。

关于欧洲这是一个很好的问题,因为这是英国所面临的一个两难的抉择,英国想成为欧盟的一部分,但同时也希望欧盟作出改变。如果欧盟不改变的话,英国加入欧盟非常重要。并且我们相信,英国能以自己的方式去改变欧盟。因为我们不能把自己从欧洲分离出来,我们是欧洲大陆的一个部分,所以我们继续保留作为欧洲大陆的一个部分。这无论在经济角度和政治角度考虑都是非常重要的。刚刚我提到中国有 13 亿人口。尽管我们有 10 个国家新近加入欧盟,现在欧盟共有 25 个国家。尽管这样,我们也只有 4 亿 5000 万人口,而中国一个国家却有 13 亿人口。所以,英国作为欧盟各国里面的一部分这是非常重要的。我觉得,把英国从欧盟里面分离出来是个重大的错误。我不知道在改变欧盟的努力中英国能否成功,但是我觉得我们会的。而且我觉得欧盟应该保持开放,加强与世界其他国家的合作。我觉得英国作为欧盟的一部分非常重要,尽管有时这个观点在英国很不受欢迎,有些人并不喜欢欧洲,但我觉得这是英国应该做的。并且我认为,作为一个政治领导人,假如我认为是正确的,我会坚持这么做。谢谢。

学生:谢谢,早上好。我是梁萌,来自经管学院。我想问一个关于教育交流的问题。您刚才在演讲当中提到有大量的中国学生在英国留学,然而在英国的学校申请奖学金是非常困难的,而且很多英国大学收取留学生的学费远远高于本地学生。所以我们在想,英国的学校录取中国留学生的动机,是希望加强与中国的教育交流,活跃英国学校的校园,还是主要出于商业的考虑?谢谢。

学生:布莱尔先生,欢迎您来到清华大学。我的名字是郝育倩,是新闻传播学院三年级的学生。在最近的国家领导人峰会当中,您提到一国的政府可以入侵和推翻另一国政府的统治,来解放那里的人民。这个观点被与会的其他政府反对。所以我想问您,您提出的这个问题,有没有《国际法》的充分支持?

学生:早上好,布莱尔先生。我是栾鹏,来自法学院。我想会问一些比较轻松的问题。众所周知,您的夫人切丽女士在英国是一个非常成功的律师,据说她的工资比首相的工资高得多。中国传统的观点认为,丈夫应该比妻子赚得更多,这是保持家庭稳定非常重要的因素。我的问题是,您有什么技巧来平衡您的家庭关系?谢谢。

布莱尔:首先,关于教育交流,这有很多因素,商业的考虑也是其中之一,因为教育机构也有开支。我觉得关于教育交流的问题,最主要的原因是很难获得奖学金,学校从政府那里获得资助。有时候人们会跟政府抱怨,我们的钱是付给我们国内的学生而不是其他国家的学生,所以留学生要获取奖学金是很难的。实际上,我们现在正在扩大我们的奖学金。现在的情况是,在过去的几年里,中国到英国的留学生大量增加。尽管在英国获取奖学金很难,但是人们仍然争取到英国留学。所以我希望,我们都读经济学,我不是修新闻学的。我考虑在未来教育的交流将会非常重要,同时我也在考虑每个到来的学生,当他们回自己的国家,我希望他们能够作为代表英国的使者。当他们回到中国或者俄罗斯,无论他们来自哪个国家。所以扩大我们的招生,招收更多的留学生。所以你可以申请奖学金,我们会尽量考虑的。

关于下一个问题,我认为一个国家到另外一个国家,去解放那个国家的人民是不对的。当然,我知道解放人民是件好事,但是这需要符合规矩。人们担心一个国家想要去统治另外一个国家,那么如果一个国家不满意另外一个国家的政府就去推翻它,这是你问题背后的逻辑。因为你问题的含义是,必须谨防陷于某种情况。如果美国,也许你指的是美国不满意别的国家的政府,美国就会去消灭它。我同意,这样的情况可能发生。但我觉得我们需要考虑,假如有一个国家它做的事情,对其他的国家还有本国的人民非常危险,国际社会会怎么反应呢?我同意,我们需要阻止这样的事情发生,这是我在美国国会的时候提出的,我说我们不能单纯地自由行动,人们不能随心所欲。同时,世界更紧密地联系着。一个国家的行动事关重要,因为它会影响其他的国家。我们不能说一个国家的行径非常恶劣,我们就纵容它。所以要解决它是一个难题,我们可以运用很多法律和规则。

另一个问题,首先,我的夫人比我聪明,所以她选择法律而不是政治。有时候我看见关于她的收入的报道,我希望这是真的。但是我想,现代女性应该赚得跟男性一样多,而且越多越好。这是完全可能的。看一下现在这里所有的女性,其中一部分也会成为律师,是吧。你不会介意你赚的比你的丈夫多吧?这里的女士们,你会介意比你的丈夫赚得多吗?你们都有赚钱的自由,人们赚钱的多少在于他们付出的努力,而不取决于他们是男性还是女性,而只能说明他们优秀或者不优秀。这是我的观点。

学生:首相先生,欢迎到清华来。我是赵晓东,来自经济管理学院。几天前,在您到美国的访问中,有报纸评论说英国是美国的跟随者,您是怎么看待这些评论的?

学生:早上好,首相先生,欢迎您到清华来。我是林楠,来自计算机科学与技术系。面对凯利事件,您决定不辞职。您能不能坦诚地告诉我们,当您在去日本的途中,听到凯利自杀的时候,您当时的感受是怎么样的? 您将怎么处理这个政治危机,重新获得人们的信任? 谢谢。

学生:谢谢,首相先生。我是高宇宁,来自公共政策和管理系。我要问一个很专业的领域。一些亚洲学者讨论在东南亚建立一个亚洲联盟,就像欧洲的欧盟。您能说一下建立一个亚洲联盟的可行性,以及您认为它会有什么样的影响? 谢谢。

布莱尔:首先,谁是第一发问者?哦,是你。人们经常会问到,英国跟美国的强大联盟。但是我们不能说我们之间就没有分歧,有时候我们也会有不同意见,比如在政治,还有气候变暖的问题上。在某些问题上,我们对贸易也有分歧。但我觉得,英国与美国建立起强大的联盟,是有重大意义的。因为我们在一些非常困难的时刻联手作战。第二次世界大战就不用说了,我们联合把欧洲从法西斯手里解放出来。对于我们与美国的关系,我感到非常自豪。但我并不认为与美国的良好关系是我们所能具有的唯一的关系。现在这个世界上有两种观点。有一种观点认为，不同的国家他们互相竞争或者互相平衡，所以这里是美国，那里是欧洲，那里是俄罗斯，中国在这里。我认为在现今的世界上这种观点是很危险的，我认为大家应该走到一起。我要告诉你为什么，假如你想一下我们现在的处境，美国不会打中国，中国不会打俄罗斯，俄罗斯不会打欧洲。在20世纪的两次世界大战中，数以百万的人死亡。而现在欧洲处在和平当中，欧洲国家结成一个联盟。我不认为现在世界面临的问题是各国之间的战争，而现在面临的问题是国际恐怖主义，大规模杀伤性武器，还有极少数的破坏分子、气候变化、经济全球化，发展贫穷国家的经济。我觉得应付这些挑战的方法，是各国人民的合作。所以我们跟美国有很好的关系，同时我们也是欧盟的一部分。我也愿意发展与中国更紧密的关系，因为我觉得中国的发展在国际上是非常重要的。所以关于怎么样发展，我的看法是我们不要把不同国家划分成不同的势力，互相竞争，这是20世纪的政治。我觉得21世纪的政治是各个国家联合起来，制定一个共同的行动纲领。这意味着制定这个共同的行动纲领，并不是单纯地由美国提出来的，而是我们大家共同制定的。这就是我为什么在美国国会提出这不仅仅是关于恐怖主义，同时这也关于中东和平进程。关于非洲的贫困，关于气候的变化，我们可以把所有这些事情拿到一起共同去研究解决。所以我觉得英国的任务不是去担心与美国的联盟，我觉得我们应该跟美国保持良好的盟友关系，我们应该把这种影响扩大开来，推动美国和其他国家的关系，制定起大家都能接受的共同的行动纲领。中国的领导能够接受，欧盟也能接受，俄罗斯也能接受，还有像印度这样的发展中国家。大家都走到一起，制定共同的行动纲领，这是我们努力的方向。因为我觉得这对于将来的安全和和平至关重要，我坚信这一点。

首先我要说的是，在过去的几天我没有在英国，凯利的死对他的家庭来说是个悲剧，而我不能给予他们帮助。我非常不希望更多地提到这个情况。我只想说希望他灵魂永存，希望他的家人节哀顺变。在伊拉克战争当中唯一的问题是，正如我刚才对一位女生所说的，在伊拉克有一个调查小组正在做全面的调查，采访伊拉克武器专家和科学家，并且在做武器调查的取证工作。我想人们应该等到调查小组回来之后再作出结论，因为情况很困难。正如我刚才跟你们一位所说的，作为一个政治家，尤其当你要作出是否战争的决定的时候，你要按照你认为正确的方向去作出决定，并且坚信你的决定是正确的。我相信在这里肯定有人持不同意见，但这是我所相信的，也是我所坚持的。

谁是最后一个，噢。如果亚洲想要联合起来结成更大的非政治贸易组织，我觉得这是可能的,但是会不会像欧盟一样,这点我不确信。但可以肯定的是,就像我刚才所提到的,世界一体化的进程在加快,亚洲国家会加强相互之间的贸易和合作。我想这种合作将在全世界范围内发生,就像在南美洲和欧盟,并且在全世界范围都会发生。原因是显而易见的,世界一体化,经济和技术全球化意味着人们必须更紧密地合作。所以我觉得这种发展会继续,亚洲国家应该加强合作,不管是不是像欧盟那样,都是有意义的。我相信最后国家之间都会加快合作的进程。

学生:早上好,布莱尔先生。我叫田培杰,来自法学院。我要问的问题与SARS有关。人们有很多担心,那就是怎样在全球范围内给贫穷的人群提供足够的医疗保障。我的问题是,在英国,您觉得怎样才能有效地解决这个问题?谢谢。

学生:我有另外一个问题。我是胡薇薇,来自国际关系学院政策和管理系。我想要知道的是,您对中英双边关系的看法,还有您对以后发展两国关系有什么期望?谢谢。

学生:早上好,布莱尔先生,很荣幸能够把您请到这里来。我是徐博,来自新闻学院。众所周知,大英博物馆有大量的中国文物。对不起,我感到非常紧张。我喜欢您的领带。(布莱尔:我喜欢您的衬衫。)谢谢您。如果有一天您的孩子问您,中国的文物怎么跑到英国博物馆来,您怎么回答?据报道,伊拉克博物馆的很多文物被盗窃,这些失窃的文物会对大英博物馆的收藏有所帮助吗?谢谢。

学生:布莱尔先生,欢迎您到清华。我是黄瑞,是新闻学院的毕业生。您对中英教育交流的支持,给我很深刻的印象。但最近我看到一些消息,说英国东北部一些大学取消中国文化和语言的专业,我感到非常遗憾。而这些学校里面,甚至包括知名的德姆大学。您觉得,这些学校的决定,会影响中英文化和教育的合作吗?如果会产生这样的影响,您觉得有什么解决的方法?

学生:早上好,布莱尔先生。我是涂国玉,来自自动工程系。您大概是我爸爸的年龄,你像我父亲一样慈祥。您能不能像您对您的孩子那样老实地告诉我们,您在伊拉克战争当中没有撒谎?谢谢。

布莱尔:第一个问题是SARS和医疗保障。我个人认为,我们在英国的医疗保障体系有一个明显的优势,也有一点不足。优势是我们建立起记录所有人健康的每一方面的一个庞大的数据库系统,所以不管你是穷是富,你都能够得到国家医疗中心的治疗。我觉得这是一个很好的系统,我们会继续保持。但我们这个系统的缺点,也是我们需要改进的地方,那是我们需要有更为灵活的医疗保障系统。所以我们能有各种各样的方法来帮助人们,有一些人可以通过本地社区和私人医院,有些人在医院里获得医治,而有些人则通过疾病控制中心。所以人们可以通过不同的方式获得治疗。

关于中英双边关系,这是谁提的问题? 我们是有分歧,问题是我们怎么去处理这些分歧。我们永远从这些分歧中退出? 还是说我们继续合作,暂时放下分歧意见? 我想这是我们能做的最好的方法。

有位同学说他喜欢我的领带。你指的是中国文物收藏,我表示遗憾,这是很久以前历史遗留的问题。至于伊拉克留下来的文物,巴格达的博物馆在伊拉克战争中被摧毁。但实际上人们将会把伊拉克的文物送回来,巴格达博物馆也会重新开放。当然文物不会跑到大英博物馆。有一点很明确的是,属于伊拉克的文物一定会返回给伊拉克人民,这一点至关重要。

谁问到关于教育交流的问题?学校作出的决定可能会出于各种各样的原因,或者是财政困难,或者是其他原因,这是经常发生的事情。没有足够的钱去运转,没有钱去做你想做的事情。但我可以向你保证,我们会继续欢迎中国留学生到英国来学习。如果他们不能到某一个学校,他们肯定能到另外一个学校去。

谁是最后一个问到我会怎么回答我的孩子?我想要说的是,作为一个政治领导人,你要作出你认为正确的决定。有时候要作出这些决定是很困难的。但我充分相信,在与伊拉克的关系中,我们绝不允许萨达姆发展大规模杀伤性武器。毫无疑问,他是在发展大规模杀伤性武器。因为联合国有 23 个鉴定认为,萨达姆在发展大规模杀伤性武器。这里还会有人认为,这是英国或者美国虚构的吗? 事实就是如此,这是很严肃的问题。这就是为什么联合国检查人员整个 90 年代都待在伊拉克,然后他们在 1998 年底被迫离开。但是在联合国作出决定之后,却在 11 月又回到伊拉克。毫无疑问,萨达姆大规模杀伤性武器给人类造成极大的威胁。同样地,无可置疑,萨达姆大规杀伤武器给伊拉克人们造成的危险。这里的人绝对不会赞同萨达姆的做法。伊拉克有 2300 万的人口,有 400 万的人口被驱逐出境,每年有数万的儿童死于营养不良和可以避免的疾病。所有这些,都是因为他的统治所造成的。允许这样的一个执政者来扰乱世界安全, 我认为这是错误的。所以我作出那样的决定,我理解会有人不赞同我的决定。作为一个政治领导人的困难,在于你必须作出你认为正确的决定,而且坚持你的立场。我作出了决定,我相信这是正确的。如果你也有同样的信条,你可以支持我。如果你有不同的信条,你可以不支持我,你可以支持其他人。我不能说更多的了,这是我要对我自己的孩子以及别人的孩子要说的话。谢谢。

主持人:这是一次与众不同的对话。我想布莱尔愿意选择这种圆桌对话的方式,是因为他希望在一种更平等、更开放、更轻松的氛围当中,与中国的学生来畅谈中英两国的往来和交流。布莱尔上任之后,让曾经跌宕起伏的中英关系走上了健康良性的发展道路。如今,阔别 5 年之后的再度访华,让人们对中英两国全面伙伴关系更充满了期待和信心。虽然说此刻布莱尔和清华学子的圆桌对话已经结束了,但是我相信,在中英两国之间,在民间、在政府更多的交流,更多的对话正在展开。

● ● ● ● ● 【讲演点评】 ● ● ● ● ●

与本书别的篇章不同的是,这是一个完全的对话。而不是首先有一个或长或短的演说,后面才是提问与回答,也就是对话。

布莱尔是一个很有魅力的人,一个很有鲜明个性的国际领袖。这篇对话也很好地反映了这一点。在这里,他回答了 14 名当代中国大学生们的众多重要问题,非常广泛而全面,涉及政治、经济、教育、国际、军事、新闻、医疗、历史遗留、中英关系、个人家庭等各个领域,有些问题还比较尖锐和敏感,但他都很好地表达了自己的意见,游刃有余,娴熟自如,无懈可击。同时这也体现了他的精力充沛,思维活跃,博学健谈,平易近人。

曾听一位朋友直率地说:"我是布莱尔的'铁杆粉丝'。我只想成为一个像布莱尔那样的绅士,像他一样有责任感、睿智、优雅。"

但是,布莱尔其实既不是一般意义上的英国传统、老牌绅士,那么保守、固执、严肃、刻板、斯文、拘谨;也不像我们经常所见到的那些政客或者说政治家,老奸巨猾,道貌岸然,城府很深,阴险老练。相反,他有些类似美国前总统克林顿,年轻、潇洒、随意、轻快,充满活力,风度翩翩。他在回答问题时,绝不回避,也不含糊,不像小布什那样"王顾左右而言它",而是正面答复,坦诚亲切,有啥说啥,让人感觉他根本不是一个异国的领导人,而是自己的父叔辈或老师。这就难怪他是那么魅力四射,有那么多的崇拜者了!

当然,布莱尔的优点还绝不仅于此。他高大英俊,温文尔雅;注重仪表,形象良好;孝敬父母,富有爱心;酷爱阅读,博览群书;文思泉涌,口才超群;热爱体育,多才多艺;喜欢社交,宽厚有礼。他对法律、工会、税收、贸易、能源、就业、犯罪等问题尤感兴趣。

在哥哥眼中:"他是一个好孩子,而且完全不是一个华而不实的人。""他对手足之情,过去忠贞不渝,现在依然如此。"在同学眼中:"他为人真诚体贴","看重友谊","思维敏捷,擅长表达,足以舌战群雄。"在同事眼中:他很有克制力,即便心情不好也亲自处理公务。在妻子眼中:他俩相敬如宾;他迫于妻子的严厉政策而彻底戒了烟。在子女眼中:他很爱他们;常开车送孩子上学。在丈母娘眼中:他是个好女婿,他们的关系融洽。

布莱尔是坚决的主战派,被国际舆论认为比美国总统小布什更善于演说。他在战争爆发前发表了多篇演说，强调推翻萨达姆政权的必要性。

　　一般认为，布莱尔应付媒体的技巧，远高于他在国会辩论的能力。他在电视镜头面前，总是显露出政治领袖应有的魅力，往往给予观众现代、不拘谨和善于表达的感觉。或许世人对布莱尔留下最深刻的电视讲话，就是他在 1997 年 8 月对黛安娜王妃之死所发表的演说，当时他以"人民王妃"形容黛安娜，其后即广为人们所竞相采用。

　　也是在 1997 年，布莱尔曾在一次面对公众的讲话中宣称："我认为大多数与我打过交道的人都认为我是一个实话实说的人，我就是这样的人。"2006 年，他总结自己的政治经验时说："首次进入政坛，我想取悦所有人。而过了一段时间之后，我认识到无法取悦所有人。所以，最好的选择就是去做自己认为正确的事，人们能够作出自己的判断，这就是布莱尔学说。"

　　读了这篇对话以后，相信你会更加巩固这些对布莱尔的看法；甚至对英国和英国人，对中英之间关系的现状和发展，你也有了许多自己的认识。

克林顿

就艾滋病等问题发表讲演

　　克林顿(Bill Clinton),1946
年生于美国阿肯色州霍普镇。美
国政治家,民主党成员,第四十二
任总统。1964 年考入乔治敦大
学,任学生会主席。1968 年毕业,
考取罗兹奖学金赴牛津大学学习。
1970 年考入耶鲁大学法学院,
1973 年获法学博士学位,同年到
阿肯色州立大学任教授。1976 年
任阿肯色州司法部长,1978 年至

克林顿

1980 年任阿肯色州长,成为美国历史上最年轻的州长之一;1982 年至 1992 年
又连续 5 次担任州长。1990 年被选为民主党最高委员会主席。1992 年当选美
国总统,1996 年再次当选。他是美国总统当中为数不多的少数族裔民权和男女
平等的支持者,任期内对美国的发展有一定成就,一直深得非裔美国人、中西部
和西部蓝领工人以及妇女的爱戴,与中国保持比较友好的关系。他是美国第一
位出生于二战之后的总统、第二位遭受国会弹劾动议的总统,也是继西奥多·罗
斯福和约翰·肯尼迪之后第三位最年轻的总统,以及继富兰克林·罗斯福之后连
任成功的第二位民主党总统。2000 年卸任,2005 年出任联合国海啸救灾特使。
夫人希拉里是知名律师,曾当选参议员,现任美国国务卿,2005 年入选全美妇女

名人堂,并被评为年度最受尊敬世界名人。

2003 年 11 月 10 日,"清华大学 AIDS(艾滋病)与 SARS(非典)国际研讨会"召开。本次研讨会由清华发起,由清华与戴蒙艾滋病研究中心和中国医学科学院联合主办。

作为国际艾滋病防治基金会双主席之一的克林顿(另一位是南非黑人领袖曼德拉),应中国人民外交学会邀请访华,受到国家主席胡锦涛接见,并在清华大学就艾滋病等问题发表演讲。2000 年克林顿卸任后,世界各地请他去作演讲,出场费均价为 12.5 万美元。但他此次在清华讲演,没有收取任何费用。

各位早上好,我今天非常高兴能够参加此次国际研讨会,非常感谢清华大学的校长,各级各位,负责此次会议的教授们。在此,我感谢清华大学在有关 HIV 艾滋病毒方面的教育工作。而且我知道,此次研讨会非常重要,这是一个标志,它标志出对于中国的未来来说,对抗击艾滋病毒非常重要。在此,我要感谢何大一,我的同事今天到此,并且致力于抗击艾滋病毒的工作。

在 1998 年, 何大一教授和我都是马萨诸塞州技术方面的一个会议发言人,当时我是主席,他被《时代》杂志定为封面人物。在发言中,何教授提到要充分利用科学的先进发展,要充分利用政府、学术界,以及社会的力量来使得艾滋病得以遏制。如果能够最终抗击艾滋病的话,何教授肯定是英雄之一。在此,我想祝贺戴蒙艾滋病研究中心的诸位同事,要感谢中国医学科学院,中国协和医科大学、清华大学、武汉大学的各位学术界同仁。在这儿,我也要说,这些大学非常了不起,举办了此次的峰会研讨会,在座我也看到有一些学生,因为你们的未来会更多地受到我们今天所强调的内容的影响,就是要抗击艾滋病毒、艾滋病。

在 1998 年我作为总统到了中国,我知道中美之间的关系在全球的外交方面是极端重要的,我们能够有 21 世纪的和平和繁荣,并且使得大家在和平的环境中生活是非常重要的。我认为,当我在总统就任期间,中美之间的合作是非常好的,我们有很多的文化交流,民间也进行了很多合作,中国也加入了 WTO。就安全方面,我们就核不扩散、大规模武器等方面取得了很多共识。但是我认为,这是我们应该合作的起点,我们有更多工作要做。我们的合作是非常重要的,我们现在怎么来描述一个非常大的社会呢?大部分的学生会说全球化,现在的时代是全球化的时代。他们说的是对的。可是我希望他们要看到另一点,就是相互依赖。他们全球的贸易系统,全球的财务市场,有超过 1 万亿的美元跨越边界,流通全球。我们与全球的关系,不仅仅是在经济领域。互相依赖也指我们可以互相逃脱各自的命运,无论这个命运是好还是坏,E-mail 使我们保持联系,美国、中国的学生可以跨越太平洋、大西洋,这样的跨越几个小时就可以做到。

相互依赖,对于 21 世纪的南极作出界定,也要求我们在社会中处理每个人都不能避免的难题和障碍。比如说,当全球化使得很多人摆脱了贫困,但是有 100 万人每天的生活水平低于 1 美元,我们的教育只有在摆脱贫困以后才能提高。全球有 100 万人不能读懂本国的语言,有 1.2 亿孩子不能上学。现在诊断技术得到了发展。对于孩子所感染的疾病,在地球上,人们有时候会由于艾滋病、结核病、疟疾等等受感染,大多数人是儿童,他们根本得不到一杯清洁的水。在南非,一个 15 岁的儿童,他们有 50%的机会感染艾滋病病毒。对于 21 世纪来说,一个伟大的使命,就是充分利用相互依赖性,使它的劣势降到最低。我们从一个不稳定的、独立的社会朝向一个团结的社区发展,要求我们互相承担职责,并且我们也能得到不同的利益,还要分享相互的价值。任何的挑战,都不可能限定我们的成功。甚至包括艾滋病,也不能阻碍我们。这就要求我们承担职责,共同探索,要求我们从中得到共同的利益。之所以这么做,是要求我们分享相互之间的价值,我们要相信自己,而且要相信人性是生活中最重要的一点。

在座的各位知道,现在全球 4200 万人感染了艾滋病,每天有超过 200 人被感染,每分钟就有人死亡。照现在的传播速度,我们在 10 年末就会有非常多的人们,有 5000 万人已经死亡了,每天都会有很多人死亡。艾滋病发展的速度要比 SARS 快得多,当然 SARS 也是一个非常严重的疾病,但是它已经不能占据报纸的头条了。我认为,如果是在一次报告当中死亡了 8 万人,可能会有头条,但是它不是每天都发生的。所以我们在艾滋病方面,应该更多地关注,我们不能让这种情况继续下去了。我对于今天在座的记者们非常感谢,尤其是跨越了全球,把这个问题带到这儿进行讨论,对它进行关怀的人们。另外我也要非常感谢大家,对于孤儿、艾滋病毒感染者的报告,涉及到了中国的情况。我担任美国总统的时候,我就知道这些情况,我知道在非洲蔓延传染病的情况非常严重。现在俄罗斯和前苏联的各个国家也蔓延得非常迅速。另外在加勒比海沿岸的蔓延情况也非常厉害。联合国艾滋病规划署预计到有很多人感染了艾滋病病毒,可能会出现 5000 万病例,印度已经有四五百万,如果不解决的话,将来会达到四五千万。在非洲以外,很少有国家感染率会超过 1%,但是大家不能感到舒心,我们在印度的朋友说如果感染病提高 0.5%的话,就会造成很多人死亡。中国在这方面采取了一些举措,过去几年里,你们平均的增长率都有所抑制,现在有 20 万人已经脱贫,而且中产阶级的人数在上升,你们是世界上第四大贸易国,也是第四大外国直接投资的接受国。现在很多的局面让我们看到未来是很光明的,我们是有希望的。但是,如果有1500万到3000万人得了艾滋病的话,就使你们的经济成果毁于一旦。所以我们要认识到正在上学的年轻人,或者进入到劳动力大军的年轻人,他们的精力和才智是非常重要的。在亚洲,除了印度和中国以外,柬埔寨也是一个非常严重的感染国,除了境外吸毒者,还有其他一些感染者。孟加拉有1.3亿人口,他们每年会有4%的人受到感染。除了对人们的健康造成威胁以外,对经济和国家安全也会造成威胁。现在人们关注SARS,SARS引起了很多危机,很多人都会担心感染这种病。因为我们不了解这种病,是怎么传播的,来自何处,我们如何摆脱?这并不仅仅是公共卫生危机,有很多的游客不来旅游了,在5月份,中国游客数下降了68%。旅游业会给中国带来每年200亿的收入,在国民经济中占有非常大的比重。到2010年,预计游客给GDP带来的收入会降到7%。考虑到艾滋病对经济的影响,如果说有这样一种大规模的人口感染的话,我们该采取什么样的措施。在经济领域中要考虑这样一个问题,在非洲有一些国家,他们现在面临着20%的GDP增长率的下降,在未来15年还有20%的下降。有些地区有很多的雇主不愿意雇佣新的员工,因为他们担心这些人因为艾滋病会死亡。还有很多农业庄稼没人收割,有很多学校没有老师。去年有89万的孩子,由于艾滋病,使得他们的老师都死亡了。所以在世界银行的一个科学家对于非洲的研究表明,事实上艾滋病在未来的3到5年中会造成非常大的影响,相应地就会增加童工的数量,使得这些国家进一步贫化。除了经济的影响,我们也看到艾滋病会带来安全方面的危机。除了经济和人们的健康会下降之外,还因为贫困会产生暴力。4年前,当我的政府把艾滋病看做一个安全问题的时候,很多人士嘲笑我这么做,现在他们再也不笑了。我们有这样一个敌人,使得那么多人死亡,使那么多国家受影响,这就是一个安全危机。布什总统和国务卿鲍威尔也进一步强调了美国在这方面的立场。鲍威尔就说,在这个世界上,没有哪一个东西的破坏力像艾滋病这么严重,艾滋病也会削弱整个社会防卫的能力。据刚果政府预测,刚果20%军队的士兵都受到了影响,还有更多人受到了影响,他们没有办法加入到联合国的维和部队中。由于艾滋病,我们无法招收到更多的士兵。我们要对未来充满希望,在巴西所有艾滋病人都有一些在当地生产的药品。根据福特基金会报告,对一些治疗和预防性治疗,巴西可以每年节省几十亿美元的基金。由于艾滋病住院的人在过去5年下降了75%,死亡率下降50%。在过去4年里,其他31个发展中国家也借鉴了巴西的治疗做法,在乌干达等国家也取得了成功。

在80年代到90年代,美国人患有艾滋病的人数下降了,1995、1996年死亡率下降了 7%。这种疾病是百分之百可以预防的，我们有一些药品可以防止患病，防止人们把疾病传染给自己的孩子。同时我们还有一些预防这种疾病的药物。现在我们面临的是人类历史上一个最大的疾病，我们需要采取各方面的措施，我们需要有很好的国家计划，有充足的资金，有强有力的领导，同时还需要全球的努力。我们基于共同人类的愿望来携手努力，我们需要有很好的计划，同时有公共基础设施来支持这些项目和计划。可以分发一些药品，但是如果没有人教患者怎么样使用这些药物的话，就没有用，如果不监督使用药品的话也没有用。我们在中国还认识到，医生的培训还不够。我非常高兴地看到，最近中国政府提出来对农村地区的患病人口要进行免费治疗，我们这方面人员的培训是非常重要的。最近的研究表明，在印度，由于进行合作，他们的感染率到 2020 年能下降到 2%。如果不进行这些合作，预计可能是 4%。在我离开白宫的时候，我决定要采取一些行动，对这个疾病作出努力。我在与曼德拉见面的时候，我们曾经讨论了这个问题，同时我们也见到了道谷拉斯医生，我们共同商讨建立在加勒比海地区的机制。他们说问题是一个制度问题，我们要构建一种体系，使得我们获得一些药物和治疗。我们帮助卢旺达、莫桑比克等建立这样的机制。有一些当时在白宫和我共同努力的一些人士，我们帮助非洲 4 个国家和加勒比海地区的国家构建了良好的机制，同时我们能够很好地把药品分发给感染者，和一些传染病病人，进行病毒的控制也是非常关键的。我们认识到医学的问题是全球性的，现在有 4200 万感染了 HIV 病毒，很多人死亡了，但是只有 30 万富裕国家的人口才能得到药品。在巴西有人得到了治疗，但是是政府购买的，需要在当地生产。非洲只有 5 万人可以得到这种药品，但是当地有 600 万人受到了感染。现在药品的价格已经下降了，我们可以加速治疗。即使通用药物不是很贵的话，一年也需要350 多美元，这个价格很高，有些国家人均产值还不到 1 美元。所以我们要努力降低抗击艾滋病病毒的药品价格，我们需要有一些制药公司来想方设法降低价格，提高药品质量。我们希望药品公司改变原来的策略，从多赚钱转变成大批量生产少赚钱，这样可以提高他们的生产力。有很多志愿者和药品公司推出了这样的计划，其结果是对大家都有好处的。上个月，有一些治疗方法的价格一年不到140 美元，我们相信我们还会把这个价格进一步降低。我们要把这些药品提供给4 个非洲国家和加勒比海地区的国家，现在他们每天一个人只需要 30 美分就可以了。我们的目标是所有人都可以得到这些药品，包括怀孕妇女。我们正在谈判的一个合同条款，就是希望使得我们和其他国家在购买药品的时候得到一些很好的条件。有些国家离我们的基金太远了，或者处于比较偏远的地方，无法得到我们的帮助。但是我们希望通过成本的下降，希望使得愿意买这些药品的人都可以买到，包括中国。不仅仅是降低成本，还有提高基金，一方面是药物的基金，另外是医疗设施的构建，一些地方不仅缺乏医生还缺乏基本的护理，有的地方做检测的人都没有。现在很多人说想建立一个公共卫生体系、疾病防治体系，但是不想提供药品，因为药品太贵了。现在不应该有这种借口，药品价格已经下降了。现在年轻人是无法得到检测的，他们就会把疾病传染给别人，因为他们不知道自己有这种病毒。如果经过检测以后，他们知道了，可以治疗的话，他们就会改变他们的行为。这种行为的改变，对艾滋病带来的破坏就会减小。两年前，富裕国家的人每年可以花 250 亿美元帮助全球的疟疾、结核病、霍乱治疗。去年 300 万人死于结核病，100 万人死于疟疾，其中很多人都是 HIV 阳性患者。在美国批准有 200亿的资金来支持伊拉克政府的重建，我也支持美国政府的这个决策。如果 200 亿我们花在构建更好的医疗基础的话，我们可以挽救更多人的生命，我们可以更好地促进长期的国家的安全状况。

我们现在有一个预防结核病、霍乱的基金，在全球都开展了活动，还有盖茨基金业从事艾滋病的防治工作。美国国会决定拨出 20 亿美元的资金来抗击艾滋病，希望这个努力可以得到很好的结果。现在美、英政府也决定在未来几年里出资几百万，上亿的资金，来构建莫桑比克的一些很好的基础设施。我们的基金，我们并不是把这些钱自己拿到手里，我们希望这个钱是由捐助国来直接放到某一个所支持的国家里，帮助当地开展活动。我知道很多组织都在中国做了投资，我也知道，何大一先生和他们的戴蒙艾滋病研究中心在中国进行疫苗的测试。我们希望通过疫苗能够找出一个很好的解决方法。我知道，美国国家研究中心也在中国开展了一些活动，但是我们还是要做更多的工作，我们需要赶快地采取行动。中国人他们有很好的规划，他们总是有长远的目光来制订长远的计划。你们现在要考虑到，在中国现在这方面的素质正在逐步上升，你们可以想象用一种可以支付的价格来扭转局面。如果忽视了艾滋病的影响就非常可怕，不仅对中国非常可怕，而且对中国的很多合作伙伴都是非常可怕的结局。所以我们需要强有力的领导和决心。我给大家举例来说，全球基金有一个时间表。最近在泰国，我们希望能够对那些吸毒者进行干预。60%的境外吸毒者都有 HIV 阳性。我们推出了一个计划，我们也在当地有了一些资金。如果政府能够让境外吸毒者纳入到整个的项目当中来，而且让这些境外吸毒者在项目当中成为领导角色的话，我们就有希望成功。过去 20 年有证据表明，仍然有很多人还是感到担心，或者有一些宗教上的禁忌，他们不愿意公开讨论这些问题，并且把这些当做一种借口。40%的国家仍然对艾滋病的病人有一种歧视性的立法。但是,光靠歧视是不能解决问题的,如果不解决问题,歧视会更严重,因为这毕竟是一个敏感的情绪。

乌干达之所以是非洲第一个扭转艾滋病发展趋势的国家,是因为当时总统的夫人公开作了演讲。所有领导人都说这与吸毒,与性有关,不能公开讨论。总统夫人站出来,她说,你们不谈它,但是我更关心的是不能让我们的儿童继续死。你们想让儿童死亡是另外一回事,我不想让这些儿童死亡,我想救他们。总统夫人大声喊叫,呼吁这个问题,防止本国儿童死于艾滋病。在尼日利亚,它的总统也在这方面做了很多工作。我们国家也在电视台做了一些宣传。有一个男人想阻止他的妻子吸毒,不想让他们的孩子得艾滋病。他的妻子怀孕了,他的女儿出生以后没有艾滋病病毒。所以总统上台,在国家电视台,总统拥抱了这位妇女。就是这样一个片子,改变了人们的观点,说明我们可以采取行动,使得我们的战斗取得成功。这个小女孩的照片,挂在我白宫的办公室里。没有哪一个父亲愿意失去工作,他们都很关心自己的孩子和妻子,我们要靠这种关心来引起我们的关注。我希望我能够对中国提供一些帮助,我希望把便宜的药品带到中国和整个亚洲来,我会尽全力来做这方面的工作。

你们有世界上最优秀的人才,何大一教授就站在你们这一边。我们还有更多的英雄,也希望更多的中国人纳入到战斗的队伍中来,这是完全可以防止、治疗、控制的问题。但是它有可能是人类历史上最严重的流行病。在 14 世纪我们曾经爆发出的疾病使得欧洲 1/4 的人死亡,大家不知道爆发的原因是什么,是怎么扩散的,以及怎么治疗。现在我们没有这种借口了,我们不能说我们不知道。我们知道,中国已经认识到在将来将有上百万的人会受此影响。我们要继续努力,希望在未来我们能取得成功,我们一起来庆贺我们的成功。

谢谢。

◎现场提问

问:如果您现在是一名艾滋病病人,有三个选择:A、权利,包括个人尊严、社会地位、被团体接纳、平等地被对待。B、爱人,包括您的父母,您的妻子、女儿,以及知己好友。C、具体功能,包括感觉、知觉、运动能力、理性思维、记忆力,包括性能力。如果您是艾滋病患者,您只能保留一项的话,您会选择哪一项,为什么?

克林顿:我会选择 A、权利,我要求别人尊重我,取得平等。

问:应该以什么样的态度来对待不健康的性行为?

克林顿：确实，我们对艾滋病有着非常好的措施，可以说是有百分之百的预防措施。有关不健康的性行为是普遍存在的，不仅在中国，在其他国家也有。最重要的一点，是要进行大规模的教育活动……

问：很多人不喜欢使用安全套，您跟这群年轻朋友交谈的时候，怎样说服他们？

克林顿：我的年纪已经大了，没有这个问题，但是确实有很多年轻人有这个问题……我们要不断劝说他们这样做。乌干达有一个运动非常有意思，在高速公路上，运动者把车开到岔路上，对车里的人发避孕套，冲他们大声吼：必须要用避孕套。结果非常令人兴奋。

问：您是从什么时候第一次听说艾滋病的？您觉得青少年在什么时候上这种艾滋病的课比较容易被接受呢？

克林顿：1981年第一例艾滋病病毒被发现的时候我就已经听说了。1984年的时候，在旧金山聚集了大量的艾滋病病毒感染者。为了处理这个情况，我花了两三天的时间和当地的医生进行了充分交流。1986年，我的一个朋友因为艾滋病去世了，所以我以后就更加关注艾滋病病毒的情况。第二个问题，儿童什么时候了解艾滋病的情况？只要孩子长得足够大，能够理解这个问题的时候，就应该去了解了。比如他们在能够采取性行为的时候就应该了解。

问：您跟艾滋病人最亲密的接触是什么？握手、拥抱还是接吻？这样做是为了表现对艾滋病人个体的关怀还是表现社会的姿态？

克林顿：我在私下里和公开的场合，都和艾滋病感染者有亲密的接触。在尼日利亚我曾经和这样一位朋友拥抱。20年前我的一位很好的朋友是同性恋，感染了艾滋病毒，我看望他时拥抱了他，后来他去世了，我非常伤心。1992年我当选总统前，曾经遇到两位儿童，由于输血感染了艾滋病毒，学校不接纳他们。我希望我当上总统以后，能够帮他们重返学校。但是男孩在我没有当选之前就去世了，于是我把他们的照片一直保留了8年。

问：总统先生您好，我是一名感染者，今年21岁，感染已6年，我想再问一个问题……我想知道，在美国，多少岁的青少年可以知道艾滋病是什么样子？多大年龄就可以知道怎样使用安全套？在美国有很多安全套的商业广告，还有一些公益性广告，作为政府是怎样对待媒体宣传安全套广告的？政府是什么样的态度？

克林顿：21岁了吗？感染已经有6年了？……美国有避孕套的广告，但是也有很大的争论，我也参与了这个争论20余年。有些人出于宗教信仰，认为如果提倡使用避孕套，就相当于鼓励婚前性行为。我认为，只要这些年轻人进行性行为，就要保护自己的身体健康,就要使用避孕套,因为这样做可以保证更多的生命。

特别感谢你,你非常勇敢,你这么做对于你的国家,对于会议室所有的人,都是一个非常好的典范。不知道会议室里是否还有其他感染艾滋病毒的人,你们相互之间应该多见面、多聊天,当做日常生活的一个部分,就像对待癌症或是其他疾病一样,应该正视它。

(克林顿说完,邀这位感染者走上主席台,和他紧紧握手并合影留念。)

● ● ● ● ● 【讲演点评】 ● ● ● ● ●

克林顿在清华大学 30 多分钟的演讲,给首都公众留下了深刻的印象。而他面对艾滋病男青年毫不犹豫的握手,更是让在场观众为之动容。

据艾滋病"鸡尾酒疗法"发明人何大一教授介绍,作为国际防治 AIDS 基金会主席,克林顿一直很重视全球艾滋病防治工作,参加了大量相关公益事业,也很关注了美国以外致力于艾滋病防治工作的有关活动。2002 年 11 月,他在访问戴蒙艾滋病研究中心期间,接受该中心邀请,同赴中国开展艾滋病防治工作;并接受清华大学邀请,参加此次研讨会。

刚在讲台上站定,克林顿打开电脑准备开始演讲时,随口开玩笑问道:"这个电脑怎么样啊?"不过他马上拿自己开涮:"你们看,这就是科学家和政客之间的区别。"他的幽默的开场白,引起全场的一阵哄笑和掌声。

紧接着,克林顿展示了他良好的演讲口才,思路清楚,表达流畅,娴熟自如,态度诚恳而认真,并掌握了大量确凿的材料和数据,内容丰富而充实,对艾滋病表示出极大的热情和关心。在长达 30 多分钟的演讲过程当中,他就艾滋病这一全球性疾病的发展现状、目前所采取的措施,做了详细的介绍。在会场前排,几名外国专家也不禁为之额首。

此次克林顿演讲,内容涉及艾滋病病人的医疗防治问题。他讲到了防治艾滋病的重要意义,以唤起大家对防治艾滋病的关注。另外,他也呼吁世界各个方面的人都来想办法降低艾滋病药物的价格,并希望"能够对中国提供一些帮助,希望把便宜的药品带到中国和整个亚洲来"。他还说,此次研讨会标志着中国正在把抗击艾滋病看得非常重要,政府、学术界和公众要携起手来,互相支持,共同抗击艾滋病。

克林顿说,艾滋病是百分之百可以预防的,我们有一些药品可以防止患病,防止人们把疾病传染给自己的孩子。同时我们还有一些预防这种疾病的药物。现在我们面临的是人类历史上最大的一个疾病,我们需要采取各方面的措施,我们需要有很好的国家计划、有充足的资金、有强有力的领导,同时还需要全球的努力。我们基于人类共同的愿望来携手努力,我们需要有很好的计划,同时有公共基础设施来支持这些项目和计划。

安 南

就世界的和平与发展等问题发表讲演

安南(kofi A.Annan),1938 年生于非洲加纳中部城市库马西，父亲是当地阿桑特部落酋长。前任联合国秘书长。曾就读于加纳库马西科技大学,1961 年在美国明尼苏达州麦卡莱斯特学院完成经济学本科课程。次年进入联合国系统工作。1997 年初被第五十一届联大任命为联合国第七任秘书长,是出身于联合国工作人员行列而当选的第一位秘书长,也是第一位来自撒哈拉以南非洲的秘书长, 还是第一位非洲黑人秘书长。2001 年连任,并与联合国同获诺贝尔和平奖,以表彰他为创建一个"更有组织与和平的世界"所作出的努力。2006 年卸任。

安 南

在任期间,通过全面改革方案,恢复联合国的活力;加强联合国在发展和维持国际和平与安全方面的传统工作;鼓励并提倡人权、法治以及《联合国宪章》所载的关于平等、容忍和人类尊严的普遍价值观念;设法提高妇女在联合国秘书处的地位;恢复公众对联合国的信任,向新的伙伴伸手,套用他的话说"使联合国更接近人民";为世界和平、消除贫困、与艾滋病和国际恐怖主义抗争而奔波。1998年赴巴格达进行斡旋,化解伊拉克武器核查危机。

2004 年 10 月 10 日,时任联合国秘书长的科菲·安南抵达北京,对中国进行了为期 4 天的第五次正式访问。10 月 11 日下午 2 时左右,在教育部副部长章新胜、中国常驻联合国代表王光亚大使的陪同下,安南来到清华大学访问,在主楼接待厅发表演讲,与清华学子畅谈和平与发展,并接受大学生们的提问。演讲由清华大学校长顾秉林主持。安南夫人娜内·安南在场,每一位听讲的学生还得到了一本她撰写的小册子《跟我一起走近联合国》。

女士们、先生们:

清华大学是中国最具声望的学府之一,来到这里演讲使我感到十分荣幸。中国具有领先世界科技的历史传统,贵校正在努力恢复和保持这一传统,贵校的毕业生遍布全国各地的领导岗位。

和在中国其他许多地方一样,凡是来到清华大学参观的人,都不能不对伟大中国突飞猛进的发展,每天给人民带来的新的知识和机会,而感到兴奋。各位,你们尽可对自己的国家和国家 25 年来的成就感到骄傲。

看着听众席上一张张年轻的面孔,我不得不对国际学生充满羡慕之情。我听说,来自 50 多个国家的 1000 多名学生,有幸与大家一起在贵校同窗学习。

这使我想起了我自己的求学岁月,当时我的祖国加纳刚刚获得独立。我们突然感到,我们的国家正在走向世界,我们每天都有新的发现。

但是,我也记得,迅速变化的年代带来的不仅是进步和兴奋,它同样能带来痛苦和困惑,甚至是破坏。

变化越是迅速、越是令人兴奋,就越需要谨慎把握,需要明智和以人为本的领导。

我们必须找出办法,保护贫穷和弱势群体的利益不受侵犯,朝气蓬勃的年轻一代不被剥夺变化带来的各种机会。

我们必须维护秩序和稳定,但也不应扼杀探索、试验和表达意见的自由。作为年轻的学者,你们比任何人都更清楚地知道,在国家的发展中,知识和科学有着举足轻重的作用。

应该把科技专门知识用于全社会的发展和保障,既要为少数人带来更大的财富,又要使全体公民感到更加安全,更加富裕。

中国是一个伟大的国家,中国的发展不可能在孤立中实现。中国的发展对全世界产生了影响,而发展又把中国带入了与世界其他地区建立的新型关系。

就商品和资金的进出口而言,中国经济对于其他国家交流的依赖程度越来越大。外国投资对于中国经济的增长发挥着根本的作用,而中国的外汇储备以及贵国对本国货币的管理,将在国际货币体系中发挥重要的作用。

这就是说,全世界的发展与繁荣对中国利害攸关。中国的安全也离不开国际的和平和稳定。

中国政府通过在联合国以及其他场所发挥的作用表明,中国认识到了这一点。中国公民越来越多地被要求为全球安全的利益承担风险,作出牺牲。前几天我们看到,我们的报纸上刊登了中国警察头戴蓝盔,准备奔赴海地参加联合国特派团工作的照片,这给我们留下了深刻的印象。天灾人祸不断的岛国海地,的确与中国远隔重洋。

因此,今天我来到贵校,也是为了表达全世界对中国的感激之情。中国人民显然理解,正如中国谚语所说,应该"同呼吸共命运"。我们还可以再加一句:在全球化的年代里,一个人的呼吸,足以使世界另一半球的人打喷嚏。人类的苦难没有国界,人类的团结也应同样不分国界。

的确,4年前,世界各国领导人在联合国总部对团结的根本价值作出了庄严承诺,并发表了《千年宣言》。

他们宣布:"必须以公平承担有关代价和负担的方式处理各种全球挑战……遭受不利影响或得益最少的人有权得到得益最多者的帮助。"

他们承诺"竭尽全力",使世界上为数10亿的男子、妇女和儿童摆脱赤贫,并使发展权成为所有人民的现实。

他们制订了精确的标准,用以衡量到2015年履行承诺的成就。

人们把这些标准称做千年发展目标。千年发展目标中的第一条,就是把世界上每天收入不足1美元的人口减少一半。其他目标还有:制止并开始扭转艾滋病毒(艾滋病)的蔓延;把可持续发展原则纳入各国的政策和计划,以使我们的子孙后代不会面临居住的地球因遭到人类活动破坏而无法补救、或资源无法满足人类需要的威胁。

那么,到2015年,全世界是否能够实现这些目标? 这在很大程度上取决于中国。

中国是一个人口众多、经济迅速发展的国家,中国对全球所有统计数字都有着巨大的影响。即使非洲许多国家的问题依然如旧,但在理论上只要中国基本消除了最贫困人口,到2015年我们就能实现把全世界这类人口减少一半的目标。

相反,到2015年也许许多国家可能在防治艾滋病毒(艾滋病)或在采取可持续发展模式方面取得了巨大的进展。但是,如果中国未能采取同样的行动,那么这仍将会给整个人类带来可怕的后果。

然而,中国和世界其他国家都可以不走这样的道路。为了中国的利益,也为了全世界的利益,你们应该承担起改善本国人民生活、保护本国自然环境的重大责任。

但是,你们的责任并非仅此而已。

千年发展目标的第八项也是最后一项,是全球合作促进发展。这就意味着,不能抛开发展中国家不管,任其自己发展。发展中国家需要较为富裕、较为强大的国家给予帮助,这就需要消除不公平的贸易壁垒,消除补贴式竞争;需要免除债务——许多贫穷国家为了向债主偿还债务,所费开支远远超出这些国家为满足本国人民的社会需求所作的开支;还需要更为慷慨的官方发展援助,许多富裕国家曾屡作承诺,提供这种援助。

具体说来,全球伙伴关系意味着每一个存在赤贫的国家都有权利期望获得帮助,以拟定并执行到2015年实现千年发展目标的国家战略。这一点对于大多数位处非洲的最贫穷的国家来说,具有至关重要的意义。如果没有这种帮助,这些国家就不能实现千年发展目标。如果能够得到这种帮助,这些国家就真正有机会实现这些目标。

这就使富裕国家担负起一个重大责任,对此,中国也责无旁贷。我知道,你们习惯将自己的国家作为一个发展中国家来看待,中国也的确是一个发展中国家,也许是世界上前所未有的发展速度最快的国家。不过,中国发展越成功,人们也就越期待中国能够对那些仍然需要援助之手的小国、穷国表现出同舟共济的精神。

同样,随着中国在地缘政治方面地位的不断提高,她在世界安全方面也应分担更大的责任。

《千年宣言》体现了全球团结的精神,也表达了集体安全这一植根于《联合国宪章》的共同理想。

然而,过去两年来发生的各种事件,使人们对这一共识产生了疑虑。

《宪章》第八十一条重申"联合国会员国受武力攻击时,在安全理事会采取必要办法,以维持国际和平及安全以前,行使自卫之自然权利"。而在当今时代,秘密的恐怖主义集团可能在没有任何警告的情况下发动武装攻击,这些集团也许持有大规模毁灭性武器。在这样一个时代,一些人对上述条款是否依然具有足够效力产生怀疑。

这些人辩解说,这些时候必须为了预防而使用武力;而在他们国家安全需要时,必须有权自由作出此种决定。

还有些人则认为,这种理论本身就是对国际和平与安全的严重威胁,因为这就意味着任何国家,只要自己认为合适,都有权动武,而不必考虑其他国家所关切的问题。然而,创立联合国,恰恰是为了使人类免于遭受这种局面。

的确,《宪章》第一条规定,联合国的首要宗旨是"采取有效集体办法,防止且消除对和平之威胁"。

我们必须表现出联合国有能力履行这一宗旨,以使各国不必感到必须或有权利自行执法。

正是出于这一原因,我于去年请一个名人小组就如何在 21 世纪解决对和平与安全的威胁和挑战提出建议。我感到欣慰的是,一位充满智慧的中国政治家钱其琛先生同意参加该小组,再过几个星期小组的报告就可以提交了。

我希望小组的建议将有助于我们重新建立并改进我们的全球安全体系。这样,未来将没有任何一个国家会感到必须要单枪匹马地面对全球性威胁。而所有国家都会充满信心地认为,其他国家将会遵守这些规则。

简言之,朋友们,要在这个新世纪里使世界变得安全,并赋予全世界所有居民以真正的机会,欣欣向荣,充实地生活,尚有许多工作要做。需要作出许多具有胆识的决定,而且时不我待。

明年 9 月,世界领导人将再一次在联合国聚集一堂,审查《千年宣言》以来有哪些进展,或缺乏进展。我希望,届时将会作出一些极为重要的决定。这将是世界在应对发展与安全这一双重全球性挑战方面,实现突破的绝佳机遇。不过与 5 年前相比,任务将更加艰巨。这次领导人不是制订目标,而是为实现这些目标商定具体的决策。

要使 191 个国家就共同的前进道路达成协议,还需要在未来的一年进行许多讨论,在一国之内和各国之间都要开展辩论。各国政府必须共同努力,并且还要达成妥协,有时甚至要对宝贵的国家目标或国家利益忍痛作出牺牲。但要做到这点,就必须使本国人民懂得利害相关所在,赢得他们的坚定支持。

中国在发展方面有出色经验,在安全方面也独具专长。因此,可以为这一至关重要的全球性突破作出主导性贡献。

因此,我今天来到北京非常高兴,能够有机会不仅同贵国政府交谈,而且来到中国著名的学府,这个发明与创新思想的摇篮,与在座各位交谈。我刚刚谈到了各种挑战,包括保卫世界和平与安全,在不同信仰或文化的人民之间发展友好关系,实现千年发展目标等等。为应对这些全球性挑战,为实现发展,你们这些有教育的青年可以大有作为。

在中国,你们在富裕和贫困地区之间已经建立了十分发达的互助网络,而且我知道你们许多人将在毕业之后去贫困地区服务。我希望你们中的一些人也会考虑到世界的其他地方去服务。在那里,也许更加迫切地需要你们的技艺。

我鼓励你们全体,全中国各地的你们这一代人,立志求索,为解决贫穷、疾病及环境退化等我们这个世纪所面临的各种巨大挑战,寻求途径。我曾对美国的学生,对其他许多国家的学生说过,现在也对你们说:"走出去,把世界变得更美好!"

我说的时间已经够长了。现在该轮到你们了。如果你们有问题,我将尽力回答。不过我还希望你们作出评论,这样我可以向你们学习。

谢谢大家。

◎现场提问

在现场,安南的点名提问"追求"男女平等。他先点一名穿粉红色毛衣的男生提问,然后点一名女生提问。包括一名被他误认为是清华大学学生的记者在内,总共有10名提问者,其中5名男性、5名女性,问题包括联合国组织、反恐、儿童保护、艾滋病防治、安理会改革、他个人退休后的打算等。

当大会主持人清华大学校长顾秉林院士说"问最后一个问题"时,此前有5名女生和4名男生提问,安南还是有意地寻找了一名男生来提问。经过短暂的"搜索",他误点了最后一排一名看似学生的男性记者。而按照安排,只能学生才能提问。这名记者问了安南一个关于伊拉克战争的问题,安南还是很认真地回答了他的提问。

清华学生:在和国际恐怖主义的斗争中,什么是最重要的?

安南:我认为最重要的,是世界各国的政府都能够为了打击恐怖主义而统一行动,充分交换信息,让恐怖分子没有立足之地,切断他们的财政支持。

清华学生:您在任期届满之后有什么打算?

安南:也许我想做个农民,我对那种田园诗的悠闲生活非常向往。

清华学生:今年诺贝尔和平奖颁给了肯尼亚环境保护活动家加里·马塔伊女士。有人担心这种做法有可能削弱诺贝尔和平奖的分量,因为从传统上讲,环境保护不是诺贝尔和平奖涉及的领域。您怎么看这个问题?

安南:在当今世界,和平的概念已经被扩大了。冲突并不总是政治的。贫困、疾病和环境恶化等问题也可能成为影响世界和平的因素。诺贝尔奖委员会决定授予加里·马塔伊女士和平奖,表明她为保护环境作出杰出的贡献,也为国家带去了和平。

清华学生:现在一直在谈论联合国机构改革,是否会有更多的国家成为安理会常任理事国？

　　安南：关于联合国改革大家已经争论很久了。我认为联合国必须进行改革，但是关键问题是如何改。联合国需要给各个洲机会。但是我不能给你一个谁会成为安理会常任理事国的名单，因为我们正在讨论这个问题，并且还没有定论。

● ● ● ● ●【讲演点评】● ● ● ● ●

　　安南是一位经验丰富的外交家，擅长演讲、调停和谈判，能说流利的英语、法语和几种非洲语言，爱好爵士乐、古典音乐、足球、跳舞。他讲话温和，性格直率，待人坦诚，头脑冷静，富有幽默感，其行动指南是尊严、自信、勇气、同情心和信仰。有人评价说："由于他非常正直，所以人们都信任他。他从不以错误论点掩饰自己，他总按照是非曲直为自己的立场辩护。"这些优点和特征，在这次清华演讲中有充分的表现。

　　安南在演讲中表示，中国对全球所有统计数字都有着巨大的影响，即使非洲大多数国家极端贫困人口比例仍然没得到明显改变。但是，从理论上说，只要中国能够成功地使大多数国民摆脱极端贫困，那么 2015 年在全世界实现极端贫困人口比例减半就有希望。

　　在谈到艾滋病问题的时候，安南同样表示了中国在此问题上的重要性。他说，如果中国能够在防治艾滋病方面取得大的进展，那么到 2015 年，全球防治艾滋病的成效就会相当明显。但是如果中国不这么做，那么即使全球许多国家都在防治艾滋病毒（艾滋病）方面取得巨大进展，结果仍将是相当可怕。安南甚至表示，"这将会给整个人类带来可怕的后果"。

　　在演讲快结束时，安南对中国的大学生表达了自己的殷切期望，希望他们当中的一些人除了前往中国贫困地区扶助之外，还能前往世界上一些贫困的国家和地区为那里的人民服务，"因为在那里，也许更加地迫切需要你们的技艺"。

　　在短短 20 分钟的演讲过程中，安南竟多达 30 余次提到了中国。"很明显，作为联合国秘书长，他很看重中国在世界事务中发挥的作用。"演讲结束后，一位清华的学生这样概括自己对安南的印象。

　　清华大学新闻传播学院研究生朱丹说，安南是一个很有男人味的人，一个成熟男人。朱丹通过自己不断举手，终于在第七个被点名提问。朱丹说，安南在联合国工作 42 年，几乎把半生的精力都奉献给了联合国，这是很不容易的事。

　　"他今天的手势比较多。"朱丹说，"他的手势能很好地配合他的情绪和主张。"朱丹不断地重复说，不管他是一个政治家还是一个普通人，"他是一个天生的演讲家。"

　　"但同时他也是一个普通人。"朱丹说，"我也看到了他美丽的夫人坐在那里。"朱丹相信安南也有普通人所拥有的感情生活，"我就是想问问他卸任后会不会过上一个正常人的生活。"她问的问题是安南卸任后想做些什么。

比尔·盖茨

未来之路:在中国共同创新

比尔·盖茨(Bill Gates),
1955 年生于美国华盛顿州西
雅图市。著名企业家、软件工
程师、慈善家。13 岁在西雅图
湖滨中学就读时就开始计算
机编程。1973 年考进哈佛大
学,与微软现任 CEO 史蒂夫·
鲍尔默结成好朋友。大学三年
级时离开哈佛,并把全部精力
投入到与孩童时代好友保罗·

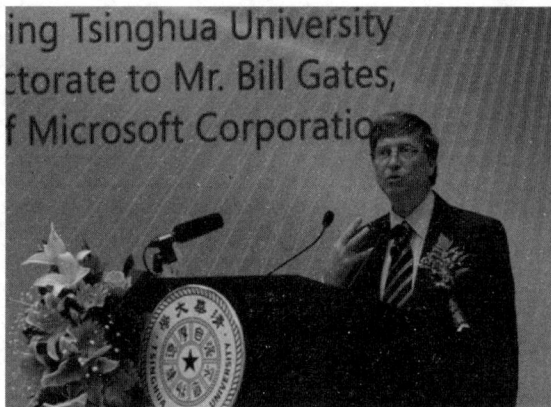

比尔·盖茨

艾伦在 1975 年创建的微软公司（其总部在西雅图附近的一个小城多特蒙德）
中。后任微软 CEO、董事会主席和首席软件设计师,并持有公司超过 8%的普通股,
也是公司最大的个人股东。被评为 1995~2007 年、2009 年《福布斯》杂志世界首
富。1995 年出版《未来之路》,1999 年出版《未来时速》。2008 年正式退出微软公
司,并把 580 亿美元个人财产尽数捐到比尔与美琳达·盖茨基金会。

2007 年 4 月 19 日,微软公司主席比尔·盖茨开始第二天的访华行程。他在
清华大学主楼大厅发表主题为《未来之路:在中国共同创新》的演讲,赢得热烈的
掌声,并接受学生的提问;其后,身着博士服,接受清华大学校长顾秉林颁发的红
色名誉博士学位证书。

尊敬的顾秉林校长,清华大学的老师、同学们:

　　获得清华大学这所世界一流大学的名誉博士学位,让我感到非常荣幸。清华是一所有着百年历史的名校,这里诞生了很多杰出的科学家、商业和政治领袖。

　　我上一次造访贵校是在 1997 年。当时,贵校学生的才华、热情和创造性给我留下了很深的印象。之后,我决定在中国设立微软研究院。在沈向洋博士的领导下,清华等大学的优秀毕业生帮助微软研究院取得了成功,为公司作出了巨大贡献。在各种国际会议上,都可以见到他们的身影。他们也为微软的新产品如 Vista 的诞生,付出了辛勤的努力。在计算机科学迅速发展的今天,身为贵校的学生是件激动人心的事。

　　我们才刚刚开始接触到软件可以做的神奇事情。全世界有 10 亿的计算机用户,他们才刚刚开始分享信息。随着半导体、光纤技术的发展,软件可以做更多的事情:

　　◆今天的电视还是被动的,在未来,你可以从因特网下载节目,电视将能和人交流、互动;

　　◆昨天我参观了中国农科院稻米研究所,看到那里的技术人员开始用软件来区分不同的稻米,为其排序,以后还可以用较少的农药就培育出高产量的优良品种;

　　◆医学界已经开始用软件来管理数据库;

　　◆今天的手机已经成为我们的"数字钱包",可以显示地图,上网查找信息,未来还可以和人交流;

　　◆平板电脑的出现,使得在教室可以无线上网,用电脑录音、识别手写的文字。这样,学生无需课本就能实现更有效的学习,老师也可以看到世界各地的优秀教案。

　　当然,软件的未来还面临很多挑战:如何使得用户更容易掌握? 如何实现人工智能? 但不管怎样,就计算机科学而言,我们所处的都是最激动人心的时代。

　　中国正在快速发展,对世界经济、科技创新作出越来越大的贡献。微软公司愿意帮助中国的新兴公司成长,帮助所有的中国公民享受到计算机科学进步所带来的成果:

　　◆微软已经开展项目,帮助中国的移民、进城务工人员、残疾人尤其是盲人享受科技成果;

　　◆微软已经捐资设立了 5 所"希望小学"和 5 所网上"希望小学";

◆微软也和中国政府与大学合作，设立了很多学术交流项目，鼓励优秀外国专家来华讲学；

◆有来自 39 所亚太地区大学的超过 2000 名学生曾在微软亚洲研究院实习，并有 120 人获得研究资助，其中最多的来自于贵校；

◆本学年，微软亚洲研究院的研究人员将在清华开设一门课程：《计算机研究的热门领域》。

我还想借此机会宣布，微软公司将在贵校设立"杰出访问学者"项目。在该项目下，微软亚洲研究院每年将邀请一位世界知名的计算机专家，到贵校姚期智教授领导的理论计算机科学研究所讲学。第一位获邀来访的，是美国麻省理工学院的弗朗斯·凯斯霍德教授。

总之，我今天非常高兴来到贵校，并在接受我的母校哈佛大学颁给我名誉博士学位之前就成为清华的名誉博士。

刚才，我和大家分享了软件领域在未来可能出现的一些突破，以及它们会给企业带来的机会、给残疾人和学生提供的帮助。我希望大家都能像我一样乐观：只要可以上网，就能获得平等的受教育机会。

微软公司对于中国市场的专注是长期的。我们对于以学术严谨闻名的贵校有着很高的期望。让我们携手努力，共创信息技术未来的辉煌！

谢谢大家。

● ● ● ● ● 【讲演点评】 ● ● ● ● ●

早在 1997 年，比尔·盖茨的首次清华之行，就给他留下了深刻的印象。中国学生对技术、对研究的激情，成为他 1998 年 11 月在北京开设微软亚洲研究院（这是微软公司在美国本土之外的第二个基础研究机构）的重要原因之一。而此次来华，是他最后一次以微软老总的身份访问中国。故地重游，让比尔·盖茨感到乐观。今后几年，他将把更多的时间投入到慈善事业和教育事业当中。在这位全球首富看来，将自己的财富用于慈善事业是最好的选择。

"我看到大家依旧保持着对研究的专注和对科技改变未来的激情，这让我对中国企业和人才不断推动创新的前景感到非常乐观。"比尔·盖茨说。在他看来，计算机科学是当今世界最活跃的领域。比尔·盖茨认为："就计算机科学而言，我们所处的是最激动人心的时代。中国不仅有一大批优秀人才，而且有很多人步入这一领域，这是很大的优势。"

比尔·盖茨在演讲中说，信息技术的不断创新，给世界经济和社会生活带来了巨大的变化。经过大批杰出科学家的努力,全球的信息技术还会有更大的发展。比尔·盖茨认为,与美国相比,他更看好中国信息产业的发展前景。让他感到不能理解的是,在美国,学习计算机科学的人数正在下降,更多的年轻人在毕业后进入了金融和咨询业;而在中国,越来越多的年轻人则选择 IT 专业。他高度评价了中国大学生的素质,也高度评价了清华大学。

比尔·盖茨的演讲,篇幅短小,语言简洁,内容精练,风格质朴,思路清晰,态度平和,具有科学技术人才的扎实、严谨、准确、平易,但同时也不乏气度、信心、激情、理想;而且富有智慧,目光炯炯,高屋建瓴,远见未来。

而他的传奇经历和充满睿智的演讲,也感染了现场的清华学子。与比尔·盖茨的巨额财富相比,到场的学生更关心计算机科学的发展:量子计算机的革命何时开始? 微软何时开始开发基于机器人和人工智能技术的产品? 面对网络软件的竞争, 如何保证持续盈利……

萨科齐

就环保等问题发表讲演

萨科齐(Nicolas Sarkozy)，1955 年生于法国巴黎，父亲是匈牙利移民，母亲是法国人（犹太人）。法国总统，安道尔公国大公。毕业于巴黎第十大学和巴黎政治学院，获法学硕士学位。20 岁就开始从政，经历十分丰富。1983 年他 28 岁时当选为市长，1988 年当选为国民议会议员，1993 年任政府预算部长。2002 年起任内政部长，2004 年当选法国执政党人民运动联盟主席。2007 年接替希拉克，当选为法兰西第五共和国第九任、第六位总统（其"同过去的法国平静地决裂"的竞选口号深得人心）。代表传统右翼，主张支持自由市场经济和增加就业、改革现行社会福利和劳工制度、改善治安状况、加强对移民控制、呼吁环境保护和节能减排。

萨科齐

2007 年 11 月 27 日上午 11 点，即将结束 3 天访华行程的法国总统萨科齐，在清华大学发表演讲并回答提问。演讲由清华大学校长顾秉林主持并致辞，教育部长周济在场。

尊敬的部长先生,尊敬的校长先生,各位嘉宾、女士们、先生们:

今天我很高兴能够对象征中国未来的各位发表讲话。你们能够求学于清华大学这所培育了许多伟大科学家和知名学者的高等学府,这真是莫大的幸运和荣誉。我意识到,这对大家来说是非常重要的事情。大家有这样的运气,能够克服那么多的困难,面对竞争,我知道竞争是非常之大的。我知道在中国,教育部负责学生的工作,在塑造中国的未来。我作为欧洲一个千年古国的领导人向大家发言,我作为大家的朋友来向大家发言,我作为尊重各自的差异和热衷于加强双方关系的朋友向大家讲话,我想谈及我们的地球现状,因为这是我们共同的现状;也要谈及中国人、法国人和全人类急需应对的气候变化的问题。我们要快马加鞭行事。

我要告诉大家,地球的承受力已经超出了极限。我了解各位和举国上下散发出的活力,我也知道你们应该为此而自豪。我了解这种有所作为的豪情壮志,中国的面貌的确因此而日新月异,这是引起全球瞩目的事情。今天通过对中国青年的讲话,我也想向其他所有做事果断、意志坚强和致力于造福下一代的人士说几句话。

有这么一天,下一代人将会替代你们。我要对你们说,为了控制气候变暖及其恶劣的影响,我们所面对的这个挑战涉及了全人类的未来。这不光是中国、欧洲、法国的问题,这是涉及到全人类的问题。我们应对气候变暖的做法,可以使得我们未来的世界变成富有机遇的世界。在经济生产发展的同时,应该照顾环境的保护。我们现在不能够把发展和环保对立起来,为了使得未来的世界能够稳定和公正,我们应该分享一下我们应对的办法,以更好地面对规模极大的挑战。

中国和法国应该为此在全世界开辟道路,这也是我此行的意义所在。今天,我们所知道的情况是什么?政府间气候变化专门委员会汇集了2500名世界上最优秀的科学家,他们来自全世界各国,他们的考察成果告诉我们什么?他们告诉我们,全球的安全严重地受到了气候变暖的威胁。他们告诉我们,温室气体的浓度将会导致全球增温,而全球增温是全人类史无前例的。这些科学家已经证明,超过两度的增温,也就是气候变暖一旦超过两度的话,这个局面就难以挽回。对于人类或者生物多样性来说,都是一个不可扭转的局势。

气候和环境的挑战要求我们必须采取行动。不光是要确保下一代的未来,同时也要确保你们这一代,你们自己的健康、你们国家的繁荣,全球的发展都依靠我们的行动。

我借次机会向气候变化专门委员会致意,他们一直默默无闻地工作,他们要面对那些怀疑的态度。气候变化专门委员会和戈尔荣获了2007年诺贝尔和平奖,戈尔也对此作出了极大的贡献。他对此项重大问题的贡献,超越了纯学术的极限性,也摆脱了意识形态的对峙。这不光是专家面对的问题,也是大家所面对的问题,大家在这方面协调一致的意见是全面的。

联合国秘书长曾经在9月在纽约主持召开了联合国气候变化问题高级别会议,所有的国家,所有不同意识形态、不同宗教信仰的人士都同意,认为这是一个紧迫的情况。气候变化严重和长期威胁着所有国家的发展,类似中国的经济增长在中期、长期时间内也可能会受到严重的影响。这个行动不光是非常紧迫的,它也应该是集体的,而不是对峙的态度。

我们应该集体行动,而且是大规模地行动。因为这个威胁是前所未有的,边界起不了什么作用,因为任何国界都不能够终止气候变化。各国的舆论,其中包括中国的舆论,都要求我们要协调一致地行事,以终止由污染引起的癌症,终止对健康的影响和对地球的摧毁。因此我们要确定一个行动框架,而合法的行动框架就是联合国的框架。因为气候变化是一个全球的问题,因此我们的应对也应该是全球性的,这不应该是由欧洲,或者是亚洲,或者是北方国家,或者是南方国家来应对,这应该是全球性的应对,应该由联合国来应对这个问题。

巴厘岛即将召开联合国气候变化大会,我们将拟定一份宏伟的计划图,以及在2009年制定全球行动计划。我们政策的核心环节,就是大力削减温室气体的排放量,这一点也不需再加辩论。我强调一下,不采取行动就是一种罪恶的行为。我也意识到,就达到这个目标的手段等来说,大家也有不同的想法。有些人强调减排的义务,有人强调其成果,也有人关注其手段。不过我们必须有足够的能力来应对这个局面。根据科学家的意见,我们拥有40年的回旋余地,我们还能够采取行动。如果是集体行动的话,在2050年之前还是及时的。在40年的时间里,如果我们仅仅指望中、长期的技术突破,而把减排的努力推迟,那么由于前阶段所累计的损失日益庞大,到时很可能要付出更为艰苦的努力。

因此我深信,而且我也想说服中国朋友,我们应该拟定一个集体的和量化的目标,把气候变化的控制稳定下来,能够稳定在大家能够承受的水平。如果我们不拟定这样一个目标的话,那么肯定就不能够避免灾难性的局面。欧盟建议从现在到2050年前将全球温室气体的排放下降到1990年的50%。法国为自己提出了更高的要求,法国已经作出承诺,到2050年,将其温室气体的排放量下降到目前的1/4。所以,法国要努力采取行动,因为她想树立一个典范,所以她决定要使自己的温室气体的排放量大量下降。我们希望,我们的行为能够在全球范围内得到重视。同时,让中国,尤其是中国的青年一代,能够和我们一起来说服所有的政治家采取行动,以便避免这种恶劣现象的出现。

法国同意各国在气候变暖问题上的责任有别的原则。我知道,从人均对世界的污染来说,我的国家在历史上可以说超过了你们国家所造成的后果,所以我们对此应该承担更大的责任。这也是为什么我在当选总统之后,立刻就组织国内的各方合作者,包括地方政府、企业界、工会和非政府组织,以便能够共同寻求到一种兼顾经济增长和环境保护的新的发展模式。动员民众是非常重要的,而中国的非政府组织也是这样,在这方面能发挥重大的作用。

各位朋友,我们大家都需要实现经济增长,你们需要实现经济增长,因为每年你们有上百万、上千万的人需要就业机会。因此,我们希望要对保护环境采取强有力的措施。我们现在所面对的巨大挑战,就是如何既能够保持稳定的经济增长,同时又能够创造就业机会、社会财富和保护环境。

法国刚刚作出决定,要投入很大的努力,以便实现无碳型的经济增长;而中国将紧随其后,以自己的力量作出相应的努力。因为中国已经面临着危机发展和人民健康的诸多问题。比如空气污染、水源污染,以及随之而来的沙漠化、水位增高等生态问题。中国在过去从来没有遇到过如此严重的问题。我知道,在中国的"十一五"规划中,中国已经立志采取措施,努力实现可持续发展,同时保护自然资源,而且决定到2010年将降低20%的能耗,其中特别是建筑能耗降低50%。

如果说世界上有一个国家在人和资源的关系方面的看法和法国最为接近,那这个国家就是中国。中国一贯信守她的传统观念,崇尚天人合一,所以中国今天可以再一次证实她的活力、她的实践经验和她成为表率的能力。

在2010年,上海将举办世博会,而世博会的主题是"城市的可持续发展"。这将是贵国展现抱负的大好时机。法国届时会参加,我们是第一个宣布参加这次盛会的国家。我很高兴地看到,我们两国在应对气候变化的众多领域中,还会不断加强合作。比如说,我们的保罗部长已经向中国政府提出具体的建议,建立一个中法特别工作小组,以便能够动员起我们所拥有的一切技术和力量,来保护世界的环境。而且,我们的努力已经取得了成果。

法国今天已经成为欧洲在二氧化碳排放方面比例最低的国家。在法国,大量的能源生产是采取了非碳化的生产,而且我们也大大低于经合组织各国温室气体排放的平均水平。我们现在已经拥有了很多节能技术,包括卫生、交通和汽车制造方面的计划。法国希望中国能够和她进行合作,以便能够使得我们所面对的全球性的挑战,能成为全球性合作的一个机遇。

　　我希望致力于应对气候变化的企业,如威立雅、苏黎士集团、法国电力、阿尔斯通等等,我就不一一列举了,我希望他们能和法国的银行机构一起,和中国继续合作,建立合作伙伴关系。而且我知道,法国企业可以依仗中国大量的杰出人才,贵校就是培养这些人才的杰出代表。我们应该加强合作伙伴关系,以便能够保持可持续发展。我们本着这一精神开展多种大型研发项目,比如碳捕获、碳结存和净碳计划,利用肥料生产能源、电动机车等等,我们建立组织,汇集两国领导和专家工作组,确定最好的开发、普及清洁技术条件的方案。我希望这个工作组能够尽快提出一些切实可行的建议,采取适当的融资模式。

　　既然我们大家都强调合作伙伴的重要关系,所以我在此也坦率地说,我也要明确地支持欧洲在减少废气排放方面所承担的责任。因为我知道,国际的市场只能够在公平的基础之上才能够得到正确的运行。如果仅仅是由欧洲、由法国、由欧盟独自采取限制废气排放的单方面承诺,而使得它们的经济、企业受到影响,那是不公正的。所以我要说,我们应该采取联合行动,来控制温室气体的排放。

　　可以说,这一点是非常重要的。在法国,它受到了重视。但是在这里,我说到这一点可能会有困难。但是我在这里是以友好和良知的心愿提出这个要求,我希望中国能加入到世界的努力中。因为只有这样,才能够继续延续中国的发展速度。而且我们不是为了抑制中国的发展,我们鼓励中国的发展。但是这种发展应该是环保的发展,是清洁的发展。

　　当然,我们应该进一步重视和帮助发展中国家,特别是要帮助她们来应对气候的变化。在世界上,那些印度洋的小岛屿国家,以及非洲不断加剧的沙漠化,所有这些都促使我们要进一步意识到这个问题的重要性,团结起来。法、中两国应该共同思考援助非洲的方式,尤其是要将我们的行动与帮助非洲国家适应气候变化紧密联系起来,而反对、抵制对森林资源的乱砍乱伐也是非常重要的。应该从团结公众的角度看待这个问题。我们应该和这些国家并肩作战,应对这个挑战。因为森林面积的减少,导致1/5的温室气体的排放。那些抵制砍伐森林的国家,是在为全人类作出贡献。我们在提供支持的时候,应该考虑到这一点,对他们作出的鼓励给予回报。

　　应该说,现在有两大森林资源,在非洲刚果的一个河谷森林资源,它的面积在世界上占到第二大的位置。所以非洲国家抵制对森林资源的破坏,是在对世界作贡献,对人类作贡献。我们如何能够重新恢复刚果河谷的资源,这就需要世界上每一个居民都在每25年在每公顷土地上种一棵树,这样就能够恢复刚果河谷的森林资源。

所以我在此强调,由于气候变暖是全球性的问题,因此我们必须采取共同行动来应对。我们应该在 2050 年大力减少温室气体的排放。中国是一个发展中的国家,中国应该寻求可持续的发展。我们希望,中国能够加入到一个新的全球协议中去,加入到全球环境和经济的新的发展方案中去。而且根据自己的经济规模和力量,迅速地、彻底地、持久地改变其能耗和生产方式。中国完全有能力作出这样的战略决策。为什么?因为中国有着巨大的优势,比如她的教育优势,特别是科学教育的优势;她的计划能力,这种能力在世界上可以说是独一无二的;还有她的经济活力,以及她在世界上的影响力和威信,中国一定能够作出这样的战略决策。我希望,中国能够无愧于她悠久的历史,能够作出她的选择,能够作出贡献。

去年 9 月在纽约举行的联合国气候变化问题高级别会议上,我看到,大多数国家都真心期望达成一项全球性的协议。在协议的基础上,各国根据自己的责任、力量和资金,针对气候变化作出各自的承诺和贡献。中国是一个深受尊敬的泱泱大国,她一定能够为保护环境开辟出一条道路。

谢谢! 各位有问题我会回答。

◎ 现场提问

问:谢谢萨科齐总统。您是否能够告诉我们大家如何对共同保护环境做出努力?

萨科齐:首先,我想祝贺你的法语讲得非常好。而且,你刚才说的这些话引起了我美好的回忆。确实,有大量的法国留学生现在在中国学习,有更多的中国留学生,25000 到 30000 的中国留学生在法国留学。而且,我们希望能有更多的中国留学生到法国大学学习。中国的留学生在法国是受欢迎的,他们非常认真,他们也非常勤奋、好学,他们为我们的大学带来了很多好的东西。我希望能有更多的法国大学生到中国的大学来学习。因为在北京,就有很多的优质大学,而在全国有成千上万所大学。

我不知道我们在什么方面能够给中国这样有着几千年历史的泱泱大国提供什么样的经验。因为我们到这里来是吸取中国的经验,向中国学习,以便能够共同为世界的和平和平衡、公正作出贡献。可以说,我们面对的挑战是巨大的,但是你们有很多的优势。你们应该更加关注全球的现状,全球的生态现状,而且你们应该关心在世界上、在你们国家以外所发生的情况。

因为如果你们的一个邻国发生自然灾害,那么实际上这对你们国家来说也是一种自然灾害。如果空气的污染给其他国家的人民带来危害,那实际上也会危害到中国人民的健康。所以,不可能仅仅因为居住在中国就能够避免遭受气候变化所带来的恶劣影响。但是由于你们的人口众多,你们的力量强大,所以你们应该比其他人负起更大的责任。你们现在有 13 亿人口,而且经历了人类历史上从来没有过的飞速发展,所以你们在保护全球生态环境方面应该承担起责任。因为这个地球,这个生态环境不是你们的,更不是我的,而是我们大家共同的财富。

确实,我们在过去一个世纪以来,对世界环境造成了破坏。但是,这是我们过去犯的错误,你们今后应该避免这样的错误。如果现在不采取行动的话,那你们将要为此付出代价。这是我要让你们明白的一件事。我希望不仅中国的领导层,同时中国的舆论都应该明白这一点。你们不应该惧怕世界,因为世界并不怕你们,并不是防备你们的。所以,你们应该继续努力。我们并不是要抑制你们的发展,我们只不过希望你们进行思考,能够更进一步对保护环境作出贡献,能够真正实现可持续发展。在这方面中国应该作出表率,因为中国在历史上已经多次起到了表率的作用。中国比历史上以往任何时期都能够对世界作出更大的贡献。

我们需要中国!

问:总统您好,我是化学工程系的学生。中国有一句老话:"授人以鱼,不如授人以渔。"我想问您,对培养中国的化工、环境方面的人才,以帮助中国建立节能减排的自主创新体系,您有什么高见? 谢谢。

萨科齐:在我发表的各种演讲或者进行的会谈中,我并没有仅仅要求中国人买我们的产品。我只不过是和中国人一起,建议他们能够和我们进行合作。在核能方面,我们将要建立一个统一的合资的企业,我们不要害怕使用核能。我们看到中国是一个大国, 有很多发展的余地。我们并不是仅仅要求你们买我们的设备,买我们的技术,我们是希望能够在你们的发展过程中助你们一臂之力。我们希望让更多的中国的技术人员能够学习、掌握我们的生产技术,包括飞机制造技术。我们并不是要求中国购买更多的空客,而不去购买波音飞机。我们现在既然有世界上最优秀的技术,我们希望能和你们共享。我们也有很多促进发展的手段和技术。

为什么法国人来到这里?这是因为法国愿意和中国进行合作,她并不是仅仅寻求一个客户,寻求一个购买设备的人。我们来这里是寻求合作伙伴,建立合作伙伴的关系。你刚才说"授人以鱼,不如授人以渔",我们对中国还有很多要学习的东西,我们认为你们可以从法国的企业、法国的技术中学到很多东西。所以这是相互的,我不是一个企业主,我是一个国家的首脑,所以我要从战略的角度考虑问题。我们会促使双方的企业进行合作。我们打开我们的市场，但是我们同时也希望中国能够打开自己的市场。我们愿意和你们合作，我们也希望你们能够和我们合作。所以说，我们之间的合作完全是平等的、平衡的，是一种持续的、长期的合作，并不仅仅是两国元首所制定的合作协议，而且是两国共同作出的承诺。

我们希望，中国能够实现世界上最大的发展速度，但是希望这种发展成为世界发展模式的表率。我们法国的科学家和各方面的专家都愿意为此做出努力。我在这里并不仅仅是为了取得更多的购买合同，我希望能够使我的访问对中法两国的持久关系确实作出贡献。我到这里来演讲，并不是要你们购买什么东西的，我在这里是为了说服你们，使你们了解到这个问题的重要性。

问：总统先生您好，我是来自清华大学医学院的学生。众所周知，现在环保问题和科学发展问题已经成为全球新的热点，各国政府都在为此作出积极努力。但是有些政策并不是非常有效的，或者与经济发展并不是协调的。所以在此想请您介绍一下，法国在目前有哪些有效的政策？谢谢。

萨科齐：我们在法国已经作出一个彻底变革的决定。这个决定的作出并不容易，因为它要迫使我们做出巨大的投入。但是，我们认为，如果不对保护生态做出巨大的投入，那就不可能实现可持续发展。到目前为止，我们每修建一条公路、建造一座列车，都要考虑它对环境产生的影响，而且为使用环保的技术做出投入。所以，从现在开始，我们每做一件事，都要考虑到这件事对保护环境将会产生的影响。

女士，为什么你是学医学的？因为我知道，在一个民主的国家里，那些政治领袖要倾听民众的声音。因为我不想在将来了解到，由于我们这一代作出的错误决定，而让我们的后代为此承担责任。法国现在在人们的公共健康方面也遇到了很多问题，比如我们过去使用石棉材料，它会影响到人的健康。现在你们有谁能够愿意让自己或者自己的家人、自己的朋友去那些有石棉的地方工作，从而破坏他们的健康？我想没有人愿意这样做。因此，我们必须在做每一件事的时候，在考虑到发展的同时，也要为环保做出投入。

我们国家的环境部部长是政府的第二号人物，他是唯一的国务委员级的部长，可以说这在世界上是独一无二的。过去环境部部长通常只不过是排在后面的部长，他代表的部是小小的部；而现在环境部长是政府的第二号人物。此外，我们在工业发展方面也要作出很多决策，每发展一点生产都要考虑到环保。我的国家，你们也知道面对着失业的危险，我们也需要经济增长。但是，我们不需要肮脏的破坏环境的增长，我们希望的是干净的经济增长，是保护我们国家生态环境、保护全球环境的增长。因为如果全球的生态环境被破坏了,那么留给你们以及你们子孙后代的还有什么呢?到时候你们的子孙后代会说,当时你们为保护环境做了一些什么! 我想你们每个人都会感到羞愧。你们只能说我们当时什么也没有做。所以我们要采取行动,不能等到后代采取,而是从现在开始,从我、从你们开始。如果我们等到明天再采取行动,那就太晚了。如果是这样,我们的后代会认为我们不负责任,我们太残忍了。

请你们相信,我在这里并不是危言耸听。因为在世界上,世界气候专家、联合国政府间气候变化专业委员会的 2500 名专家,已经对此作出了研究和结论。你们大家知道,现在已经提出了问题,问题是你们知道了问题的存在,愿意不愿意采取行动? 这也就是世界对中国的期待。

问:您好,总统先生。我是法国一所大学和北京航空航天大学联合举办的联合大学的学生。我们希望您下次访华时,到我们学校参观。因为我们学校的所有教师和同学让我向您表示问候。您是否能够给我签一个字,让我留下一个很好的纪念?

萨科齐:我无论如何明年也要到中国来。下次法国体育部长也要陪我回来。因为大家都知道,一个世界性的大活动在北京要举行,就是奥运会。我们法国人特别喜欢奥运会,对我们来说这是一个特别大的节日。我觉得能在北京举办奥运会,这是非常好的事情,我希望奥运会取得圆满成功。而且我要告诉你,法国政府要派重要代表团参加开幕式。我相信我们政府中好多人都要来。我保证要是有机会的话,我会到你们的学校看你们。由于时间的关系我要走了,但是我走之前要告诉大家,我对有机会跟最大国家的青年直接进行交流感到十分高兴,非常高兴这次有机会和你们进行交流。你们应该知道世界对你们的期待是很高的。谢谢,再见!

● ● ● ● ● **【讲演点评】** ● ● ● ● ●

萨科齐 20 岁时就踏入政坛,一直是法国青年中的领袖人物;52 岁便当选总统,今年也才 56 岁,在法国政坛属于少壮派人物。他是传统右翼代表,以"直言敢干"的强势作风著称,态度强硬,锋芒毕露,大刀阔斧,锐意改革。他虽个头不高,但有性感的眼睛,阳刚、有活力的形象以及充满磁性的声音、信心十足的神情,使他魅力无穷,极有号召力。而这次讲演,也能看出他的这些特点与优点。他有一流的口才、极佳的表达能力、聪明灵活的头脑、清晰敏捷的思维、潇洒自如的风度,使他成了实力派加偶像派的明星型领袖兼演说家。

萨科齐的这次访华，打破了法中关系史上的许多惯例。其中一个惯例是，以往新任总统一般是当政两年后才到中国进行国事访问，而萨科奇刚上任半年就来到中国，这足以说明他对法中关系的重视。

而萨科齐在北京活动期间，在清华大学的演讲，更是打破了其他各国首脑的一般思维惯例，满篇主讲控制全球温室效应，大谈气候变暖给地球带来的危害，希望中国青年说服政治家采取行动避免气候恶化。这的确给人一种耳目一新的感觉。

也就是说，与其前任希拉克上年访华时在北大进行的演讲风格不同，萨科齐没有用过多的言语来描绘中法关系的过去、现在和未来。他的演讲主题明确而集中，就是环保。

有人认为，萨科齐只是在说一些不着边际的话。按照惯常思路，法国总统到清华演讲，应该讲法中友谊、讲经贸往来的成果，或者赞扬中国的 GDP 增速快，或者讲维护世界和平的意义，或者讲法中两国悠久的历史文化等等。但是，萨科齐对于这些都没讲，而是通篇讲环保。那么，他演讲的主旨究竟何在？

在世界知名大学浓墨重彩地演讲全球气候问题，这正是萨科齐的高明之处。对于友谊、对于经贸、对于文化、对于和平，他不是没有看到，也不是不重视，但那只是一般人的思维，总统再讲也讲不出新意。而抓住气候问题对青年学子进行宣讲，恰恰表现了作为大国领导人的世界眼光，表现了对人类未来的思考与行动。这就是领导者的高瞻远瞩。与萨科齐清华演讲形成呼应的是，在此前后不久，美国总统布什邀请当年竞选对手戈尔进入白宫做客并祝贺其获得诺贝尔奖时，两人所重点讨论的也是全球气候变暖问题。

这不只是巧合。气候变暖问题的确是当前人类面临的最大问题，也是最难以解决的问题。因此，萨科齐在清华的演讲，其意义超出了中法关系，而具有其高远的人类意义。

萨科齐在演讲开篇谈到的"发展"和"环保"二者的关系，正是法国当时政界和民间辩论的主题。除了外界周知的福利制度改革外，萨科齐还引领着法国悄然进行了一场"生态革命"。在法国政府、地方机构、工会、企业协会和无政府组织进行的五方环保协商会议后，环保议题除了正式迈入法国政治殿堂以外，也具象化地变成了民众的行动措施。萨科齐希望将环境保护这个从道义上不能拒绝的责任和观念推向欧洲，推向世界，以期成为法国影响世界的方式。

萨科齐上台后在生态方面的重大举措，除了召集五方环保协商会议以外，还专门设立"生态可持续发展及国土整治部"，将能源、交通、海洋和住房等全部纳入自己的管辖范畴，打造所谓欧洲权力最大的环境部门。萨科齐在演讲中特别提到，随着环保议题在法国大战略中重要性的迅速拔高，其内阁中的环境部长已成为相当于中国国务院总理级别的"第二号人物"。

在形象化地用数据阐明气候变化已成为一项紧迫性任务后，萨科齐热切呼吁："我们应该集体行动，而且是大规模地行动。因为这个威胁是前所未有的，边界起不了什么作用，因为任何国界都不能够终止气候变化。"

　　萨科齐认为，法国五方环保协商会议以后确定的"无碳型的经济增长"模式，值得向中国推荐。在环保方面有着卓越经验的法国，在帮助中国应对气候危机、提高能效、实现可持续发展方面，有着巨大的热情。萨科齐在演讲中非常具体地提到了法国一些大型的能源、水务和环保企业将是日后传递这种环保"热情"的载体。

　　萨科齐认为，中国除了和法国在环保领域进行合作之外，也应该了解到，目前只有欧盟独自采取限制温室气体排放的状况也是不公正的。"我们希望，中国能够加入到一个新的全球协议中去，加入到全球环境和经济的新的发展方案中去。"萨科齐敦促中国应根据自己的经济规模和力量，"迅速地"、"彻底地"、"持久地"改变其能耗和生产方式。

　　在答问环节中，萨科齐表示，中国不要认为他这次来就是给法国企业兜售合同。他只是希望说服中国意识到环境恶化的危急性，以及认识到法国会是中国在应对气候危机方面很好的合作伙伴。

威廉姆森

交易成本经济学的历史回顾

威廉姆森 (Oliver Eaton Williamson),1932 年生于美国威斯康辛州苏必利尔镇。著名经济学家,"新制度经济学"命名者,因其在经济管理分析方面所作出的突出贡献而获得 2009 年度诺贝尔经济学奖。先后就读于黎庞学院、麻省理工学院,1960 年获斯坦福大学工商管理硕士学位,1963 年获卡耐基梅隆大

威廉姆森

学经济学哲学博士学位。此后在加州大学伯克利分校、宾夕法尼亚大学教书,1966 年在华盛顿任反托拉斯部长特别助理,1973 年任《贝尔》杂志副编辑,1977 年在行为科学高等研究中心工作,1983 年被聘任为耶鲁组织与管理学院院长。自 1998 年以来,在加州大学伯克利分校担任企业管理学、经济学和法学名誉教授。其学术贡献尤以新经济制度学方面最为突出,并开创交易成本理论。他的组织学、法学、经济学等学科交叉领域创新,使得新制度经济学逐步发展成为当代经济学有重要影响的领域。专著主要有《自主行为经济学》、《公司控制与商业行为》、《市场与等级制》、《资本主义的经济制度》、《治理机制》等。

2010 年 6 月 29 日上午 10:00~11:30,奥利弗·威廉姆森清华大学名誉教授聘请仪式暨学术演讲会,在北京清华大学伟伦楼国际报告厅举行。本次讲演会的

主题是"公司治理学术演讲会——交易成本经济学的历史回顾(以及通向诺贝尔奖之路)"。演讲由清华经济管理学院院长和公司治理研究中心主任钱颖一(他也是威廉姆森昔日在加州大学伯克利分校的同事)主持。

    谢谢钱院长又一次很热情洋溢地介绍我。而且,他把我说的是一个非常高标准的、非常了不起的人物。真的是这样吗?接下来,我想跟大家做的一个讲座,希望告诉大家,我所从事的理论研究,交易成本的理论研究,相信对中国会是有借鉴的意义。当然在美国,在其他国家,这些国家里面先诞生了交易成本的理论,但相信会对中国有指导意义……

    我自己有一个小小的猜想,诺贝尔经济学奖这个奖项的名称就告诉我们一些信息,它的这个奖项在英文中是诺贝尔经济科学奖,经济学用的是复数,这就体现了北欧的一种传统观念,斯德哥尔摩的经济学派和挪威的经济学派认为经济学并不是一个单纯的东西,经济学也涉及到其他学科,包括政治学、社会学和心理学等。所以,诺贝尔经济学奖实际上就是体现出了这样一个特点,它被称为诺贝尔经济科学奖,科学用的是复数,就体现了经济研究方面的多学科性。和我一起获得这个奖项的埃莉诺,她并不是一个经济学家,她是一个政治学家,她有跨学科性。我们两人能够获得这样一个奖,说不定这是一个信号,意味着今后在经济学的研究方面,将会有更多跨学科的特点。

    我觉得,我们可以预期这种趋势,在以后更多的跨学科的研究会应运而生。接下来看看有关经济历史研究的沿革。我其实不是历史专家,但是有一点让我觉得很惊讶,就是在探讨经济学或者是交易成本经济学的历史发展的情况,我发现一些让我惊奇的东西,在30年代的情况,以及后来各种各样的沿革,这里我们可以看到垄断竞争新的理论,还有后来的凯恩斯的宏观经济理论,还有后来的社会主义的经济学派等等。接下来又产生了数理化的经济学,经济计量学,在这样的背景中,交易成本的理论和其他这些经济理论是有一定竞争关系的。像最开始科斯提出交易成本的时候,大家对这个东西不是特别看好,没有引起什么反响。别人也看了他的著作和文章,但是反响平平,并没有意识到这样一个理论,有多么大的潜力;随着时间推移,这个理论在今后会产生多么大的意义和影响。即使是反响平平,后来仍然有不少学者在继续研究这样的理论学派,有人研究了组织理论,还有人研究了契约法等等,这些都是构成经济学交易成本理论一些重要的核心内容。我们待会会详细来探讨这方面的情况。

    总之,科斯提出了交易成本理论,提出这个市场和企业的活动应该从交易成本的角度去探讨。就像我刚才所说的一样，在这个理论提出来之后，其他也有不少学者为这个理论的发展作出了重大贡献，包括切斯特博纳。他有一个著作，讲组织理论，非常有影响力。如果大家有机会再去看他的书就可以发现，第一次读的时候，可能会觉得很晦涩很难懂，但是如果一直读下去，体会了他的意思，就会很赞赏和钦佩。他所提出的组织理论，并且把组织理论和经济学联合研究这样一种创举。虽然他本人对经济学并没有太大专业的兴趣。但是像克尔利维里，他提出了契约法，1931 年的时候，当时在上世纪 30 年代，实际上到现在，契约法仍然被看成一个单纯的法律问题。也就是说有了争端，有了冲突就去法院诉讼。法院有知识对这个事情的方方面面都有了解和掌握，知道适应什么样的法律，在此基础上作一个决定。这是传统的看法，到现在也是很盛行的。但是我想指出两点，实际上一旦出现诉讼这种情况，或者是真正的情况，也就意味着契约双方的关系已经被破坏，或者是中断了。契约交换的双方之间有不可调换的矛盾。用这个框架来解释，对于交易成本经济学的发展也起到了非常重要的作用。

1940~1960 年，我们再次看到有这样的一种情况，对交易成本基本上没有人关注，更谈不上有所谓的交易成本经济学了。有的时候有人偶尔会提交易成本，在解释一个具体的现象的时候，会偶尔提及交易性成本。但是总的来说，这没有受到太大关注。甚至有人在当时指出，交易成本是非常奇怪的说法，这个名称本身就有很多谬误。

因此，交易成本经济学，还有法律现实主义，在 40 年代、60 年代这段时间之内，基本上没有太大的发展，陷入了一个举步维艰的境地。在 60 年代后期，在那个时候，我们看到传统的标准的理论，也就是交易成本为零，这种假设开始逐步破产，所谓的零交易成本的逻辑的推理，已经走到了穷途末路。当时也有一些学派对这样传统的标准的理论提出了挑战。像科斯就表达了这种观点，指出了外部性的税的问题。这样的话，还有阿罗在 1969 年的时候也提出了纵向一体化，或者是整合的说法。这些都大大地推进了交易成本为零这种假设标准看法破产的过程。他们挑战了所谓的零交易成本的传统观点，引起了非常大的轰动。大家都意识到这种新的解释，这也起到了一个非常大的溢出的效应，很多人都受到了影响。当然，那个时候对传统观念的挑战并不是尽善尽美，但是也让人多少意识到了交易成本并非为零的现象。

我们看到，大家意识到了这个问题的存在，希望能够逐渐接受交易成本是正的，而非零，或者是负的这种说法。当时对我来说也有很多的机会。当时我是在学习阶段，我也做了很多相关的阅读，可以说我是一个学徒。从 60 年代、70 年代以来,有关交易成本的经济学的理论逐渐浮上水面,也出现了很多想法,这是很自然的过程。现在交易成本的理论变成了可操作、可运作的一个框架,而不再像以往非正式的一种理论。当然这里面还是有很多的挑战。比如说是不是真的能够让交易成本理论成为比较正式的学术理论,这方面的挑战是很大的。为什么呢? 我之后会给大家稍微详细一点的解释。

这里我想说一说我个人的参与,我对交易成本理论的发展有些什么样的参与和贡献。

当然我觉得,一个人的职业生涯,如果一帆风顺就很好了。比如说一个人一开始就想当医生,最后他真的成为一名大夫;一开始就想做生意,真的成为了一个大商人,如果是这样的话就太好了。但是我个人的职业生涯是比较多波折的,而且我现在所做的事情未必是我小时候就想做的事情。所以的话,我自己在职业生涯的时候,不断都在调整,而且从事过多种工作。当然这也有好的一方面,比如说你如果要听我的建议的话,尽管我是换过不同的工作,转换过不同的研究领域,但是始终有一个无形的手指引着我走到今天。我的本科是在麻省理工学院那里就读的。我当时是既学商业方面的课程,也学化学工程方面的课程。这可能会让大家觉得不可思议。可能是由于学化学工程,却让我产生了这样一种想法,我觉得化学本身是比较复杂的一门课程。但是在商业方面,在经济学方面,似乎人们倾向于把任何问题进行简单化的处理,比如说编制出一些听起来过于简单的假定、假想,但是经常忽略了摩擦的存在。但是化学不是这样。后来我去斯坦福读MBA,后来去了卡耐基梅隆大学。在斯坦福大学也是我的转折点。为什么这么说? 我一开始学商科,后来去斯坦福学经济学了。在卡耐基梅隆大学,我的博士学位也是经济学。

在斯坦福求学期间,有三位人士对我有非常大的帮助和影响,他们对我今后职业生涯的发展起到了不可磨灭的作用。三位老师对我的帮助是非常大的,我一直读到博士,很高兴我获得了福特基金会的资助。求学期间我结了婚,而且跟我的妻子有了几个孩子。

我在卡耐基梅隆大学正式读书是 1960~1963 年, 当时可以说是我的黄金时期。为什么这么讲呢?因为我在卡耐基梅隆大学真正是从多学科领域的角度去研究经济学。而且,我所碰到的老师也好,还有我的同学也好,他们都非常优秀,尽管很多人都非常年轻,但是都是属于年富力强的,在学术上也是最旺盛的一个阶段,所以我们在一起碰撞出了很多思想的火花。在卡耐基梅隆大学,一个原则就是要保持活跃的头脑,但同时要有一定纪律性,这是我们学校的校规。而且老师和学生也都遵循这一条校规。我们的经济学博士项目,它的教学特点就是鼓励人们一定要用一种跨学科、多学科的角度研究经济学,其实这也是卡耐基梅隆大学的传统。此外,卡耐基梅隆大学还始终鼓励自己的学生要保持一个活跃的头脑。如果你的头脑不活跃,不善于去分析,不善于去解开谜团,怎么能够发现背后真正的真理呢?

就卡耐基梅隆大学来说,他也一直鼓励学生去问问题,现在发生了什么事情。而且鼓励学生要永远保持一颗好奇心,发现问题要有这种热情去寻找解决的方案。

在卡耐基梅隆大学读书的时候,跟我有接触的老师大概是 15 位左右,这些人都是五六十年代成长起来的。其中米勒、卢卡斯,他们获得了诺贝尔奖,你能够想象吗?当时教我的老师,25%的人后来都获得了诺贝尔奖,这真的是非常了不起。不仅是老师,还有学生。肯门作为我的同学,也获得了诺贝尔经济学奖。你可以想象,在这么优秀的环境和团体当中学习,我本人是受益匪浅的。

接下来我就毕业了。毕业之后,我就开始工作。第一份工作就是在加州伯克利分校,我要教书。教什么课程?其中教的一门是工业组织,另一门是应用福利经济学。我从校园出来,又走到另一个校园去成为一名老师。我充分领会到了教学相长其中的重要性。因为我自己本身没有固定的很成型的个人理论,那个阶段我是一张白纸。那时候我一边教书,一边自己继续学习,而且是把自己当成一张白纸一样去在教学当中学习。这其实真的是给我带来了非常大的好处。因为既然你是一张白纸的话,你不带偏见,自己做学习和研究的时候不带偏见,你还愿意对以往一些理论提出自己的质疑,同样也会把这种思想感染给你的学生。我当时教学还有研究主要的两个领域,一个是工业组织。因为当时,美国的制造业、工业也是发展得非常快,风起云涌。我就觉得,研究这些工业组织会非常有意思。我也教授应用福利学作为我教学的补充课程。

接下来,我 1965~1983 年在宾夕法尼亚大学教书。宾夕法尼亚大学有着独特的教学氛围,是非常开放的,而且有大量跨学科的交流,而且有非常强的创业精神。我在那里也参与了一些活动的组织。让人觉得很兴奋,我们作为一个团队开设了新的研究中心,研究组织的创新,非常具有积极进取的一个学术氛围。我也组织了一些学术会,在得到肯萨若的协助下组织了一系列学术会议,探讨经济组织。

我在 1966~1967 年期间,也作为美国的反托拉斯主管的助理,这段经历对我来说有非常特殊的意义。我作为美国司法部华盛顿反托拉斯副负责人的经济助理,在那个期间我也学到了很多东西。我也接触了很多人,他们都是非常有名、非常有才华的人。但是他们当时在美国司法部反托拉斯部门工作的时候,似乎深受传统的价格理论的影响。在那个时候,我是个年轻的小孩子,在给他们做助理的时候,就发现了这样一个现象。他们很聪明、很有才华,都是才华横溢的律师,像托尼是副主管,如果大家关注美国最高法院的发展的话,就会意识到有这样一个人。布鲁亚也是非常有才华的,后来在美国法院做到了大法官的位置。但是我发现,他们开展工作的时候,他们所信奉的原则,让我深感不安。托尼曾经这么说过,他在纽约律师协会作演讲的时候就指出,我看到非传统的东西,看到一个契约型的组织,有非传统的安排的话,我就有非常强烈的疑心。这是民法或者普通法系列的特点,就是他们对任何脱离常规的东西,就自动会生成这种假设,认为那个是错的,是坏的。当时经历了一些组织上的变革和创新,在他们看来都不是好的东西。但实际上那些变革,对于组织而言提高了效率,实际上是一个很大的机会,应该是得到重视和鼓励的。但是在反托拉斯部门,他们这种成见还是比较深的。

比如说当时有一个案子,我作为一个助理,我也想说服他们,但是基本上没有任何效果。我想利用这个工业组织的一些理论和证据来说服他们,改变他们的看法,我在极力这么做。但是我是一个地位很低的助理而已,没有什么效果。

这是我的一些经历,在六七十年代的经历,这些经历结合当时的学术界的发展,交易理论的发展,自然而然让我意识到传统的交易成本为零的假设已经走到了破产的边缘。组织形式有着至关重要的作用,我们可以对组织形式进行分析,在组织理论方面得出富有见地的结论,需要我们采用建设性的方法,来研究正的交易成本,这必须要值得人们重视。这的确给我们带来很多的好处。刚才我讲了,我在教学的时候也在学习,这对我来说有非常大的效果。我也组织了一系列研讨会。当时其实是有一个两个目的,一个目的就是系统性地来研究相关的理论和观点。而且通过这样做,我们还开发出了一定的模型。但是当时还没有接触到组织理论的问题,所以我们有另外一个目的,就是我们自己既然没有深入地研究组织理论,我们如果能够开一些研讨会,把那些对组织理论有深入研究的人请到我们的研讨会上进行交流的话,就可以在经济学和组织学之间找到一个非常好的契合点。所以就怀着这两个目的,我们组织了一系列研讨会。

还有另外一个探索,当时我还是比较矛盾的心态,因为很具有挑战性,但后来还是接受了,就是那个时候也出现了新的经济学和政策学的结合,在这方面也出现了一些新的观点,那就是把经济学和组织学,还有公众政策加以结合,当时也开了一门课。开始上课的学生很少，就是一个小班的教学。我们在课堂上讨论各种各样的组织现象，看学生对这些组织现象有什么样的见解，他们会指出这些组织现象不同寻常的地方。通过这种思想的碰撞，其实我也获得了很多启迪。比如说我的第一本书，基本上就是关于市场和等级化的。在那本书里面，我就是提出了一个组织框架。这方面的研究，在很大程度上都是得自于当时我在教学的时候，在课堂上听学生，还有通过研讨会听学者对组织方面的非常规的评价，因此获得了很多的启迪。基本上我们可以看到，从这个发展，大家逐渐摆脱了传统的选择经济学理论，而是逐渐过渡到契约的经济学理论。

从那个时候到现在已经三四十年了。我们看到在以前就是在对契约进行分析的时候，都认为契约的双方它们是达成了一致，它们是走到了相同的一个地带。那么我看到传统的契约学，实际上和组织学对照来看，有新的现象。实际上，契约的实施更多是在事后。之前通过契约的安排，在契约达成之后，往往是不奏效的。契约在很大程度上并不依赖于事前的事无巨细的规定，而是取决于事后的契约双方的理性的选择，或者是非理性的机会主义还有各方面的考虑。也就是说，实际上所谓的理性是有限度的，大家都希望理性；但是我们的理性受到我们的知识、信息等等的约束，是有限的理性。

另外一个应该进行修正的，就是有关人们对于自私自利行为的分析，这就会让人们有一种战略的行为，但是在当时人们似乎不太关注。你会发现口是心非，甚至有人对合同产生了争端，甚至违约，甚至不遵守合同，这是完全有可能的。你知道合同签订了，很可能最后有一些不可想象的后果。双方对契约产生了争议，甚至事后双方不欢而散，甚至不遵守合同，这也是让人担心的。1985 年的时候，萨门参加阐述过这个问题。他当时说，作为研究社会科学的人来说，我们希望在多个领域都作出贡献。但是在他看来，所谓最重要的事情就是人作为一种个体，他的行为、他的表现以及如何对人的行为去作研究，要用一些什么样的研究方法。也就是说，其实在任何的事情当中，人都是一个重要的因素。那么人为的因素会对交易，对成本产生重大的影响。

此外还有一个有关治理的想法，这也是非常重要的。你说，传统的治理是什么样的治理？人们会认为就是人去管另外一群人。后来人们认识到，其实等级制度本身也是治理替代的模式，等级制度和治理模式两者之间是有区别的。因为它们有着不同的导向。比如说，你可能会认为，政府它是一种治理的模式。但是，是不是说到治理，或者说要修正市场失灵的行为，只能靠政府呢？显然不是，其实你也可以靠市场，可以靠层级制度，或者是等级制度。

接下来我们要谈的是分析的单位。你知道,就交易成本理论来说,我们很显然是把一笔一笔的交易看成一个个最基本的分析的单位。为此你需要知道,每一笔交易有一些什么样的参数,有一些什么样的重要内容,你必须要逐一去进行分析。然后还要去发现障碍。什么叫做发现障碍呢? 我们传统的认识,是认为既然是做契约,或者是做合同的双方的话,它们有一种相互的依赖性。正因为它们有相互的依赖性,尽管有可能会产生争端,但是很有可能他们也会想办法去发现障碍,去克服。当然,这也就无形当中意味着交易成本最终还是会上升的。

然后,我们还要分析一个时间的问题。因为我们以前所说的交易成本分析,交易指的是刚开始非常简单的交易,是现货市场上一笔一笔的一次性交易。但是后来人们都认识到,这一笔一笔的交易,费用太高。为此他们会愿意签订合同,从而进行一种长期性质的合作。也就是说,现在的交易是从短暂的一次性的变成了长期的多次反复性的交易。

在这里很显然,对于交易来说,大家都有一些理想化的想法。比如说交易的双方都是有高度理性的,而且都能够得到彼此之间的协助。而且大家所交易的,不管是产品,还是资产也好,还是设计也好,都恰好能满足对方的需要。然后这些资产,即使这一笔交易结束之后,以后还可以再利用。但是我们知道,在现实当中经常是非理想化的。比如说在双方的交易,这一笔交易很有可能是一种特定的。为了完成这笔交易,双方要投入一种特定的资产,这种资产仅对这次交易有意义。但是在今后的交易当中,这种资产就变成没有意义了。为此,双方在这里下了很大的赌注,都希望我特意性的资产,起码在第一次的交易当中,要能够派上用场,能够满足第一次交易的特定的需求。

同时大家要意识到, 有另外一种可能, 就是如果你签署的是长期的合同的话,也许能够确保这样的交易会重复发生。但是,也有可能最后双方即使把这种长期的合同,也都是进行解除,因为已经找到了解除合同之后自己保全的方法。比如说他可以把第一笔交易当中所使用的资产变卖,或者是把它转为其他用途。他事先做好铺路的话,就可以中止一份长期的合同,同时他能在市场上找到另外的交易的对手。但是他最初的合作伙伴他可能不知道,因为信息不对称。所以在这种情况下,长期合同的中断对另一方所造成的伤害是非常大的。这种事情发生得多了的话,很显然人们会变得聪明,双方都会变得更加聪明。为此,就已经在合同当中一早就约定,如果是有一方违约,或者是中止了和约,对我造成了损失,我应该怎么办,应该给我提供什么样的补偿?如果双方不能够就此达成一致意见的话,在合同当中不能写进去,当然应该在合同当中指明,由哪一个仲裁机构,甚至是法院的机构来作出最终的裁决。

这就意味着,双方是在签订合同之前去解决这些障碍,否则这个合同就订立不下来。但是你可以想象,在这个过程当中,双方都要投入精力和人力,因此交易成本会变得非常复杂,成本会变得非常高。

为此,如果是其中一方对这种问题过于担忧的话,他也许就会倾向于,我们不在市场上寻找交易伙伴,而是在自己内部消化。比如在企业或者是组织内部找一个合作伙伴,从而很好地降低违约的可能性,从而也降低交易成本。所以,这也就产生了市场和企业两个不同的范畴,两个不同的组织。而且一个企业是要从市场上寻找伙伴,还是要从企业内部去寻找合作伙伴,这就意味着他们是有不一样的考虑。

如果买家和供应方出现的矛盾,他们可以通过谈判,但是谈判有时会非常僵硬,没有办法达成妥协,只能去法院。这是外部的。但是在一个组织内部,是统一产权,就形成了一个新的行动者。新的行动者希望能够解决争端,考虑到整个组织的利益,而不是组织内部两个部门的矛盾任其发展。这就是一个组织的适应性的过程,考虑到相关的投入,大量的活动都是围绕着它进行的。

关于交易价格还有契约的履行,我刚才提到了一些问题。罗瓦尔契约法的理论就指出,一个组织无论是层级还是混合,实际上都是有内在的契约在作为一些基础,这一点非常重要。当然,交易成本这个学科成为正式的一门学科,还有像博弈理论,其实还是有一定的难度。比如有人就指出,毫无疑问,数学理论是经济学研究最为通行的语言。绝大部分经济学家,尤其是刚刚从研究生院毕业的学生,都是在学习交易成本经济学。阅读交易成本经济学的确比较难,比读通行的传统的有很多插图和注解的经济学理论的著作要难得多。像要阅读市场以及资本主义经济结构这样的著作难度很大,比读那些中庸的经济学著作难得多。但是这些中庸的经济学忽略了很多微妙的地方,比如说包括有限度的理性和真正是没有预见到的偶发情况。而且,中庸的经济学理论忽视了社会还有内部的这些微妙因素。在这种情况下,在我看来,我们应该逐渐地可以把交易成本经济学作为一个正式的学科,让它取得完全正式的地位。但是要做到这一点还是有一定挑战。因为一个学科要取得完全的正式的地位,需要能够进行扩展,并且能够和现实现象保持密切的联系。而做到这一切,都有非常大的难度。我们是务实型的经济学家,可能在所谓正式或者官方的方法学方面很欠缺。但是作为务实的经济学家,我们一定要意识到,我们要开展务实方法的应用。这个务实的方法论或者方法学,有很多人都已经指出过了。务实的经济学研究方法应该包括四个方面,要简单,要专注于研究的重点,要找出内在的逻辑,用文字、用土药、用数学,要能够说得通,要能和现实世界保持密切的联系,而不是凭空地想象无数模型的构建。要能够进行预测,也就是说可以提供客观的、前沿的方法,帮助我们把事物进行区分和辨别。

2006 年,弗里德曼再次对他的研究生指出:我们现在生活的时代,我们纯粹的分析已经不是那么重要了,我们更需要更多实证的证据研究,实证的研究在经济学的研究中会占据一段主要的地位。弗里德曼还有很多其他经济学家,在这方面也进行了激烈的交锋,他们在辩论凯恩斯的东西是不是适用的。弗林德曼当然是一个非常善于雄辩的人,而且他不同于其他对立的人的一点是他掌握了数据,而其他人没有。2006 年弗里德曼重复了 1963 年在美国全国经济研究大会上的观点。他指出,在任何一个时代,他之所以能够起到一定的作用或者有一定影响力,不是因为他做了纯粹的分析,而是因为他提供了实证的证据。

在我看来,交易成本经济学在实证方面取得了成功。在过去 30 年当中,我们克服了难以想象的困难,获得了相关的数据。这些数据是一手的数据,而且是微观分析的数据。现在交易成本经济学已经是站在一个非常坚实的实证研究的基础之上,我想提醒大家,基本上没有人反对这种说法。像格林斯潘、库尔马都是我的学生,他们都指出,交易成本经济学现在已经有了坚实的实证基础。威尔斯坦在 2001 年指出,交易成本经济学之所以现在的影响力越来越大,是因为它提出了或者进行了大量实证性的工作。

我们看到,这方面的发展的确在经济组织方面会有很大的推动作用。我也提到其他一些问题,也是相关的。其中之一让我比较吃惊,关于纵向的整合、纵向的一体化。当时我做了一个项目研究,我非常惊奇地发现,居然存在着纵向的整合。这是一个根本模式的变化,而且还有一系列相关的现象。我们在进行思考的时候,也就是进行契约研究的时候,就会看到有的东西真是没有办法动摇的。从契约的角度来看,很多东西都是可以得到非常好的说明和解决。

比如说组织科学。彼得·安德森曾经说过,组织科学应该怎么研究呢?一直以来,我们都是用非常学术、高深莫测的方法来研究组织科学,而不是用一种大家都听得懂的大白话来描述商业的契约这种行为。其实他认为,风险是可以计算出来的。也就是说,如果双方不能完全信任就存在着风险,大家都可以计算得出来。所谓商业的契约,不仅仅光指白纸黑字写下来的东西,因为还有的涉及到一些比如多年来人们所形成的商业惯性、商业习惯、一些风俗,其实应该也算是合同或者契约的一部分,也是你研究组织科学的时候所应该要考虑的。我相信在中国也是这个样子,有所谓明显的规则,同时也会有潜性的潜规则,这都是在做研究的时候不能遗漏的。所谓更正式的规则,就是白纸黑字写在合同里面的。它要引用哪一部法律的条文,而且要写引用。一旦有争端,应该有进行裁决的机构,比如法院或者仲裁机构是谁,这仍然是非常重要的。这其实也是涉及到治理的一部分。

说到新制度经济学,除了讲这种商业的合同、商业的惯例,还有是企业自己内部的一些规则,企业自己所受到的限制。同时还不要忘了大的政策或者是政府的环境影响。我们知道,制度环境很显然对企业有重大的影响。这里的制度环境,还不仅包括国家所能够创建的那种环境。其实任何一种制度的环境都是分层次的,国家创建的政策环境是最高层次的。

最后给大家指出来我自己现在也没有能够回答的问题。比如,签订很多契约要如何来把交易成本正式化,以及相关交易的集群化,还有如何解释这一次的金融危机的一些话题。

● ● ● ● ● ●【讲演点评】● ● ● ● ● ●

在这场演讲中,威廉姆森教授不仅与听众分享了自己在经济学研究方面的成果,还讲述了他的学习和职业生涯,以自己在获得诺贝尔奖路上的曲折经历来激励清华学子们。他在经济学科领域的学问和研究,当然是非常广博、精深、娴熟的,分析起来非常透彻、深入、全面;同时还洋溢着一种谦虚、感恩、平和、淡泊的美德。他经常称自己是"一个普通的小老头"。这都是很可贵的。

威廉姆森是交易成本理论的集大成者。在演讲中,他回顾了交易成本理论的起源和历史,并说尽管该理论被引入中国的时间并不长,但随着中国经济发展水平的提高,相信交易成本理论必将对中国公司组织治理起到重要的指导作用。

传统经济学认为,交易活动可经由"看不见的手"协调运作达到最适合且最具效率的结果。然而现实情况是,厂商内部资源配置是由企业家来决定的,而不是价格机制的"引导"。威廉姆森首次成功解释了为何厂商外部由价格机制和市场交易来协调,而内部则由企业家取舍,提出了"使用价格机制之成本"的概念,即"交易成本"。

威廉姆森指出,企业可以把外部和内部经营有机结合,完全根据交易本身的特点进行选择,而不是事先就抱着一种成见。很多企业选择进行内部生产的投资,主要是不想受制于外部供应商。对此,威廉姆森说,要克服这个问题,不见得企业一定要进行内部的垂直整合,而可以通过长期合同来规避受制于供应商的问题。"为稳妥起见,可采用渐进的方法,刚开始一部分外部采购、一部分内部供应,如果外部采购没有问题再扩大力度。"他特别强调,选择外部采购还是内部生产的决策,有时会受到内部利益集团的影响,"无论如何都要避免内部的政治斗争影响到决定。"

在 2009 年度诺贝尔经济学奖揭晓前,国际舆论就普遍认为威廉姆森会获奖。这表明瑞典皇家科学院诺贝尔奖评审委员在目睹了全球金融危机、气候变化之后,意识到了制度安排的重要性。威廉姆森也意识到了中国经济转型中的一些体制性问题,此次在北京期间,他曾多次提及"社会福利";而在被问及备受关注的国企垄断和收入分配问题时,他的回答也极具"新制度经济学"特色。

与演讲时的娓娓道来不同的是,在对话环节,这位温文尔雅的教授有时也会变得激动起来。当威廉姆森得知,从 2002 年到 2009 年,中国国内生产总值年均增速超过 10%,而职工工资(扣除物价因素)年均增速只有 8% 时,这位诺贝尔奖得主对《中国新闻周刊》记者表示:"所有的劳动者都是中国奇迹的创造者,都应该从中国的经济增长中分一杯羹。"不管是在西方还是在中国,经济增长所带来的福利,应该让每个参与的社会成员分享,而不是任由少数部门独占。另外,他也不支持中国"国进民退"的做法。

要是挑剔的话,作为一个 78 岁的高龄老人,言语未免有些啰嗦和琐碎。所以在选入本书时,对演讲全文适当有所删减。